“十二五”职业教育国家规划教材
经全国职业教育教材审定委员会审定
普通高等教育“十一五”国家级规划教材
普通高等教育精品教材 “十二五”浙江省高校优秀教材
21世纪新概念教材：“换代型”系列
高职高专教育市场营销专业教材新系

市场营销策划

Shichang Yingxiao Cehua

（第五版）

孙玮琳 徐育斐 主 编
沈 侃 副主编

东北财经大学出版社
Dongbei University of Finance & Economics Press
大 连

图书在版编目（CIP）数据

市场营销策划 / 孙玮琳，徐育斐主编．—5版．—大连：东北财经大学出版社，2017.8

（高职高专教育市场营销专业教材新系）

ISBN 978-7-5654-2820-3

Ⅰ．市…　Ⅱ．①孙…②徐…　Ⅲ．市场营销-营销策划-高等职业教育-教材　Ⅳ．F713.50

中国版本图书馆CIP数据核字（2017）第159220号

东北财经大学出版社出版

（大连市黑石礁尖山街217号　邮政编码　116025）

网　址：http：//www.dufep.cn

读者信箱：dufep@dufe.edu.cn

大连永盛印业有限公司印刷　东北财经大学出版社发行

幅面尺寸：185mm×260mm　字数：303千字　印张：14

2017年8月第5版　2017年8月第18次印刷

责任编辑：许景行　魏　巍　责任校对：惠恩乐

封面设计：张智波　版式设计：钟福建

定价：29.00元

教学支持　售后服务　联系电话：（0411）84710309

如有印装质量问题，请联系营销部：（0411）84710711

总 序

随着“教育兴国”战略的实施，面对21世纪社会经济发展对人才的需要，党中央国务院决定扩大高等教育规模，通过多种形式积极发展高等教育，实现由精英型高等教育向大众化高等教育的转变。高职高专教育是我国高等教育的重要组成部分，其任务是培养拥护党的基本路线，适应生产、建设、管理、服务第一线需要的德、智、体、美全面发展的高等技术应用型专门人才。学生应在具有必备的基础理论和专门知识的基础上，重点掌握从事本专业领域实际工作的基本能力和基本技能，具有良好的职业道德和敬业精神。大力发展高等职业教育，培养大量的高等技术应用型人才，是实现高等教育大众化目标的必然选择。

高职高专教育要完成培养高等技术应用型专门人才这一根本任务，迫切需要解决的问题之一就是教材问题，因为直到20世纪末，高职高专院校使用的教材还基本上是本科教材、原专科教材和成人高校教材。与高职高专教育新的培养目标相适应的新教材建设，从严格意义上讲，还是一块处女地。根据2006年的统计数据，高职高专在校生已占整个高等教育在校生规模的六成以上；到了2015年，高职教育亦占整个高等教育规模的四成。切实做好高职高专教育教材的建设工作迫在眉睫。

《中华人民共和国国民经济和社会发展“九五”计划和2010年远景目标纲要》明确指出，国有企业要按照市场需求组织生产，“搞好市场营销，提高经济效益”，要积极发展“代理制、连锁经营等新的营销方式”，加快“建立科研、开发、生产、营销紧密结合的机制”。1999年8月12日，江泽民同志在东北和华北地区国有企业改革与发展座谈会上所做的题为“坚定信心，深化改革，开创国有企业发展的新局面”的讲话中指出：“加强企业发展战略管理，关键是要根据不断变化的市场要求，抓住发展战略、技术创新战略和市场营销战略这些重点环节。”这就把市场营销战略提到了与发展战略、技术创新战略并驾齐驱的位置上。社会主义市场经济发展的客观需要和党中央国务院对市场营销工作的重视，表明市场营销专门人才存在着广阔的市场潜力，预示着高职高专教育市场营销专业将具有强劲的发展势头。鉴于此，以具有开设市场营销专业的历史经验和师资、规模优势的上海商学院、山东商业职业技术学院、安徽商贸职业技术学院、无锡商业职业技术学院、浙江商业职业技术学院、温州职业技术学院、浙江工商职业技术学院和广东农工商职业技术学院等为主体的全国商业高职高专院校，按照教育部关于高职高专教育“专业课程等依据教学大纲组织自编教材”的精神，提议编写高职高专教育市场营销专业课程教材。该提议得到了中国高等院校市场学研究会和曾因引进“哈佛商学院案例教程”丛书等世界权威市场营销类教材而崭露锋芒的东北财经大学出版社的支持。中国高等院校市场学研究会（以下简称研究会）将其列入研究会规划与组编教材，决定组建编写委员会。时任研究会会长、广东商学院院长的罗国民教授亲自担任“高职高专市场营销专业教材新系”系列教材编写委员会主任，领导教材编写的组织工作，时任研究会秘书长、广东商学院工商管理学院院长钟育赣教授，以及率先倡导、研究与策划“21世纪新概念教材：‘换代型’系列”的时任东北财经大学出版社副社长兼副总编辑许景行编审，同编写委员会的其他成员一起研究开发该系列教材，拟订编写方案，遴选确定编写人员，组织编写与审稿工作。

根据高职高专市场营销专业教学计划和培养目标的要求，列入编写初版的教材有《市场营销学》《现代企业经营管理》《广告原理与实务》《公共关系原理与实务》《现代推销理论与实务》《市场营销策划》《价格理论与实务》《国际贸易理论与实务》《市场调查与预测》《商务谈判》《现代营销礼仪》《电子商务与网络营销》《消费者行为学》《商品学概论》，共14本。

这些教材自初版起便具有如下特点：

1.依据高职高专教育的培养宗旨和人才培养模式的基本特征，围绕市场营销职业岗位群的要求，坚持以提高学生整体素质为基础，以培养学生的市场营销综合能力特别是创新能力和实践能力为主线，兼顾学生的后续发展需要，确立专业课程新体系和教材内容新体系。各门课程的教材在基本理论和基础知识的选择上以应用为目的，以“必需、够用”为度，服从培养能力的需要，突出针对性和实用性。

2.着力于学生市场营销能力的培养，但不是与中等职业教育相同的一些单项技能，而是综合运用营销理论分析、解决营销实际问题的能力。因此，“必需、够用”的基本理论也必须理论概念清楚，知识完整准确、重点突出，有一定的深度和难度，使其与中等职业教育教材相区别。

3.坚持实用性与前瞻性的统一。高职高专教育属于大众化教育，旨在培养适应我国社会主义市场经济体制下新型企业市场营销岗位第一线需要、具有市场营销综合能力的高等技术应用型专门人才。学生毕业后，绝大多数要进入营销岗位就业，或者自己创业，因此教材内容必须强调实用性和针对性。同时，兼顾市场营销职业岗位群发展和学生的后续发展需要，教材编写必须坚持前瞻性原则，在内容上要新，做到充分吸收本学科海内外最新教科书、最新科研成果，以及最新营销实践经验、举措和案例，并把这些新内容与高职高专教育教学的要求及学生的接受能力结合起来，以强化教材的科学性、先进性和适应性。

4.自觉摆脱传统专科教育的学科型教育和专科教育教材为本科教育教材的压缩的框框，摒弃传统教材以理论知识为核心，以原理、范畴、概念分类为主线，以从理论到理论的阐述为章节结构的惯性做法，在重点、扼要、完整论述“必需、够用”基本理论知识的同时，增加图、表、典型案例、专栏、补充阅读资料等栏目的内容比例，设置课堂讨论题、自测题、实训题和复习思考题，以强化理论与实际的结合、学习知识与开发智力的结合、动脑思考与动手操作的结合，真正体现高等职业教育的特色。

光阴荏苒，到2014年，东财版“21世纪新概念教材：‘换代型’系列”大部分已出第四版，印刷24次左右。其中：有8种入选“普通高等教育‘十一五’国家级规划教材”，有6种入选“‘十二五’职业教育国家规划教材”，3种升为“国家级精品课程教材”，1种入选“教育部普通高等教育精品教材”，多种被评为全国、行业或省级畅销书，深受广大高职院校师生的喜爱与欢迎。

为了将《国家中长期教育改革和发展规划纲要（2010—2020年》中提出的“着力提高人才培养水平”“坚持育人为本，德育为先”“强化能力培养，创新人才培养模式”“着重培育学生的主动精神和创造性思维”等新时期教育要求进一步落到实处，完成“十二五”起我国高等职业教育新型人才培养的阶段性目标，市场营销专业教材必须与时俱进，体现国内外先进的专业技术水平、教育教学理念和课改新趋势，实现课程教材建设的模式转换。为此，我们于2013年年底启动了对原版教材的全面修订。

第四版教材在以下方面沿着“21世纪新概念教材：‘换代型’系列”的方向继续前行：

1.同步提升了高职高专职业教育市场营销类专业的人才培养目标定位。借鉴发达国家高等职业教育关于“职业教育与学术教育有机结合”的课改经验，“克服高职各类专业的同质化倾向”，将高职高专职业教育市场营销类人才培养目标由先前的教高〔2006〕16号（培养“面向生产、建设、服务和管理第一线高素质技能型专门人才”），经过教职成〔2011〕9号、教高〔2012〕4号和国发〔2014〕19号等文件的一般定位（培养“高端技能型人才”、“应用技术型人才”乃至“技术技能型人才”），提升到“职业知识”、“职业能力”与“职业道德”并重的“高等复合应用型”人才培养目标上来；同时，对照《国家中长期教育改革和发展规划纲要（2010—2020年）》关于“创新人才培养模式”和“着重培育学生的主动精神和创造性思维”等新时期教育要求，将“问题思维”和“创新意识”培养纳入新版教材的人才赋型机制中。

2.兼顾了“衔接”和“层次区别与提升”。在教学重点、课程内容、能力结构等方面，既细化了高职教材与中职教材的有机衔接，也研究和探索了前者不同于后者的层次区别。

3.兼顾了“工学结合型”教育所要求的“双证沟通”与“互补”。在把国家职业资格标准融入专业课程内容与标准的同时，一方面着眼于高等职业学历教育与职业培训的重要区别，强化对学生“职业学力”的全面建构；另一方面通过同步反映行业领域、国内外高职教育教学及课程改革的新发展、新标准、新成果，弥补国家职业资格标准的相对滞后性。

4.兼顾了“理论”“实务”“案例”“实训”等教学与训练环节。与只侧重“实务”的中职教材不同，修订版教材依照“原理先行、实务跟进、案例同步、实训到位”的原则，循序渐进地展开高职教材内容。

5. 扩展了“职业学力”建构的基本内涵。将学生“职业学力”基本内涵的建构，由先前的“职业知识”和“职业能力”两者并重，扩展到“职业知识”、“职业能力”和“职业道德”三者并重，致力于建构以“健全职业人格”为更高整合框架的教材赋型机制。

6.兼顾了各种教学方法。将“学导式教学法”“案例教学法”“问题教学法”“讨论教学法”“项目教学法”“工作导向教学法”等诸多先进教学方法具体运用于专业课程的各种教学活动、功能性专栏和课后训练的教材设计中。

联合国教科文组织的研究表明：进入21世纪，不少学科知识更新周期已缩短至2~3年，这意味着在高职院校学习的相当多知识在毕业后已经过时。为了应对日益加速的“知识流变性”，自第五版起，本系列教材将“自主学习”视为与“实训操练”同等重要的能力训练：在奇数各章“学习目标”的“职业能力”中用“自主学习”子目标替换第四版“实训操练”述项，并相应调整了其章后“基本训练”中“能力题”的子题型。

教材改革与创新是一项系统工程，旨在培养“高等复合应用型人才”的高职高专教育市场营销类专业教材的改革与创新更是如此。我们试图在深入调查研究、系统总结国内外教材建设先进经验的基础上，与时俱进地不断推出具有我国高等职业教育特色、优化配套的市场营销专业的新型教材。

期待广大专家、学者和读者们继续给我们以宝贵的意见与支持，使本系列教材通过阶段性修订，与我国新时期高等职业教育教学及课程改革的发展始终保持同步。

“高职高专教育市场营销专业教材新系”编写委员会

第五版前言

自2014年修订第四版以来，《市场营销策划》一书获得了许多殊荣——2006年被确立为普通高等教育“十一五”国家级规划教材，2007年被教育部评为国家级精品教材，2009年被评为浙江省重点建设教材和东北财经大学出版社畅销教材。本教材已经为全国高职院校和企业广泛使用。

随着高等职业教育教学实践的探索和教学改革的深入，根据国家级规划教材对版次与时间的要求，我们对《市场营销策划》（第四版）进行了新的论证与修订，借此回报这些年来广大同行的关心和读者的支持。

本次教材修订的指导思想和原则是，将《国家中长期教育改革和发展规划纲要（2010—2020年）》中提出的“着力提高人才培养水平”“坚持育人为本，德育为先”“强化能力培养，创新人才培养模式”“着重培育学生的主动精神和创造性思维”等新时期教育要求进一步落到实处，完成“十二五”时期我国高等职业教育新型人才培养的阶段性目标，同步体现国内外先进的专业技术水平、教育教学理念和课改新趋势，进一步实现课程教材建设的模式转换。

1.原则要求

（1）扩展“职业学力”建构的基本内涵。将学生“职业学力”基本内涵的建构，由先前的“职业知识”和“职业能力”两者并重，扩展到“职业知识”、“职业能力”和“职业道德”三者并重，建构以“健全职业人格”为更高整合框架的教材赋型机制。

（2）兼顾“衔接”和“层次区别与提升”。在教学重点、课程内容、能力结构等方面，细化教材与中职教材的有机衔接。

（3）兼顾“工学结合型”教育所要求的“双证沟通”与“互补”。在把国家职业资格标准融入专业课程内容与标准的同时，着眼于高等职业学历教育与职业培训的重要区别，强化对学生“职业学力”的全面建构，体现行业领域、国内外高职教育教学及课程改革的新发展、新标准、新成果。

（4）兼顾“理论”、“实务”、“案例”和“实训”等教学与训练环节，依照“原理先行、实务跟进、案例同步、实训到位”的原则，循序渐进地编排教材内容。

（5）兼顾并整合“学导式教学法”“案例教学法”“问题教学法”“讨论教学法”“项目教学法”“工作导向教学法”等诸多先进教学方法，将其具体运用于教材的各种教学活动、功能性专栏和课后训练等诸题型的设计中。

2. 总体要求

（1）全面更换上一版教材中已陈旧过时的内容和资料，用反映当前行业发展、课程发展及国内外研究成果的最新资料取代。

（2）修订主教材各章“学习目标”。更新“职业知识”和“职业能力”子目标的现有述项；修订教材各章“基本训练”中的“能力训练”题，将奇数章的“实践操练”题型优化为“自主学习”题型。

（3）更新教材的“主要参考书目”，重点补充近三年的书目。

（4）修订与新版教材配套的网络教学资源包（内含PPT电子教学课件和各章“参考答案与提示”）。

本书第五版由孙玮琳、徐育斐担任主编，沈侃担任副主编，孙玮琳、沈侃和徐艳对全书进行总纂定稿。各章修订分工如下：第1、2章由鲁晨琪修订，第3、4章由叶军修订，第5、6章由蒋勋修订，第7、8章由傅智园修订，第9章和综合案例、综合实训由徐艳修订。

本书在此次修订过程中参阅了大量文献，特别是中国营销传播网的文章，同时得到了有关部门、学校领导、专家和教师的大力支持，在此一并致谢。

对《市场营销策划》一书的修订工作我们还将继续努力，诚恳地希望广大同行、企业界朋友和读者们能够继续关注并给予批评指正。

编　者

2017年6月

目 录

第1章
市场营销策划概述

学习目标

通过本章的学习，你应该达到以下目标：

职业知识：学习和把握市场营销策划的内容、市场营销策划学科的特点与市场营销策划学科的对象等理论与实务知识；能用其指导或规范本章“基本训练”中“知识训练”相关题型的认知活动或技能活动，正确解答相关问题。

职业能力：能够运用本章知识研究相关案例，培养在特定业务情境中分析问题与决策设计的能力；通过搜集、整理与综合“市场营销策划学科的特点和研究对象”的前沿知识，撰写、讨论与交流《“市场营销策划学科的特点和研究对象”最新文献综述》，培养“市场营销策划概述”中“自主学习”的通用能力。

职业道德：能够结合“市场营销策划概述”的教学内容，依照职业道德与企业伦理的规范或标准，分析“中国乳业的覆灭”和“三鹿，真的还能重生吗”等案例中企业与从业人员市场营销策划工作相关行为的善恶，强化职业道德素质。

引例 去除了头屑，海飞丝仍有烦恼

背景与情境： 1963年，海飞丝初次进入菲律宾卡拉加，便迅速成为广受追捧的洗发剂品牌，市场占有率超过15%。“为成年男女提供去屑的洗发香波”这一市场定位，使海飞丝在菲律宾市场取得了成功。

此后，以同样的策略，海飞丝在1969年成功占领了加拿大洗发剂市场20%以上的份额。

不过，自1970年以来，尽管海飞丝的销量不断上升，但海飞丝占洗发剂市场的销售额比重却一路下滑。

从对洗发剂销售数据的分析来看，在过去4年使用过海飞丝洗发剂的消费者中，成年男性、成年女性、十几岁男性、十几岁女性、家庭中其他成员的人数百分比都在上升；不同年龄组每周洗发的次数也在上升；偶尔有头屑或有产生头屑迹象的人数百分比，成年女性在下降，成年男性略有上升；有严重头屑或有较多头屑的人数百分比，成年女性在减少，成年男性基本稳定；未成年男、女的比例比较稳定，且数量不小。

面对这种情况，该采取什么措施巩固海飞丝的市场地位呢？

课堂上，同学们分成3组，经过分析和讨论之后，拿出了各种营销方案。有的从市场定位的角度出发，建议加强去屑的市场定位，因为有数据显示，成年男女的头屑问题都没有大幅下降，去屑洗发剂的市场还存在；同时，根据消费者追求美发多样化的趋势，建议在去屑的功能上增加其他功能，如易梳理、使头发弯曲等。有的则针对市场需求多样化的趋势，建议开发新品种，以占据这部分市场。

从案例来看，海飞丝的销量虽然上升，但相比于整个洗发剂市场的扩大，海飞丝的市场表现有点滞后。由此可以断定，海飞丝原有的目标市场划分出现了问题，海飞丝已经跟不上现在市场的发展了。因此，巩固海飞丝的市场地位需要从两个方面入手：一是改进产品；二是改进市场。

从改进产品方面出发，基于案例事实，要分析市场上是否存在“去屑”功能以外的其他需求目标。

从改进市场方面出发，要学会发现和评价市场机会，可以从营销环境的变动中去发现，从对消费者的分析中去发现，从对竞争者的分析中去发现。通过上述案例可以发现，对于未成年男女市场，海飞丝一直没有耕耘过，但相关数据显示，这个群体对去屑洗发剂的需求一直占据很大的市场份额。这说明未成年男女市场潜力巨大，可针对这部分人群在广告、包装等方面加强改进。

任何营销策划方案，都要基于事实，提出具有针对性、科学性的方案，而不能依靠直觉想当然、拍脑袋。

资料来源：张妍婷. 去除了头屑，海飞丝仍有烦恼 [N]. 钱江晚报，2012-11-21.

这一案例表明：市场营销策划是在科学分析市场的基础上，合理安排、有效设计和实施、控制自己的经营行为，力求在适当的时间、适当的地点，以适当的价格向适当的消费者或用户提供适当的产品，并用适当的促销方式与他们沟通。市场营销人员为此所做的分析、判断、预测、设计、安排等工作就是我们所说的市场营销策划。本章将系统阐述策划与市场营销策划的基本理论。

1.1 策划与市场营销策划

从表面上看，市场营销似乎只是企业为实现营销目标而参与交换的一个过程。然而，要使交换双方都能顺利完成这个交换过程，在交换过程中实现双赢，却并非易事，它需要具有一定的技巧、策略和手段。高明的企业家善于在市场中寻找到桥梁或纽带，将市场中潜在的消费者吸引到自己的阵营内，并运用与之相适应的市场营销策略，开展相应的市场营销活动，打开消费者的心扉，从而使企业在满足消费者需求的同时，使自身所获得的经济效益最大化。《孙子・谋攻》中说："上兵伐谋。"可见，市场竞争不仅仅是产品形式和质量上的竞争，更是市场营销策略上的竞争。

1.1.1 策划

策划是指人们为了实现某种预期目标，借助科学方法、系统方法和创造性思维，对策划对象的环境因素进行分析，对资源进行重新组合及优化配置，进而进行调查、分析、创意、设计并制订行动方案的行为。

策划是现代社会最常见的经济活动之一。策划，有"计划""打算"之意，通常解释为"策略谋划"，也即"出谋划策"。策划最早用于军事领域，我国古代的军事战役中就有策划的雏形，如"完璧归赵""鸿门宴"等。在现代，军事策划日趋成熟，如第二次世界大战中的诺曼底登陆，就是一则军事策划非常成功的范例。第二次世界大战以后，"策划"一词由军事领域发展到政治、文化等领域，出现了政治策划、文化策划和新闻策划。例如，国外竞选总统，都要经过周密的策划，甚至成立专门的策划班子，这就是典型的政治策划。

当然，策划也用于市场营销领域。在现代的商业战争中，企业家们需要通过策划来帮助他们打赢这场没有硝烟的战争。被誉为"美国企业界巨子"的亚科卡曾经成功策划推出"野马"车，并且创下了当年销售的最高纪录。20世纪80年代以来，随着市场竞争的日趋激烈，营销策划更加成为企业关心的热点。美国营销专家艾・里斯和杰克・特劳特所著的《营销战》一书，成功地将军事原理应用于市场营销中。美国市场营销学权威菲利普・科特勒也在其著作《营销管理》一书中，加入了军事理论用于市场营销的内容。尽管他们都没有明确提出"营销策划"一词，但他们所阐述的内容都属于营销策划的范畴。美国有些咨询公司专门从事市场营销策划工作，它们为企业出谋划策，帮助企业战胜竞争对手，把企业的产品推广到市场。日本著名的野村综合研究所也曾帮助日本企业开展过许多成功的市场营销策划活动，为日本企业成功走向国际市场立下了汗马功劳。我国从20世纪80年代后期开始，在广州、深圳、上海、北京等地也相继出现了专职的市场营销策划公司。目前，市场营销策划正越来越为我国企业界所重视。

策划作为一种程序，在本质上是一种运用知识和智慧的理性行为。策划还是一种具有前瞻性的行为，它要求对未来一段时间内将要发生的事情在当前进行决策。策划就是找出事物的主客观条件和因果关系，选择或制定出可以采用的对策，作为当前决策的依据。也就是说，策划是事先决定做什么、如何做、何时做、由谁来做的系统方案。

同步思考1-1

背景资料：“条条大路通罗马，寻找最近的那条路，就是策划。”这句话来自一位资深策划人，带有些许哲思，想想也不无道理。

在思考解决一个问题的时候，总要研究和设计一个最佳的方案，这个思考和论证的过程就是策划。

策划就是让有限的资源发挥最大的效用，就是最大限度地减少资源浪费，就是寻找市场运作的最佳要点或者说找到杠杆点。

策划是研究一种独特的办法，通过这种办法，能够把直接和间接的资源都整合利用起来，为实现目标所用。

策划是一项系统工程，是对运作要素的最佳组合和配置。

策划是竭尽全力构思差异化。当然，这种差异化是可以吸引市场的差异化，是可以赢得竞争胜利的差异化，而非不切实际、没有市场效应的差异化。

策划是建立在对所研究的市场、产品、竞争状况、市场走向等内容具有十分透彻的把握的基础上的最优化的系统行动方案，而非一个即兴而来的所谓的创意和点子。创意和点子可以引发系统的策划，而系统的策划绝不是一个创意和点子。

当然，策划的核心是创意。

没有创意的策划就如同没有芯片（或者芯片很低档）的电脑；否则，其他配置再好也没有意义。

策划是围绕创意进行设计的。

高质量的创意设计是对资源最优化的组合方法。

策划需要丰富的想象力和符合实际的论证，需要大胆设想和小心求证。

中国本土的策划往往想象的、感性的东西太多而实证研究不足；外来的策划往往实证的、定量的东西很多而想象的、感性的东西少一些。

想象力有时是决定胜负的关键，因为消费者的心理总是在变化，但想象必须以实证的、定量的研究为基础。策划必须是二者的很好结合。

策划需要丰富的知识作为支撑，就如同建造一座美丽的建筑需要各种各样的建筑材料，并且材料需要时时更新。

优秀的策划点石成金，劣质的策划只是烧钱……

资料来源：黄天舜. 策划断想［EB/OL］.［2004-04-21］. http://www.emkt.com.cn/article/153/15303.html.

问题：什么是策划？

理解要点：策划必须要有目标、有方法，用创造性的思维进行要素分析、资源配置和方案制订。

1.1.2 市场营销策划

所谓**市场营销策划**（也称营销策划），是指企业的策划人员根据企业的资源状况，在充分调查、分析市场营销环境的基础上激发创意，制定出有目标的、可能实现的、解决问题的一套策略规划。它主要包括市场营销目标、市场机会分析、市场营销定位、营销战略及策略、营销评估等内容。

市场营销是一种以交换为目的的经营活动。为了实现交换，达到预期的效益目标，企业作为市场营销者，必须设法创造性地建立、发展与市场的联系，实现并完善与顾客之间的交换关系。因此，企业既要科学分析市场、顾客以及各种影响因素，又要合理安排、有效设计和实施、控制自己的经营行为，力求在适当的时间和适当的地点、以适当的价格向适当的消费者或用户提供适当的产品，并用适当的促销方式与他们沟通。为了使这些“适当”从理想变为现实，市场营销人员所做的分析、判断、预测、设计、安排等工作便是市场营销策划。

简单地说，市场营销策划就是在市场营销过程中为某一企业或某一商品或某一活动所做的策略谋划和计划安排。这一含义强调三个要点：第一，市场营销策划的对象可以是某一个企业，也可以是某一种（项）商品或服务，还可以是一次活动；第二，市场营销策划需要设计和运用一系列计谋，这是市场营销策划的核心和关键；第三，市场营销策划需要制订周密的计划，并进行精心的安排，以保证一系列计谋运用成功。

同步业务1-1

迎接新同学日用商品展销策划方案

学校营销协会出于更好地为新同学服务、方便新同学生活的目的，要组织迎接新同学日用商品展销，请制订一份展销策划方案。

业务分析：这份策划方案的内容主要包括新同学对日用商品品种的需求分析、价格分析，展销的组织安排、人员安排及经费安排等。

业务程序：

（1）需求调研。

（2）货源选择。

（3）经费安排。

（4）营销活动的组织。

可见，市场营销策划并不是单纯的广告与销售活动，它是一项系统工程。市场营销策划的每个组成部分都需要有效配合，从而充分发挥作用，任何一个部分都不可缺少或削弱；否则，市场营销策划最终将难以获得圆满成功，其重要作用最终也难以发挥。

教学互动1-1

背景资料：在互联网时代，企业品牌的传播，以及广告的创意、制作，已经与传统广告传播时代有了本质的区别。覆盖率和发行次数不再是传播的关键，传播的关键在于内容是否具有发散性、分享可能性和口碑传播力，以保持传播链条不中断。企业不仅仅是产品的制造方，更需要成为品牌内容的发行方。

在传统营销时代，营销的核心在于“品类创新+大规模传播+渠道为王”。因此，传统营销时代的大单品，首先来自品类创新和产品创新，然后依靠渠道和大规模传播不断做大。然而，在互联网时代，营销的核心在哪里呢？

互联网的本质就是连接，连接人与信息的关系，连接人与交易的关系，连接人与人的关系。百度连接的是人和信息的关系，阿里巴巴连接的是人和交易的关系，滴滴连接的是司机和乘客的关系，猪八戒网连接的是中小微商户和设计师的关系……

在互联网时代，实体企业经营的核心资源是用户，经营用户的手段是连接，实现连接的工具是产品。于是，我们坚信，产品，也只有产品，才是实体企业连接用户的最大入口。

产品就是超级自媒体

江小白的表达瓶，就是一个很典型的自媒体。早在2012年，江小白便推出了红遍网络的“语录瓶”。江小白认为，今天每一个人都是自媒体，年轻消费者喜爱表达，表达是他们的第一大欲望，因此他推出了表达瓶，把产品变成像微博、微信朋友圈一样可以表达消费者自己态度和行为的载体。随后，可口可乐昵称瓶、味全每日C对白瓶陆续推出。如今，江小白的表达瓶变单向传播为双向互动，更多展示的是产品与消费者之间的连接。

产品就是超级入口

Orangina也称“法奇那”，1936年诞生于法国，是一种以橘子、柠檬等为原料制成的柑橘类汽水饮料。这个饮料的品牌诉求是：喝前摇一摇。

农夫山泉也有一个产品叫“农夫果园”，由于果汁饮料静置后容易形成沉淀物，因此农夫果园采用逆向思维，提出了“喝前摇一摇”的创意，解决了沉淀问题。

然而，Orangina的“喝前摇一摇”与农夫果园的“喝前摇一摇”并不相同。Orangina的“喝前摇一摇”是为了调和果汁和果肉的混合比例；此外，Orangina的摇法不是摇饮料瓶，而是摇饮料售卖机。

在巴黎中心商务区和里尔欧洲车站，Orangina设置了街头自动售卖机，售卖机里可以售卖Orangina饮料，但消费者购买Orangina饮料的方法是必须挽起袖子抱住自动售卖机摇一摇，当饮料的果汁和果肉混合到最佳比例的时候，饮料就会自动掉下来，并且是免费的。试想如果你是一个消费者，Orangina和你玩了这样一场游戏，你是不是会觉得很好玩，当场用手机扫描下Orangina的二维码，然后把这个摇的过程分享到朋友圈？

资料来源：沈志勇．如何把大单品做成超级大入口？[EB/OL]．[2017-02-16]．http：//www.emkt.com.cn/article/655/65545.html.

互动问题：在互联网时代，营销的核心在哪里？

要求：

（1）教师不直接提供上述问题的答案，而是引导学生结合本节教学内容就这些问题进行独立思考、自由发表见解，组织课堂讨论。

（2）教师把握好讨论的节奏，对学生提出的独特见解进行点评。

1.2 市场营销策划的内容

市场营销策划的内容相当广泛和丰富，依据不同的标准可进行以下分类：

（1）以策划对象为标准

以策划对象为标准，市场营销策划可分为企业策划、商品策划和服务策划等。企业策划是针对企业整体所进行的策划，主要目的在于树立良好的企业形象；商品策划是针对商品的开发和销售所进行的策划，主要目的在于推出新商品和扩大销路；服务策划是从更好地满足顾客需要的角度出发而进行的策划，主要目的在于提高信誉。

（2）以市场发展程序为标准

以市场发展程序为标准，市场营销策划可分为市场选择策划、市场进入策划、市场渗透策划、市场扩展策划、市场对抗策划、市场防守策划、市场撤退策划等。市场选择策划是为了有效选择目标市场所做的策划；市场进入策划是为了使产品成功进入市场所做的策划；市场渗透策划是为了争取现有市场、增加购买量所做的策划；市场扩展策划是为了扩大现有产品的市场面、开拓新市场所做的策划；市场对抗策划是为了与主要竞争对手抗衡所做的策划；市场防守策划是为了抵制竞争产品、巩固现有市场所做的策划；市场撤退策划是为了有计划退出现有市场所做的策划。

（3）以市场营销过程为标准

以市场营销过程为标准，市场营销策划可分为市场定位策划、产品策划、品牌策划、包装策划、价格策划、分销策划、促销策划等。市场定位策划是为了确定产品的市场位置所做的策划；产品策划是为了开发、创新、改进、提高产品所做的策划；品牌策划是为了使产品品牌赢得顾客欢心所做的策划；包装策划是为了进行科学包装、艺术装潢，使包装更加美观、方便、安全、经济所做的策划；价格策划是为了确定恰当的价值策略所做的策划；分销策划是为了有效选择分销路线所做的策划；促销策划是为了有效开展人员推销、广告、公共关系、营业推广所做的策划。

（4）以市场营销的不同层次为标准

以市场营销的不同层次为标准，市场营销策划可分为市场营销的基础策划与运行策划。市场营销的基础策划包括作为市场营销运行基础的市场调研策划和企业战略策划。市场调研策划是市场营销人员根据企业战略策划、市场营销运行策划的需要，运用科学的方法系统收集、记录、整理和分析有关情况，进而提出问题和解决问题的建议的过程。任何策划，都不应只是灵机一动，而必须依托于翔实、可靠的信息。从这个意义上讲，市场调研策划是市场营销策划的起点和基础。企业战略策划分为总体战略策划与经营战略策划两个层次。一般来说，总体战略策划的任务是从企业整体的角度明确企业任务，区分战略经营单位，确定企业的投资组合战略和成长战略。经营战略策划的任务则是站在战略经营单位的角度分析形势，制定目标和计划。总体战略为经营战略指明了方向，经营战略则为各职能战略建立了一个基本框架。市场营销的运行策划包括战略性市场营销策划与战术性市场营销策划。市场营销人员根据经营战略的要求进行的市场机会研究、市场细分、目标市场选择和市场定位策划，称为战略性市场营销策划，其任务在于明确市场营销职能的运行方向。市场营销人员在战略性市场营销策划的基础上，对市场营销的产品、价格、分销以及促销所进行的组合策划和个别策划，称为战术性市场营销策划，其目的在于把战略性市场营销策划的任务落实到实处。

本书采用第三种划分方法，即以市场营销过程为标准，将全书分为市场定位策划、产品策划、价格策划、分销策划、促销策划等主要章节进行讨论。

1.3 市场营销策划学科的特点和研究对象

市场营销策划是一门复合型学科，它是由多门学科知识综合、交叉、碰撞而形成的新的应用知识体系。它秉承了市场营销学的特点，是综合思维科学与精湛经营艺术的结合。可以说，市场营销策划既是一门科学，也是一门经营艺术。

1.3.1 市场营销策划学科的特点

1）市场营销策划是一门创新思维的学科

市场营销策划实质上是一种经营哲学，是市场营销的方法论，是一门创新思维的学科。

市场营销策划从新的视角出发，用辩证的、动态的、系统的、发散的思维来整合市场营销策划对象所占有和可利用的各类显性资源和隐性资源，使各种生产要素在新的排列组合方法的指导下，在生产经营的投入产出过程中，产生最大的经济效益。市场营销策划主要包括四个方面的内容：创新思维路线的选择、企业经营理念的设计、资源的整合、市场营销操作过程的监督和管理。

市场营销策划作为一门创新思维的学科，特别强调将单线思维转变为复合思维，将封闭思维转变为发散思维，将孤立的、静止的思维转变为辩证的、动态的思维，将具有浓厚小农经济色彩的“量入为出”的思维转变为符合市场经济要求的“量出为入”的思维。市场营销策划要达到的最终目的是通过对企业各类资源的整合，使营销策划的对象以崭新的面貌出现在市场上，并在特定时空条件的市场上具有唯一性、排他性和权威性。只有达到这“三性”，才是一个优秀的市场营销策划，才能满足市场竞争的创新需要，才能使营销策划的对象在市场竞争中产生“先发效应”和“裂变效应”，进而实现综合经济效益最大化的目标。

营销创新是提高企业市场竞争力最根本、最有效的途径。众所周知，企业在市场上要面对的主要竞争对手有产业内现有企业、潜在加入者和替代品厂商三类。与同行业现有厂商共争市场是企业参与市场竞争的主要形式，当企业面对市场上众多实力雄厚的、销售同一种类商品的竞争对手时，与广告战、价格战、营业推广战等营销手段相比，创新是最有威力、最有效果的营销手段。通过创新，企业可以不断研制出适销产品并投放到市场上，从而达到“人无我有”的状态，进而比竞争对手赢得更多的顾客，占有更大的市场份额，获得更大的收益。创新既是导致潜在加入者进入本行业成为企业的竞争者的诱因（潜在加入者从企业的成功中看到了该行业的诱人之处），也是企业在与潜在加入者争夺市场的过程中获胜的有效手段。因为营销创新不仅可以使企业设计、生产出优于竞争对手的产品，而且可以实现企业联合（组织创新），与现有的主要同行业厂商一起，共同高筑限制潜在竞争者进入的屏障，从而保住企业已有的市场份额。在与替代品厂商竞争的过程中，营销创新对企业来说也具有不可估量的作用。由于与替代品厂商竞争的实质是整个行业所有企业与替代品厂商竞争，因此企业间的竞争变得更加复杂。企业通过创新，科学合理地组合各种新资源，可以生产出不仅在本行业领先而且能够取代替代品的适销产品，从而在竞争中获胜。

同步案例1-1

百雀羚成功的奥秘

背景与情境：从文化历史的角度来讲，中国是草本文化的发祥地，草本文化在护肤品行业具有强大的生命力；同时，东方草本文化早已成为全球美容护肤品研发关注的焦点。百雀羚以草本护肤为切入点，成功完成转型。试想，如果百雀羚品牌依然在原有的香脂、止痒润肤露、凡士林保湿润肤霜等"国货经典"系列里淘金，其复兴一定不会有大的突破，一定不会有如今的业绩。面对时代变迁导致的生活方式和生产方式的变化，许多老字号企业的衰落就是因为其不敢走出原有的品牌历史与文化，不肯放弃原有的经典产品，不能跳出原有的思维定式。

问题：百雀羚成功的奥秘是什么？

分析提示：在网络上寻找关于百雀羚的新闻，分析其成功的原因。

（1）观念创新

观念是人们对客观事物的看法，它虽然看不见、摸不着，却直接影响着人们的行为。所谓**观念创新**，是指企业适应新的营销环境的客观变化而形成的正确认识或看法。由于市场营销观念是企业开展营销活动的指导思想，或者说它支配着企业的市场营销活动，因此观念创新是企业营销创新的灵魂。观念创新的内容主要包括以下四个方面：

第一，树立正确的市场意识。这是观念创新的首要问题。

第二，树立正确的质量意识。应该认识到，产品质量不仅仅是指技术质量（不同的产品有不同的技术标准，如国际标准等），还应该包括消费者的认知质量，这是消费者是否接受企业产品的重要影响因素。同时，企业还应认识到，产品质量具有稳定性（同一设计的产品应具有同一性）和动态性（随着环境的变化而改变设计或变更技术标准）相结合的特点。

第三，增强竞争意识。这是营销创新的内在推动力。

第四，强化合作意识。整体大于部分之和，合作能产生联合优势。

（2）市场创新

营销创新的最终目的是通过更好地满足消费者的需求获得更大的市场份额和更多的经济效益。可以说，营销创新具有较强的目的性。正因为如此，消费者需求（即市场）的变化为企业营销创新指明了方向。

市场创新的内容包括选择企业有能力进入并获得收益的目标市场，以及新市场的进入与拓展等，因为在新市场销售产品能够给企业带来创新收益。正如熊彼特所说："寻求新的市场，以销售某种既为该市场所不熟悉，同时又是该市场从未生产过的物品，乃是企业家利润的一个非常重要的来源。"进入与拓展新市场成功与否主要取决于价格、服务、包装、促销等营销因素的组合与运用情况。

（3）产品创新

判断一个企业是否具有生命力，其重要标志就是它的产品是否能够不断创新。不断满足消费者不断变化的需求是企业营销创新的直接目的，因此企业的产品需要不断创新。如果一个企业不能随着外部营销环境（包括消费者的需求）的变化而不断进行产品创新，那么无论这个企业的历史多么悠久，也无论这个企业的资本多么雄厚，都必然在市场竞争中难以为继。可见，产品创新是营销创新的核心内容。

产品创新离不开先进的科学技术，即产品创新必须依靠技术创新，而技术创新是产品创新的客观基础。科学技术的发展日新月异，把产品创新的着眼点放在提高科技含量、增加产品附加值等方面是世界各国企业进行产品创新的一致选择，这自然也是我国企业适应科技发展和竞争需要的明智选择。由于新技术开发和应用的周期在逐渐缩短，因此不断依靠科技进步和技术创新进行产品升级换代十分必要。

（4）服务创新

服务作为一种特殊的产品，属于无形产品，它与有形产品一样，也是市场客体的重要组成部分。由于服务通常伴随着产品的销售而发生，属于向消费者提供的附加利益，因此服务也是整体产品的重要组成部分。又由于消费者需要的产品通常是整体产品，因此在核心产品和形式产品比较接近的情况下，服务便成为提高消费者满意度进而击败竞争对手的切入点。

（5）组织创新

在激烈的市场竞争中，独立的企业常常无法“孤身闯我路”。从现实状况来看，规模偏小使得我国企业在与外企竞争的过程中处于不利地位。为了改善这种不利的竞争地位，提高企业的竞争力，通过相互持股、兼并、联合、结盟等形式进行组织创新，以弥补企业规模过小的不足是十分必要的。

在组织创新的过程中，首先，要选好合作伙伴或盟友；其次，要商定好合作或联合的形式，并依据不同的合作形式制定好合作原则（包括利益分配原则）；最后，要处理好合作后产生的新问题（如冗员问题等）。只有真正做到了优势互补而不是内耗，才能在扩大企业规模的基础上提高企业的竞争力。

总之，无论什么项目，创新思维都是以市场营销策划创意为起点的，它引导着营销策划者运用系统工程方法，从经营哲学的高度对投入生产经营过程中的各种生产要素、市场资源和社会资源等进行科学的分析、归纳和综合，使其产生更大的总体功能效应。

职业道德与企业伦理1-1

中国乳业的覆灭

背景与情境：以奶粉产品为主的中国乳业，在经历了“大头娃娃”、“结石宝宝”和“性早熟婴儿”事件后，市场正在逐渐被瓦解，未来正在走向覆灭。

中央电视台专题节目《每周质量报告》通过调查发现，仍有7成中国民众不敢买国产奶粉。相关调查显示，90%的白领不会选择中国奶粉。在这样的市场环境下，外国奶粉代购生意越来越火爆，大多数人宁愿花费更多的金钱、精力去抢购“洋奶粉”，也不愿意购买中国本土生产的奶粉。与此同时，外资品牌也开始抢占中国市场，众多国外资本投入中国乳业。在未来，洋品牌将不断加强对中国乳业的控制，使中国奶粉难以应对其品质加技术和资本的三重压力。最终，中国乳业将被迫沦为洋奶粉的“垫脚石”，在市场上难以发挥自己的优势。

资料来源：邹文武. 中国乳业的覆灭与希望［EB/OL］.［2010-08-27］. http：//www.emkt.com.cn/article/481/48166.html.

问题：分析该案例带给我们的启示。

分析提示：分析这个案例中企业职业道德与营销伦理的关系。

2）市场营销策划是一门市场营销工程设计学科

市场营销策划实质上是运用企业所拥有的资源和可利用的资源构造一个新的营销系统工程，同时根据新的经营哲学和经营理念对这个系统中的各个方面进行轻、重、缓、急的排列组合。在这个市场营销系统工程的设计中，营销理念的设计始终处于核心和首要的地位。

在市场营销策划中，营销理念的设计是其他一切营销活动设计的前提，而市场营销活动则是营销理念的原型。营销理念的设计是统率、指导和规范其他市场营销活动设计的核心力量，并渗透于整个市场营销策划过程中。

同步思考1-2

背景资料：碧桂园坐落在顺德市与番禺市的交界处，先天条件并不优越。1993年6月，碧桂园开始破土动工的时候，房地产市场的低谷已经悄悄来临。

碧桂园以兴办碧桂园学校为切入点，策划了一系列新闻进行炒作。1994年10月中旬，广东碧桂园学校已开学月余，首批1 300多名学生已经入校就读，这给碧桂园带来了无限生机。几百幢别墅已经竣工，碧桂园会所（俱乐部）正在兴起，一个大型的高尚住宅区呼之欲出。

这时，碧桂园的决策者们感到以往的经营理念和品牌形象已经不能适应碧桂园的发展需求，不适应碧桂园别墅区、俱乐部、学校等的集团化运作，必须导入形象策略之CI工程，以确保后期营运的效益和良好的形象。

碧桂园的顾问王先生和陈荣彪大师是多年的好朋友，这时王先生想到了陈荣彪和他的“敦煌人”，并请他们到碧桂园来看看。“敦煌人”在和碧桂园的决策者及王先生等人进行数次思想火花的碰撞以后，得出了这样一个结论：

今天的社会以“激烈化”“多样化”“专精化”三轴为中心，不断实现突变，人们的思维方式和生活要求也随之揭开了崭新的一页。过去，国家建房、单位分房，人们能分到一套房子就满足了，这种“温饱型”的生活方式着实在那个年代起到了它特有的作用；改革开放以后，中国经济高速发展，成片生活社区被开发，布局统一，周边生活设施综合配套，讲求实用与舒适相结合，从而将人们的居住由“温饱型”推向了“小康型”。然而，无论是“温饱型”还是“小康型”，都只是传统概念的延续，都只注重人的基本生活需求，而忽略了现代人对生活品位和质量提出的更高要求，尤其是那些先富裕起来的人们，他们期盼着有一个“理想型”的现代居家生活方式。

碧桂园，就是要与新时代的节奏合拍，要体现人们对现代理想生活方式的追求。它绝不仅仅是一个屋村、一个俱乐部、一个学校的建设，而应该是一个旨在实现现代生活方式的系统工程，是一个文化的存在，是一项高品位的创造性实践。

“敦煌人”将现代CI理论及实践经验巧妙结合起来，将社区形象与理想生活方式的概念统合起来，把创造“高尚型”和“理想型”的中国一流社区、推广全新的生活方式、提高中国人的生活质量、完善人生的价值和生存观念锁定于碧桂园物业发展有限公司的经营理念中，并提出了规划和方案。

仅仅几天以后，碧桂园正式委托“敦煌人”负责碧桂园CI工程的规划设计。关于碧桂园CI工程的策划，“敦煌人”认为必须跳出一般的房地产概念，将文化元素融入商业行为的经营实体，只有这样才能获得突破。然而，什么样的管理、什么样的生活方式才能打动人呢？

毫无疑问，最好的管理水平、最高的管理层次莫过于“五星级”的管理。那么，如何将传统上用于酒店业的星级管理方式引入这块1 000多亩、有几百幢别墅的土地上来呢？人的生活方式是建立在构筑自己的家庭之上的，建立属于自己的理想的家是人类一直以来的追求。五星级的酒店虽好，但并不是自己的家，“在外千日好，不如在家一日亲”。于是，“敦煌人”将碧桂园定位在“五星级”与“家”上。

碧桂园学校是孩子的“五星级的家”：来自珠江三角洲各地，甚至更远地区的孩子，离开了自己充满亲情、充满爱的家，来到碧桂园学校接受现代化的教育。为了使这些孩子重新认识和熟悉这个陌生的环境，习惯“离家”的独立生活，好好学习，将来成长为社会的栋梁，碧桂园学校一定要给孩子营造出“家”的感觉，而且要比孩子自己的家更具有吸引力，这样才能让孩子们安心，让家长们放心。

碧桂园会所是商旅者的“五星级的家”：商海搏击犹如战场上的“厮杀”，胜利的喜悦、失败的创伤，都会令商界精英们略感疲惫，他们需要有一块属于自己的理想净土、一片港湾。在碧桂园会所，商旅者可以舒展自己的身心，或者计划未来、运筹帷幄，或者邀朋唤友来分享果实的甘甜，从而使狭义的“家”的概念在这里得到升华，他们将会成为明天商战中的大赢家。

碧桂园别墅是业主们的“五星级的家”：“日求三餐，夜求一宿”是多少年来老百姓苦苦追求的人生目标，国家的富民政策使更多的人实现了拥有属于自己的家的梦想。走出狭窄的古老空间，开辟自由自在的生活天地，在碧桂园购置楼宇、安居乐业，享受全新的生活方式。家在这里，是何等的赏心乐事。

“给您一个五星级的家”，这是碧桂园的定位和承诺。

“敦煌人”从众多创意中着意发掘出碧桂园作为中国第一个五星级社区，推出全新生活方式的深刻主题，有效展示了企业的经营属性和独到的超前意识。

碧桂园的形象规划基础被确认后，还要将其推广，几百幢别墅也需要销售，“敦煌人”又投入到了紧张的画册设计与制作之中。针对当时国内房地产“遍地开花”、售楼画册五花八门、不着边际的宣传手法比比皆是的情况，为了使碧桂园画册获得理想的效果，“敦煌人”决定抛弃国内盛行的以水中月、镜中花的虚幻美吸引消费者的画册制作方式，充分利用碧桂园开发建设的实效和现楼销售的优势，努力在定位准确的基础上体现出定位的意念，从而将碧桂园的竞争优势发挥至最大。同时，采用实景拍摄的手法，拍摄了大量有关碧桂园别墅、俱乐部、学校的照片，撷其精华，将碧桂园的形象定位注入设计之中。这样一来，既增强了消费者的信心，为碧桂园房地产的销售带来了极大的积极影响，也开创了在售楼书上标注实景拍摄的销售策略的先河。

当碧桂园以全新的形象取得楼盘旺销战绩的时候，一位房地产大亨颇为感慨地说："此次大胜，关键在于启动定位，'给您一个五星级的家'这句话是无价之宝，起码值2 000万元！"（现在的无形资产价值已大大增加）

全国性广告专业杂志《国际广告》第47期的一篇文章中这样说："一句优秀的广告语，应当有诗一般的语言耐人回味，而这种回味可以延伸到商品的特性上，如'给您一个五星级的家，碧桂园'。"

1995年11月，碧桂园系列广告荣获"佛山市第二届广告作品奖系列广告优秀奖"。

1997年8月，碧桂园标志及广告词"碧桂园，给您一个五星级的家"分别获得1997港澳国际广告作品（创意）国际荣誉评奖标志类"国际设计金奖"和广告词类"国际广告词创意金奖"。

问题：碧桂园为什么能够成功？

理解要点：分析碧桂园的成功应从整体策划战略与成功CI定位上入手。

3）市场营销策划是一门具有可操作性的实践学科

市场营销策划是一门实践性非常强的学科。市场营销策划不是空洞的理论说教，它要回答企业在现实的市场营销活动中遇到的各种问题，不仅要指出这些问题出现的原因，即回答为什么、是什么的问题，还要指出这些问题的解决方法，即回答如何做的问题。企业最需要的市场营销策划不仅仅要指出企业应该开拓市场、应该赚钱，更重要的是要指明如何开拓市场、营造市场以及如何在激烈的市场竞争中获取丰厚的利润。市场营销策划就是在创新思维的指导下，为企业的市场营销制订具有现实可操作性的策划方案，提出开拓市场和营造市场的时间、地点、步骤及系统性的策略和措施。此外，这些策略和措施还必须具有高度可行性。

4）市场营销策划是一门系统分析的学科

市场营销策划是一项系统工程设计，其主要任务是帮助企业利用开放经济中丰富的各种资源（区域性资源、国内资源和全球性资源，显性资源和隐性资源，可控资源和不可控资源等），用系统的方法对其进行新的整合，使其在市场营销过程中产生巨大的"核裂变"效应。市场营销策划是用科学、周密、有序的系统分析方法，对企业的市场营销活动进行分析、创意、设计和整合，从而形成目标、手段、策略和行动高度统一的逻辑思维过程和行动方案。因此，作为智慧火花的市场营销点子，并不是市场营销策划，只能说是市场营销策划中的创意。

市场营销策划强调对既有资源和可利用的资源进行整合。整合是系统论的一个基本范畴和重要原理。系统论是20世纪中期发展起来的一种科学理论，它认为：凡是由相互联系和相互作用的诸要素所组成并且具有特定功能的总体，都是一个系统。任何系统都不是它的组成要素的简单加总，而是这些要素在特定的联系方式和数量配比下形成的有机总体。总体具有不同于组成要素或子系统的新功能，总体"大于"各组成部分的孤立属性的简单集合。市场营销策划就是依据系统论的整合原理，寻求市场营销活动1+1>2的投入产出比。市场营销策划是一系列点子和谋略的整合，是建立在点子和谋略之上，由多种因素、多种资源、多种学科和多个过程整合而成的系统工程。因此，作为理论，市场营销策划是一门系统科学；作为实践，市场营销策划是一项系统工程。

1.3.2 市场营销策划学科的研究对象

市场营销策划是一门涉及多种学科的、综合性的应用科学，其研究对象是市场营销策划过程中的市场进入障碍分析、营销资源的配置、营销创意、营销理念设计和市场营销策划方案制订等的基本方法、技巧及一般规律。

市场营销策划是在现代市场营销观念的指导下，以市场营销管理为基础，从市场需求入手，深入进行市场调查研究，认真分析市场营销环境、竞争对象、企业市场竞争条件以及使目标市场顾客群满意的条件，因时、因地、因人制宜地提出“创意—构架—行动”的系统过程。虽然各种市场营销策划案千差万别，各有其创新的特色和营销要素整合的技巧，但是无论哪种性质、哪种层次、哪个行业的市场营销策划案，其策划的过程、基本方法和基本技巧都具有一定的规律性和共同点，只是因时间、地点、行为和产品的差异而各有侧重。例如，每一个成功的市场营销策划都是以顾客满意为出发点，其最终目标或结果必然是实现顾客满意和企业利润最大化的“双赢规则”。又如，每一个成功的市场营销策划都必须坚持“1+1>2”的资源投入产出比。

学习市场营销策划，不仅要掌握市场营销策划的方法和技巧，而且要掌握市场营销策划的一般规律，能够遵循市场经济的客观规律，并以创新思维为灵魂，更好地开展市场营销策划实践活动。

本章概要

内容提要

- 所谓市场营销策划，是指企业的策划人员根据企业的资源状况，在充分调查、分析市场营销环境的基础上激发创意，制定出有目标的、可能实现的、解决问题的一套策略规划。它主要包括市场营销目标、市场机会分析、市场营销定位、营销战略及策略、营销评估等内容。市场营销策划并不是单纯的广告与销售活动，它是一项系统工程。市场营销策划的每个组成部分都需要有效配合，从而充分发挥作用，任何一个部分都不可缺少或削弱。
- 市场营销策划的内容相当广泛和丰富，依据不同的标准可进行以下分类：第一，以策划对象为标准，可分为企业策划、商品策划和服务策划等；第二，以市场发展程序为标准，可分为市场选择策划、市场进入策划、市场渗透策划、市场扩展策划、市场对抗策划、市场防守策划、市场撤退策划等；第三，以市场营销过程为标准，可分为市场定位策划、产品策划、品牌策划、包装策划、价格策划、分销策划、促销策划等；第四，以市场营销的不同层次为标准，可分为市场营销的基础策划与运行策划。
- 市场营销策划是一门涉及多种学科的、综合性的应用科学，其研究对象是市场营销策划过程中的市场进入障碍分析、营销资源的配置、营销创意、营销理念设计和市场营销策划方案制订等的基本方法、技巧及一般规律。

主要概念和观念

▲ 主要概念

策划　市场营销策划　观念创新

▲　主要观念

策划是系统方案　市场营销策划的内容

基本训练

知识训练

▲　简答题

1）为什么说市场营销策划是创新思维的学科？

2）市场营销策划的含义是什么？

▲　填空题、

1）市场营销策划主要包括（　　）等内容。

2）市场营销策划就是在市场营销过程中为某一企业、某一商品或某一活动所做的（　　）。

▲　单项选择题

1）（　　）是针对企业整体所进行的策划。

A.企业策划　　B.服务策划　　C.商品策划　　D.市场进入策划

2）（　　）是为了确定产品的市场位置所做的策划。

A.市场定位策划　　B.产品策划　　C.品牌策划　　D.包装策划

▲　多项选择题

1）策划是事先决定（　　）的系统方案。

A.做什么　　B.如何做　　C.何时做　　D.由谁来做

2）市场营销策划以策划对象为标准可分为（　　）。

A.企业策划　　B.商品策划　　C.服务策划　　D.品牌策划

▲　讨论题

1）列出市场营销策划的主要内容。

2）举例说明市场营销策划是一项系统工程。

能力训练

▲　案例分析

做大成就中国制造，做强成就中国创造

背景与情境：2016年4月26日，习近平主席在网信工作座谈会上强调："市场换不来核心技术，有钱也买不来核心技术，必须靠自己研发、自己发展。"

"以市场换技术"源自改革开放初期，主要是通过开放国内市场，获取国外的先进技术，然后通过消化吸收，最终形成我国的自主研发能力，提高我国的技术创新水平。但是这项举措最后却代价巨大：我们让出了大多数市场，却并没有换来期望中的关键技术。

"市场换技术"使中国付出了沉重的代价，可谓"赔了夫人又折兵"。市场丢失，真正需要的技术没有获得，中国在相关技术与制造上，陷入了"越引进越落后，越落后越引进"的恶性循环。一些学者指出：通过引进我们已经制造出自己的电脑、彩电、冰箱、手机、DVD等，但是这些组装和仿造的产品所带来的利润似刀片般微薄，甚至到了

“毛巾拧水”的地步。高额的技术专利费使国内数量可观的生产企业被迫退出生产领域，或沦为外资企业的贴牌生产企业，所谓“自主品牌”实质上是“中国贴牌”。为此，很多知名企业长期处于破产边缘。

由于落入“引进—落后—再引进”的陷阱，中国由此形成了对国外技术的依赖，以及对国际垄断资本的依赖，长期停留在劳动密集的国际分工环节。人们难以想像，8亿件中国衬衫才能换回一架波音飞机，这就是“中国制造”面临的尴尬！

改革开放30多年来，大量的市场沦丧，先进技术欲求之而不得，警示着我们“前事不忘，后事之师”！

那么迄今为止，我们都有哪些经验成就可以总结呢？哪些东西可以发扬光大呢？哪些不足应该吸取教训呢？这里我们拟从高科技领域入手，通过对典型企业与典型案例的研究、解剖与分析，探究中国高科技领域核心技术自主研发的经验与教训。

在我国高新技术产业领域，有两家著名的企业——联想和华为。它们几乎同时创办，30年来，它们对中国与世界IT、通信产业的发展做出了突出的贡献，先后上榜全球最有价值品牌100强名录。拥有不同优势的联想和华为先后引领了科技创新潮流，成为所在领域的精英。同时，它们的实践也证明，科技创新能力是高新技术企业的核心竞争力。

联想和华为的发展实践为中国高新技术企业提供了值得借鉴的经验。

在经济全球化的大趋势中，联想、华为都能够与时俱进，它们顺应了时代的潮流，走出国门，把中国制造与中国创造推向世界，一举成为海内外知名的国际化企业。

联想针对消费者市场，主营PC机和笔记本，成为全球第一大PC生产厂商。

华为针对运营商市场，提供通信设备和解决方案，成为全球第二大通信设备供应商。

联想——中国IT产业的旗帜，它对中国的信息革命具有独特贡献：在创立初期推出联想汉卡，较好地解决了在电脑中使用汉字的难题；开发、出品联想微机，极大地推动了个人计算机在中国的迅速普及和应用。由于联想汉卡与联想微机产品系列成就瞩目，尤其是联想微机形成产品系列后已延续至今，因此联想成为中国制造业的龙头企业。

截至2015年6月，中国网民规模已达6.68亿人，这意味着网民人数最多、联网区域最广的全球第一大网——中国互联网的发展水平又取得了长足的进步，网络技术的发展对当今中国社会产生着前所未有的积极影响。在奔涌而来的中国信息化革命浪潮中，联想汉卡与联想微机对中国信息产业的发展起到了推波助澜的作用，可谓“功勋卓著”！

华为——中国民营企业发展的典范。作为中国高新技术企业的后起之秀，多年来，华为始终坚持“技工贸”战略，把强化自主创新研发作为重中之重。华为聚焦中高端市场，与国际先进技术接轨，将技术研发国际化，不断进行技术创新，以开拓市场、赢得用户。华为因此成为《财富》世界500强仅有的非上市公司，是国际化程度最高的中国民营企业。

截至2015年年底，华为已累计申请了52 550件国内专利和30 613件国外专利。2015年，华为国内申请专利6 200件，境外申请专利2 800件，专利申请总量居全球第一位。苹果公司也开始向华为支付专利费用，每年高达数亿美元。

从历史来看，联想和华为的出身有云泥之别。

联想具有中国科学院的血统，是中央科研单位的嫡系，可谓“高大上”。因此，联想创业团队属于“国家队”。

出身“高贵”的联想承接了中国科学院计算技术研究所的人力、财力、物力等有形与无形资源，初出茅庐即身手不凡，凭借计算技术研究所历经20年的研发成果——联想汉卡打天下，进而引领了国内行业的主流。

与联想的不凡出身相比，华为缔造者任正非纯属草根创业，靠几个创业伙伴的凑份子钱——2万元开办公司。因此，华为的成长完全靠自己，只能摸着石头过河，其创办过程颇具悲情性与戏剧性。

任正非创立的华为公司，起初做的是“倒卖”电信设备的生意，用那个年代的贬义说法，任正非就是一个“二道贩子”。然而正是这个“二道贩子”，在涉足通信领域之初，就画了一张大饼：“20年后，华为要成为世界级的电信制造企业。”

华为公司由一个销售代理公司成功转型为一个具有高新技术开发能力的综合性信息技术产业集团，运营起步的第一个项目——自主开发PBX的成功为其奠定了重要基础。华为公司在创立之初就深刻认识到，技术创新开发能力是一个企业长期发展的命脉，并制定了正确的长期发展规划指导思想，先占领低端市场再慢慢向高端市场转移，打好技术基础，步步为营。坚持不懈地加大科技创新投入是华为公司能够在市场中独占鳌头的重要保证。

联想与华为分别实践了“贸工技”和“技工贸”两条发展路线，它们的发展路径与成就为中国企业提供了极其宝贵的经验。

资料来源：陶勇. 联想做大　华为做强［M］. 北京：电子工业出版社，2016.

问题：

1）联想与华为是如何成长起来的？

2）联想与华为的市场营销策划有何异同？

分析要求：

1）学生分析案例提出的问题，拟出《案例分析提纲》。

2）小组讨论，形成《案例分析报告》。

3）班级交流和相互点评各组的《案例分析报告》。

4）在校园网的本课程平台上展出经过修订并附有教师点评的各组《案例分析报告》，供学生借鉴。

▲　自主学习

自主学习-Ⅰ

【训练步骤】

1）将班级同学组成若干“自主学习”训练团队，每队确定1个负责人。

2）各团队根据训练项目的需要进行角色分工。

3）通过院资料室、校图书馆和互联网，查阅“文献综述格式、范文及书写规范要求”和近三年关于“市场营销策划学科的特点和研究对象”的学术文献资料。

4）综合和整理“市场营销策划学科的特点和研究对象”最新学术文献资料，依照“文献综述格式、范文及书写规范要求”，撰写《“市场营销策划学科的特点和研究对象”最新文献综述》。

5）在班级交流各团队的《“市场营销策划学科的特点和研究对象”最新文献综述》。

6）在校园网的本课程平台上展出经过修订并附有教师点评的各组《“市场营销策划学科的特点和研究对象”最新文献综述》，供学生相互借鉴。

善恶研判

三鹿，真的还能重生吗?

背景与情境：在浙江2013农博会上，那个我们曾无比熟悉的3只奔腾的红色小鹿顶着“有机粗粮”的新帽子回来了，按照新华网的说法叫“重出江湖”，颇有点“大侠”风范。“三鹿，真的还能重生吗?”听到消息后，一个做饮料的企业家朋友这样问我。“活不下去。”这是我的答案。

“那为什么呢?”他追问我，“三鹿曾经可是全国驰名商标，尽管奶粉做不下去了，但瘦死的骆驼比马大，光商标就卖了730多万元，我觉得它应该还是能活的。”或许在许多人眼里，三鹿可能真有机会重生，但是站在品牌的角度，站在消费者的角度，三鹿真的活不过来了。为什么？品牌是什么？品牌不是老板眼中的一个名字，不是工商局里的一个商标图形，也不是包装标签上贴的一个LOGO。那品牌到底是什么？品牌是消费者心中的认知。早在1969年，美国营销大师里斯和特劳特就发现，“品牌是消费者心中的一个词汇或概念”。既然品牌是消费者心中的认知，那么我们就从消费者心智的角度来看“三鹿”和“三鹿有机粗粮”，从品牌的角度来分析一下为什么“三鹿活不下去”。

品类冲突

消费者心智容量有限，面对狂轰滥炸的信息和选择过度的商品，心智会自动对品牌进行简化分类，从而便于理解。消费者对品牌总是“用品类来思考，以品牌来表达”，按照品类的方式来对待和处理，所以当我们提到可口可乐就会想到可乐，提到王老吉就会想到凉茶，提到格兰仕就会想到微波炉，提到格力就会想到空调……当我们提到“三鹿”时，大家都会想到一个词——“奶粉”。

我们再来看“三鹿有机粗粮”，由于品牌与品类是相伴而生的，如果品牌离开了消费者心智中的品类，或者与消费者心智中的品类相冲突，那么消费者的心智就会紊乱。对于新注入的认知，消费者的心智会自动选择过滤和放弃，这样新的品牌就无法建立。所以，当消费者被告知三鹿不是“奶粉”，而是“有机粗粮”时，消费者的心智就会紊乱，就会自动排斥和抵触，传导到购买中，结果就是大多数人都不会选择三鹿作为“有机粗粮”的首选，从而进一步传导到企业经营中并形成压力。久而久之，“三鹿有机粗粮”便会退出市场直至消失。

负面定位

更重要的是，除了心智品类的冲突外，“三鹿”的定位会严重影响、破坏和阻碍“三鹿有机粗粮”的品牌建立，产生的不是正效应而是负效应。

特劳特说，定位是要寻找到一个与竞争对手相比较的优势位置，这是从主观来讲我们应该怎么办。实际上，正是因为任何一个市场中的品牌都已在消费者的心智中存在一个定位，所以品牌要突出重围、走出困境，必须重新定位。重新定位是-项非常困难的智慧工程，这也正是特劳特（中国）战略定位咨询公司一个重新定位项目的咨询费要5 000万元人民币的原因。

那么“三鹿”的定位是什么呢？在三聚氰胺事件以前，“三鹿”在消费者心中的定位是“有营养的国产奶粉”，这样一个定位经过传播，形成了强大的定位认知，“三鹿”也因此成为农村中低端市场首选的国产品牌。随着三聚氰胺事件的发生，强大的新闻公关和社会舆论的谴责改变了“三鹿”在消费者心中的定位，“三鹿”成为“丧尽天良的国产毒奶粉”，在这种强大定位认知的影响下，“三鹿”最终走向破产。

尽管三鹿公司破产了，“三鹿”的品牌认知却没有破产，“丧尽天良的国产毒奶粉”的定位已在消费者心中扎下了根。

特劳特还发现了心智的另外一个特点——拒绝改变。比如，当我们谈起最安全的汽车时，大家自然会想到沃尔沃，但实际上沃尔沃并非最安全的汽车。尽管事实存在，但沃尔沃在消费者心中依然是最安全的汽车。因为认知一旦形成，很难被改变。就好像我们谈到功能强大的学习机时，一定会想到小霸王一样，尽管小霸王已经不存在了。

三聚氰胺事件后，“三鹿奶粉——丧尽天良的国产毒奶粉”这一定位已深入人心。“三鹿有机粗粮”一定会天生地继承这一定位，试想一下你会去购买一个“丧尽天良，有食品安全隐患”的品牌的粗粮食品吗？“三鹿”的负面定位对“三鹿有机粗粮”来说绝对是一个巨大的包袱。

对于一个背负着社会谴责和负面联想的“三鹿有机粗粮”而言，其成功的可能性有多大？

知名度陷阱

“流芳百世”和“遗臭万年”实际上是一个故事，只是价值取向不同而已。一个正面的知名度定位能够加速品牌的成长，一个负面的知名度定位肯定只能带来烦恼和阻碍。里斯和特劳特将正面的知名度定位为心智资源，品牌定位的关键在于挖掘和发现与品牌有关的心智资源并为我所用。

正面的心智资源好比加速器，能为企业节省大量的广告费，并且越正面、越高知名度的心智资源提供的加速度越大；负面的定位认知则如同衰竭器，不仅无法为企业节省广告费，而且会带来破坏性的影响，负面认知的程度越深，给企业带来的毁灭性打击越大。

“三鹿有机粗粮”选择的不是加速器，而是衰竭器。“三鹿”的新主人错误地将“知名度”理解为市场推广的灵丹妙药，认为只要有知名度，就能节省大量推广费用，降低建设渠道的难度，加快市场进入的速度，所以以730万元的价格逢低将“三鹿”收入囊中。

然而，残酷的现实将给“三鹿有机粗粮”上一堂生动的认知课，选择“遗臭万年”不是成功的投机，一定会失败。

资料来源：张仁健. 三鹿，真的还能重生吗？[EB/OL]. [2013-12-12]. http://www.emkt.com.cn/article/604/60430.html.

问题：

1）本案例中存在哪些职业道德问题？

2）试对上述问题做出你的善恶研判。

3）通过网上或图书馆调研等途径收集你做善恶研判所依据的行业道德规范。

4）简述本案例对消费者的启示。

研判要求：

1）学生分析案例提出的问题，拟出《善恶研判提纲》。

2）小组讨论，形成小组《善恶研判报告》。

3）班级交流和相互点评各组的《善恶研判报告》。

4）在校园网的本课程平台上展出经过修订并附有教师点评的各组《善恶研判报告》，供学生借鉴。

第2章 市场营销策划的准备工作

学习目标

通过本章的学习，你应该达到以下目标：

职业知识：学习和把握建立市场营销策划组织机构、配备优秀策划人员和营销策划过程所需的经费预算等理论与实务知识；能用其指导或规范本章“基本训练”中“知识训练”相关题型的认知活动或技能活动，正确解答相关问题。

职业能力：能够运用本章知识研究相关案例，培养在特定业务情境中分析问题与决策设计的能力；通过“营销策划准备工作程序化运作模拟”的实训操练，训练学生的专业操作技能。

职业道德：能够结合“市场营销策划的准备工作”的教学内容，依照职业道德与企业伦理的规范或标准，分析“某小型机电企业的做法”和“商海间谍”等案例中企业与从业人员市场营销策划准备工作相关行为的善恶，强化职业道德素养。

引例 脑白金为什么成功？

背景与情境： 从保健品行业来看，脑白金无疑是一个成功的产品。在产品上市前，史玉柱先生曾与在无锡公园里晨练的老人们闲聊，询问困扰老人们最多的问题是什么。两个月的调查结果表明，困扰大多数老年人的问题是肠道问题和睡眠问题。基于对老年市场调查的结果，史玉柱最终确定了脑白金的主要功能及策划方案。

从脑白金的成功也可以看出其市场信息搜集的成功，只有直接针对目标消费群体进行调查，得出的结论才能真实有效。所以，要想策划一个成功的产品，必须了解目标消费者的需求是什么，最想要的是什么。当你比消费者还了解消费者，你的产品能满足他们的需要并且能够让他们满意时，你的策划方案就成功了，你的产品推广也就成功了。

这一案例表明：市场营销策划的信息准备十分重要，它对市场营销策划的成功起着至关重要的作用。当然，营销策划组织机构的建立与营销策划的经费预算也十分重要。本章将系统阐述市场营销策划机构的建立、市场营销策划的经费预算和市场营销策划的信息准备等内容。

市场营销策划的准备工作是市场营销策划工作的第一步，它包括市场营销策划机构的建立、市场营销策划的经费预算和市场营销策划的信息准备。在市场营销策划机构的建立方面，着重介绍了市场营销策划机构设计的原则和市场营销策划机构的组织形式。市场营销策划的经费预算是企业综合预算的重要内容，经费预算要遵循效益性、经济性、充足性、弹性原则。搜集、整理和筛选策划所需的资料信息，是为了了解策划对象的过去和现在，作为判断策划对象未来发展趋势的基础，从而为市场营销策划提供充分的依据。

2.1 市场营销策划机构的建立

随着科学技术的进步和发展，我们迎来了一个日新月异的信息时代。所有企业都面临着新时代的各种机遇和挑战，为了获得生存和发展，企业必须摒弃传统封闭式的组织机构，建立适应性强的组织机构，这样才能适应市场营销环境和营销渠道的新变化，不断提高企业的市场竞争能力，取得良好的经济效益。

市场营销策划机构是企业为了实现营销策划目标，发挥市场营销策划功能，由有关部门和人员组成的科学体系。企业的所有市场营销活动都是由组织机构中的人员来完成的，那么，市场营销策划自然也离不开特定的组织机构。所谓**市场营销策划机构，**是指企业内部涉及市场营销策划业务活动的相应职位及组织结构。要使市场营销组织合理化，确保市场营销策划的实施达到预期目标，企业必须建立市场营销策划机构。建立市场营销策划机构涉及的工作主要有：制定市场营销策划机构设计的原则；选择市场营销策划机构的组织形式；协调市场营销策划部门与企业其他职能部门的关系。

2.1.1 市场营销策划机构设计的原则

市场营销策划机构的设计必须遵循以下原则：

1）明确组织机构指挥系统原则

在市场营销策划机构的设计中，上下级的关系必须首先明确并公布和执行，从而使每一位职员或管理人员只对一个上司负责，强调行动命令的统一。明确组织机构指挥系统的过程，实质上是一个分权的过程，即将职权自上而下逐步转移下去，实行权力分解，从而形成一个有效的控制系统。

2）统一领导、分级管理原则

在营销策划过程中，对于一些战略性、全局性的重大事项，管理权限应集中在企业高层，对经营管理实行统一领导，以保证企业各项市场营销活动的顺利开展。同时，为了保证市场营销任务的完成，还要进行分级管理。市场营销策划系统中每个部门的主管必须拥有一定的权力，承担一定的责任，能够在规定的权限范围内，灵活处理与自身业务相关的事项，使责、权、利有机结合起来。

3）合理分工、便于沟通与协调原则

企业的市场营销部门是一个完整的系统，所有市场营销和管理业务活动之间都存在着相互影响、相互制约的关系。因此，企业必须从市场营销和管理业务活动的本质出发，对市场营销策划机构的各项业务职能进行合理分工，明确各岗位的职责。同时，市场营销策划机构的建立要有利于各部门的沟通协调，这关系到企业的市场营销目标能否顺利实现。

同步案例2-1

沟通——贯彻实施的润滑剂

背景与情境： Z企业是一家中型室内灯具生产企业。近年来，Z企业审时度势，从以生产为重心向以市场为重心转变，使企业获得了快速发展。然而，随着消费者消费需求的多样化，以及同类企业的不断加入，Z企业在市场上的许多问题也逐渐显露出来，主要表现为销售成本不断增加而销售量并无明显起色。Z企业也进行了产品的更新换代，但是并没有得到消费者的认可，而且有关产品质量的投诉不断增加。

事实上，Z企业营销部门的领导者具有很强的市场营销意识，通路设计、促销方式等方面都没有出现任何问题，但是对于在市场营销过程中发现的产品品质问题，企业却一直找不到恰当的解决方法。关于市场销售量下降，销售部门说是因为产品质量不好，是生产部门的问题，而生产部门则抱怨如果质量水平再提高，则生产成本自然增大，企业必然无利润可图。

此后，每当生产部门提出有效的新产品设计方案，并把新产品交到销售部门时，销售人员便不配合促销，最后公司老总不得不把销售经理撤换。

因此，策划机构应与实施策划方案的部门、人员建立友好合作的关系。

问题： 如何形成良好的沟通机制？

分析提示： 从明确而合理的分工与合作入手。

4）精简与高效原则

企业建立市场营销策划机构的根本目的是，通过最佳配置营销资源，有效实现营销目标。因此，企业营销系统内部各部门和各环节都必须与其承担的职能相符，必须避免环节重叠、功能冲突、人浮于事的情况发生。只有精简的组织机构才能创造出较高的效率，企业只有建立精简的市场营销策划机构，才能够以最小的成本取得最大的收益；反之，若机构臃肿，人浮于事，必定导致不良后果。

5）适度弹性原则

现代营销活动日趋复杂，知识化、专业化、科技化的程度日益提高，影响营销活动的环境也变化多端，因此，企业设计的市场营销策划机构也应随着市场营销活动的动态变化而进行相应的调整，以适应营销环境的发展变化，提高企业组织机构的应变能力。有时，企业为了实现某一特定的市场目标，还需要联合有关专家，适时组建临时性机构，通过临时性授权完成某项特定的目标任务，这种适度弹性有利于增强企业市场营销策划机构的战斗力，提高企业的经济效益。

上述五个方面的原则，旨在帮助企业设计科学的组织机构，在实际操作过程中，企业必须结合市场营销活动的内外部环境和企业的目标具体运用，这样才能行之有效。

2.1.2 市场营销策划机构的组织形式

为了实现企业市场营销策划的目标，企业应根据自身的实际情况选择合适的机构组织形式。市场营销策划机构的组织形式通常有以下两种：

1）“渗透型”策划机构

这是指企业内部以市场营销部门为策划的主体单位，借助企业原有的市场营销组织机构和人员来采集信息、制订营销策划方案并组织实施。

“渗透型”策划机构渗透在企业的营销职能部门中，因此具有稳定性和系统性。

2）“智囊团型”策划机构

这是指企业抽调部分营销人员，并聘请专家或管理顾问公司成立专门的策划班子，然后由策划班子对企业的市场营销战略和策略做出规划和策划，最后由企业的营销职能部门组织实施策划方案。

“智囊团型”策划机构具有灵活性和高效性。企业凭借“外脑”来策划营销方案，可以大大提高市场营销策划的起点和水平。这种策划机构通常是在企业经营的特定时期（如组织机构调整、经营范围发生重大变化、新产品上市、企业经营陷入困境等）和面临重大事件时（如企业的战略目标做出调整、行业内出现威胁性的竞争对手、竞争者采取了新的竞争策略等）设立并运作，在完成特定任务后即可解散。

许多企业将这两种形式的策划机构结合运用，由“渗透型”策划机构承担企业营销活动过程中常规的策划任务，由“智囊团型”策划机构承担特定的营销策划任务，真正实现了市场营销策划机构的系统性、稳定性、灵活性和高效性。

2.2 市场营销策划的经费预算

市场营销策划的经费预算是企业综合预算的重要内容，是调节和控制市场营销活动的重要工具，也是市场营销策划方案顺利实施的保障。市场营销策划的经费预算应尽可能详尽周密，能够真实反映策划方案的实施成本，力争将各项费用控制在最低水平，以求获得最佳的经济效益。“百货商店之父”约翰·沃纳梅克曾说过：“我知道我的一半广告是白费的，但我不知道是哪一半，我花掉200万美元做广告，但不知道是否一半便足够。”

2.2.1 市场营销策划经费预算的基本原则

市场营销策划工作需要有一定的资金投入，对市场营销策划的经费预算必须合理、科学。因此，市场营销策划的经费预算应遵循以下基本原则：

1）效益性原则

效益性原则是指以最少的经费投入产生最大的营销效益。也就是说，低效益或者没有效益的经费投入在预算中应当竭力避免。

2）经济性原则

经济性原则是指在保证市场营销策划工作顺利进行的条件下，尽可能节省不必要的开支。市场营销活动是一项经济活动，在活动开展的过程中，必然要考核其投入与产出比，要想取得好的经济效益，必须讲究经济性原则。

3）充足性原则

充足性原则是指投入的市场营销策划经费要能够保证市场营销策划工作的全面开展。市场营销策划经费是企业投入的营销成本，会直接影响企业利润的高低。市场营销策划经费高了会造成资金浪费，低了又会影响营销效果，不能保证策划工作的顺利实施，因此，企业应采用边际收益理论来对市场营销策划经费的充足性进行测算、评估。

4）弹性原则

弹性原则是指市场营销策划的经费预算要能够根据未来环境的动态变化表现出灵活机动性。企业的市场营销活动会受到营销环境的影响，当营销环境发生变化时，原有的营销策划经费也应相应调整，从而与环境变化相适应。只有这样，才能保证营销策划工作的顺利进行。

2.2.2 市场营销策划经费预算的主要项目

同步案例2-2

某KTV歌厅的广告设计

背景与情境：在一些城市的路口，很多人都会收到他人递来的各种印刷精美的广告，但是多数人接过广告后马上就会将其丢在附近的垃圾桶里。

有一个KTV歌厅发放的广告单页却比较有意思。这张单页正面介绍了歌厅的特色和地址，背面却介绍了这个歌厅周围16家特色酒店和菜馆。这些菜馆的地理位置用交通地图的形式表达出来，让人一目了然，歌厅恰好位于这16家酒店和菜馆的中央。

问题：这样的广告设计有什么好处？

分析提示：很多企业的营销效果不好，主要原因不是营销费用不够，而是没有将营销费用用到合适的地方。

市场营销策划的经费预算包括以下几个主要项目：

（1）市场调研费

市场调研通常要委托专业调查公司或聘请专业调查人员进行。市场调研费是一项重要费用，如果资金不足，就会造成调研资料失真，调研结果有误差。因此，要根据市场调研规模的大小和难易程度来测算所需费用。

(2) 信息搜集费

信息搜集费主要包括信息检索费、资料购置及复印费、信息咨询费、信息处理费等。信息搜集费根据信息获取的难易程度来确定。

(3) 人力投入费

进行市场营销策划要投入一定的人力，这项费用比较容易计算。

(4) 策划报酬

策划报酬分为两种情况：一是企业市场营销策划人员自行策划，这方面费用可以以奖金形式发放，费用相对较低；二是委托“外脑”策划，这方面费用要事先商定，然后据此发放。

同步业务 2-1

迎接新同学日用商品展销策划经费预算

学生会准备搞一次迎接新同学日用商品展销活动，请提供策划经费预算。

业务分析：策划一个小型展销活动，其经费预算一般由以下几个部分组成：一是调研费用；二是人力费用；三是进货费用；四是展销组织费用。

业务程序：

(1) 调研费用清单。

(2) 人力费用清单。

(3) 进货费用清单。

(4) 展销组织费用清单。

2.3 市场营销策划的信息准备

人们常说，“巧妇难为无米之炊”，市场营销策划也是如此。市场营销策划是认识现在、预测未来和规划行动的动态过程，只有了解策划对象的过去和现在，并依据营销策划者的知识和经验判断未来的发展趋势，才能做出科学的、符合事物发展逻辑的营销策划。然而，要了解策划对象的过去和现在，就必须搜集与策划事项相关的信息资料。信息搜集工作是营销策划成功的关键，信息搜集能力是市场营销策划人员必须具备的基本素质。

2.3.1 市场营销策划信息的基本要求

市场营销策划者既要借助信息来认识策划环境，又要通过信息传递将策划方案以指令的方式作用于营销环境。策划者不断输出指令信息，又不断依靠反馈回来的信息调整自己的策划方案。因此，市场营销策划需要有价值的信息，其基本要求是：

1) 真实性

信息是进行市场营销策划的前提，没有信息，策划就无从谈起。策划者获得的信息必须能够真实反映客观情况，不真实的信息会使策划者做出错误的判断，使策划走向失败。因此，策划者在搜集信息时，必须慎重考虑信息源和信息的处理过程，尽量避免信息失真。

2）及时性

在信息时代，科学技术迅速发展，信息的变化速度也在不断加快，因此信息的及时性尤为重要。再有价值的信息如果不能及时掌握，也会失去效用，从而影响策划的顺利进行。

3）完整性和系统性

市场营销策划者获得的信息如果不完整、不系统，在对信息进行利用时，就很容易产生片面性，造成不良后果。因此，为了保证策划获得成功，必须保证获取的信息完整、系统。

4）适度性

市场营销策划者获取的信息在总量上要适度，因为庞杂的信息会影响信息质量，也不利于进行有效的分析、判断和预测。

5）适当性

适当性是指信息的精度要适当。一般情况下，获得的信息精度越高，对营销策划的价值越大，当精度达到某个点以后，信息价值的增量会随着精度的增加缓慢下降；信息获取费用在信息精度低时很小，但随着信息精度的提高而快速增加。因此，在实践中，策划者应保证获得信息的精度适当，从而使信息价值对费用的比值达到最大。

2.3.2　市场营销策划必备的信息

信息的来源较多，策划者应搜集以下必备信息：

1）宏观环境信息

在进行市场营销策划时，策划者必须了解和掌握宏观环境信息，从而使企业的营销策划方案与宏观环境保持一致。如果不重视宏观环境信息的搜集，营销策划目标将难以实现，甚至会产生不良后果。宏观环境信息主要包括：

（1）政治法律环境信息

政治法律环境信息是指影响、约束企业营销活动的现在和未来一定时期内国内国际的政治态势，以及有关的已出台和将出台的方针、政策、法规、条例、规章制度等方面的信息。

搜集政治法律环境信息的主要途径有：

①对国内外重大会议及重要领导人讲话进行全面分析取得；

②对政府公开文件进行全面分析取得；

③对相关参考文献进行全面分析取得；

④对各种媒体信息进行分析取得；

⑤对各种评论、综述进行分析取得；

⑥对各种条例、通则进行分析取得；

⑦对政治理论进行分析取得；

⑧向政治观察家咨询取得。

（2）经济环境信息

市场营销策划本身就是一种经济活动，因而其深受经济环境的影响。经济环境信息是指开展市场营销策划活动所面临的社会经济条件，及其运行状况和发展趋势等方面的信息。

经济环境信息主要包括：

①经济制度信息。不同的经济制度对企业的市场营销活动有不同的影响。目前，世界各国的经济制度可分为社会主义经济制度和资本主义经济制度两大类。

②经济发展阶段信息。市场营销活动会受到一个国家或地区经济发展阶段的制约。不同的经济发展阶段，居民的消费需求不同，从而会直接或间接地影响企业的市场营销活动。关于经济发展阶段的划分，比较著名的是美国学者罗斯托的经济成长阶段论，该理论将世界各国的经济发展归纳为六个阶段，即传统社会阶段—准备起飞阶段—起飞阶段—走向成熟阶段—高额群众消费阶段—追求生活质量阶段。一般而言，属于前三个阶段的国家称为发展中国家，属于后三个阶段的国家称为发达国家。然而，并非每个国家的经济发展都要依次经历这六个阶段，所以分析研究经济发展阶段时应具体问题具体分析。

③经济收入信息。市场需求总是表现为有实际支付能力的购买者的需求。在人口数量相同的条件下，收入水平越高，市场购买力越强，市场的容量就越大。收入可细分为以下项目：

A.国民收入，是指一个国家物质生产部门的劳动者在一定时期内新创造的价值总和。

B.人均国民收入，是指一国在一定时期内国民收入总量与总人口的比值，它反映了一个国家的经济发展水平。统计资料表明，当一国人均国民生产总值达到3 000美元时，可普及电视，其中彩电占30%左右；达到5 000美元时，可普及机动车，其中小轿车约占50%。

C.个人收入，是指个人从各种来源中所得的全部收入。消费者的购买力来自个人收入，但消费者并不会将全部收入都用于购买商品和劳务。个人收入又可分为个人可支配收入和个人可任意支配收入两种。个人收入中扣除税款和非税性负担之后得到的余额为个人可支配收入，可用于消费支出或储蓄；个人可任意支配收入是指个人可支配收入减去维持个人与家庭生存不可缺少的费用后的余额，这部分收入是消费需求变化中最活跃的因素，企业在营销活动中应重点考虑。

④消费状态信息。消费状态信息是指开展营销策划活动所在地域居民的消费结构和消费水平。德国统计学家恩斯特·恩格尔经过调查研究，于1857年提出了反映家庭收入变化与支出变化之间比例关系的恩格尔定律，即在一定条件下，当家庭收入增加时，家庭收入中用于购买食物的开支小于用于医疗、教育、娱乐等方面的开支。购买食物的支出占总消费数量的比重越大，恩格尔系数越高，说明生活水平越低；反之，说明生活水平越高。这一规律已被许多国家和地区的调查结论所证实。值得注意的是，消费支出不仅与消费收入有关，而且受家庭生命周期、家庭住所等多种因素的影响。改革开放以后，随着国民经济的发展和人们整体收入水平的提高，我国的恩格尔系数呈下降趋势。

⑤储蓄与信贷信息。储蓄来自消费者的收入，储蓄的最终目的是消费。在一定时期内，如果收入不变，增加储蓄，则会减少当前的购买力，但会增加未来的、潜在的购买力；反之，如果收入不变，减少储蓄，则会增加当前的购买力。由此可以看出，消费者

储蓄目的的不同，会导致潜在需求内容和潜在需求量的不同。所以，企业市场营销策划人员要充分研究和分析消费者储蓄的目的，掌握消费者的储蓄信息。

信贷是指消费者凭借信用借款而购买商品，然后按期归还贷款。信贷意味着消费者提前进行了消费，将未来收入提前使用，因此信贷是影响市场购买力的一个重要因素。企业市场营销策划人员要密切关注消费者信贷的发展及对企业营销活动的影响。

（3）文化环境信息

市场营销活动既是一种经济活动，又是一种文化活动。文化环境信息是指在一定社会形态下所表现的文化教育、价值观念、宗教信仰、审美观念和风俗习惯等方面的行为规范。根据社会的发展进程，人们把20世纪以前称为政治时代，该时期政治高于一切，一切行为活动都必须为政治服务，社会运作的中心是政治；从20世纪初到20世纪80年代称为经济时代，这一时期社会运作的中心是经济，人类在这一时期创造了历史上最丰富的物质财富，使得经济大繁荣；从20世纪80年代至今称为文化时代，这一时期文化风格形成，文化模式建立，社会运作的中心是文化。

目前，企业营销活动处于文化时代，掌握文化时代的特征，能够促进企业营销活动的发展。文化是人们在社会实践中形成的，是一种历史现象的沉淀，世界各国、各民族的发展都有不同的历史进程，因而在文化上也存在着差异。企业市场营销策划人员对目标市场文化信息的了解一般侧重于以下内容：

①目标市场的受教育水平。受教育水平是指消费者普遍受教育的程度。一个国家（或地区）人口的受教育水平与经济发展水平往往是一致的。目标市场的受教育水平决定了市场营销的方式和手段。一般而言，目标市场的受教育水平高，则消费者对商品的鉴别能力强，要求提供较多的技术性说明和良好的服务；目标市场的受教育水平低，则消费者往往要求提供实物样品和简单易懂的文字或图片说明，更容易接受广播或电视广告宣传。

②目标市场的价值观念。价值观念是指人们对事物的评价标准和崇尚风气。不同国家（地区）、不同阶层的消费者对某种事物的评价标准、追求和偏爱程度往往极不相同。例如，西方人乐于变化，强调个人的创造精神，因此消费时喜欢标新立异、富有奇特感的商品；东方人强调传统，把群体、团结放在首位，因此消费时喜欢文化内涵丰富和人们普遍认同的商品。所以，企业市场营销策划人员必须了解目标市场的价值观念，使企业的产品或劳务符合目标市场的价值观念。

③目标市场的宗教信仰。信仰不同的人，对事物的认识和行为标准也不同。其中，影响最显著的是宗教信仰。据统计，全世界信奉基督教的人口有20多亿，信奉伊斯兰教的人口在10亿以上，我国和日本、东南亚地区信奉佛教的人也不少。目标市场的宗教信仰对市场营销有较大的影响，因此企业市场营销策划人员要对目标市场的宗教信仰进行深入的分析。

同步思考2-1

“指南针地毯”的成功之举

背景资料：比利时有位地毯商叫范德维格，他准备把自己生产的地毯销往海湾地区，但总是不得其法。后来，他对海湾地区进行了广泛的市场调查，发现该地区的人都信奉伊斯兰教，而且每天祈祷五次，无论是居家、旅行还是工作在外，均准时面朝圣地麦加进行祈祷。全世界有10亿多穆斯林，于是范德维格灵机一动，将扁平的指南针嵌入祈祷地毯。这种特殊的指南针不是指向正南正北，而是指向圣城麦加。这样，穆斯林不管走到哪里，只要把地毯往地上一铺，很快就能准确辨别麦加的方位。该地毯一上市就成为抢手商品，几个月内，范德维格在中东和非洲就卖掉了25 000块这种地毯，大发其财。

问题：范德维格的“指南针地毯”为什么能大获成功？

理解要点：在进行市场营销策划时，策划人员必须了解和掌握目标市场的文化环境信息。宗教信仰对市场营销活动有较大的影响，上述案例中，范德维格利用穆斯林面朝圣地麦加祈祷的特点，巧妙推出了顺应该目标群体的产品，从而获得了成功。

④目标市场的审美观念。一定文化背景下所产生的美学观念称为审美观念。不同国家（地区）、不同民族的消费者的审美观念与其文化背景密切相关，企业市场营销策划人员必须充分尊重目标市场的审美观念，否则就可能招致失败。例如，被我国历代诗人赞颂的“岁寒三友”中的梅花，在日本却被视为不祥之花；我国认为红色鲜艳、吉祥，德国人则不喜欢红色，还有的国家认为红色象征着妖魔等。

⑤目标市场的风俗习惯。风俗习惯是指人们依据自己的生活内容、生活方式和自然环境，在一定的社会生产条件下长期形成并世代相传的、约束人们思想和行为方式的规范。不同国家（地区）的消费者在饮食、服饰、居住、婚丧、节日等各个方面，都会表现出独特的心理特征，进而会影响其消费需求。因此，企业市场营销策划人员必须仔细研究目标市场的风俗习俗，一方面是为了避免引起冲突，另一方面还可巧借风俗习惯促进营销。

（4）科学技术环境信息

科学技术是社会生产力中最活跃的因素。科技进步在推动社会生产力发展的同时，也在不断促进社会分工的深化和新的社会需要的产生。企业市场营销策划人员必须注重和研究当代科技发展的特点和发展趋势，以便适应科技的动态发展，正确进行营销策划。当前世界科技发展的特点是：

①信息化和智能化发展涉及各个领域；

②生命科学获得新的突破；

③生态环境研究和发展已达成共识；

④各学科知识相互渗透，综合交叉发展。

科学技术进步给市场营销活动带来的影响表现在：

①新技术是一种“创造性的毁灭力量”，它的发明和运用在造就一些新行业、新市场的同时，也冲击和淘汰了一些旧市场；

②产品更新换代的速度加快；

③改变了人们的生活方式、消费行为和消费结构，使得商贸业的结构发生了变化；

④企业市场研究和开发费用急剧增加；

⑤微电子技术在企业管理和营销中广泛应用，降低了生产成本，提高了效益；

⑥技术创新机会增多，技术贸易比重加大等。

（5）自然环境信息

自然环境（或物质环境）的发展变化也会对企业造成威胁，或者给企业带来市场机会，所以企业市场营销策划人员还要分析研究自然环境信息。概括地讲，企业市场营销策划人员应注意：

①部分资源短缺或即将短缺带来的威胁与机会。地球上的各类资源大体上可以分为三类：一是无限资源，如空气等。空气中二氧化碳的不断增加、臭氧层的破坏、空气质量的下降等，严重威胁了人类的生存和发展。二是有限但可以更新的资源，如森林、粮食等。对于这类资源，人类要理性使用、科学安排，千万不能只使用不更新，否则将会造成不良后果。例如，近年来的沙尘暴日益严重，就是人类不合理使用资源的后果。三是有限但不可再生的资源，如石油、煤和各类矿产等。这类资源短缺带来的问题尤其严重，有人估计，按照现在的开采使用速度，到2050年左右，地球上一些矿物资源将会枯竭。上述现象的出现，既有自然资源分布不均的客观原因，也有人为原因，应引起人类的高度重视。

资源短缺对企业市场营销活动的影响表现在两个方面：第一，原材料和能源短缺导致企业营销成本增加，从而给企业带来威胁。第二，成本上升迫使企业设法寻求替代品或仿制品，研究开发降低成本的新技术，这又将给企业带来新的市场机会。

②环境污染日益严重带来的威胁与机会。工业化和城市化的发展不可避免地造成了环的境污染和自然资源的大量消耗，破坏了自然界的生态平衡，甚至危及了人类的生存环境，环境保护运动因此兴起。从世界范围来看，环境保护意识与市场营销观念相结合所带来的绿色市场营销观念，正在成为21世纪市场营销的主流。

绿色市场营销观念要求企业在策划市场营销活动时，必须考虑减少和消除营销活动对生态环境的破坏，必须采用能够控制污染和节能降耗的生产设备，向市场提供绿色产品。这样做虽然会增加企业的生产成本，给企业带来巨大的压力，但企业也会因此获得良好的发展机遇。

教学互动2-1

互动问题：根据自己的学习、生活经历，谈谈了解和掌握宏观环境信息对企业开展市场营销策划活动的影响。

要求：同“教学互动1-1”的“要求”。

2）竞争环境信息

任何企业在进行市场营销活动时，都不可避免地会遇到竞争者的挑战。只要有商品生产和商品交换的存在，必然有竞争的存在。企业市场营销策划人员除了要了解、掌握消费者的消费信息外，还必须了解竞争者的相关信息，做到知彼知己，百战不殆。只有这样，才可能在竞争激烈的商战中获胜。

从消费需求的角度划分，企业的竞争者大致可分为四种类型：一是愿望竞争者，即提供不同产品以满足不同需求的竞争者；二是平行竞争者，即提供能够满足同一种需求的不同产品的竞争者；三是产品形式竞争者，即满足同一种需求，生产同种类但不同规格、型号、款式产品的竞争者；四是品牌竞争者，即满足同一种需求，生产同一形式（规格、型号相同）但品牌不同的产品的竞争者。

从购销关系的角度划分，商品流通过程中大致存在三类竞争：一是买者与买者之间争夺资源的竞争；二是买者与卖者之间争夺优惠条件的竞争；三是卖者与卖者之间争夺销路的竞争。此外，还存在代用品生产者、潜在加入者等多种竞争关系。不同的竞争者与企业形成了不同的竞争关系，这些复杂且多变的竞争关系都是企业市场营销策划人员在策划时必须考虑的问题。在同行业竞争中，卖方密度（即同一行业或同一类商品经营中生产与经营厂家的数目）、产品差异（即同一行业中不同企业生产同类产品的差异程度）、进入难度（即企业试图进入某行业时所遇困难的程度）等，也是企业市场营销策划人员应该重视的方面。

不同的竞争关系及不同的竞争对手，直接影响着企业的市场营销活动。因此，企业市场营销策划人员不仅要搜集所服务的消费者满意程度的信息，而且要搜集竞争者的信息并及时提供给相关部门。然而，竞争环境信息并不是偶然获得的，每个企业都必须精心设计竞争情报系统，建立竞争情报调查机构，以便顺利开展市场营销工作。

竞争情报调查机构的主要任务包括：

（1）明确调研目标

确定哪些竞争企业的情报最重要。目标明确后才能找到搜集情报的渠道，指派专人负责管理。

（2）搜集竞争企业的信息

搜集竞争企业的信息可从两个方面着手：一方面，调查了解竞争企业的基本情况，包括竞争企业的经营规模、市场占有率、经营品种和拳头产品、整体实力、知名度及发展态势等；另一方面，调查了解竞争企业的营销状况，包括竞争企业的营销规模、营销策略、营销渠道、产品辐射区域、营运方式、与中间商的关系、产品的服务状况等。

获取这些信息的渠道包括：

①竞争企业的推销人员、供应商、销售渠道；

②市场调研机构、同行业协会；

③分析竞争企业的实物证据；

④政府文件、有关领导的讲话或报刊文章；

⑤存储资料的光盘、信息网。

（3）分析和评估信息

这主要是检查信息的效用和可靠性，通过归纳整理、去伪存真，从而为我所用。

（4）传播信息

信息经过分析和评估后，不能束之高阁，而应将其中的重要信息及时、快速送达有关决策者手中，以便于采取相应的营销策略，保证本企业在市场竞争中立于不败之地。

对于一些小型的、无力建立正规竞争情报调查机构的企业，比较行之有效的办法是指派专人对特定的竞争企业进行“监视”，以便获得所需情报资料。

职业道德与企业伦理2-1

某小型机电企业的做法

背景与情境：某市A集团从德国引进了一种先进的豆浆机并投入生产。第二年年初，该市某小型机电生产企业的一名陈姓职工买通了A集团员工张某，约定定期付给张某活动经费，以获取A集团的情报。至当年案发时，这家小型机电企业通过窃取情报非法获利高达80万元。最终，相关涉案人员受到了法律的制裁。

问题：分析这家小型机电生产企业的做法。

分析提示：能否获得准确的市场信息，尤其是有关竞争对手的情报，直接关系到企业的生存与发展。因此，一些企业千方百计地通过不正当手段获取市场信息。比如，派人打入其他企业窃取商业情报，或者重金收买竞争对手的营销人员、管理人员和技术人员，使之泄露竞争对手的商业机密，这严重影响了企业的正常经营活动，有些行为甚至已触犯了国家相关法律。因此，倡导企业做一个“具有良好职业道德和社会责任感的企业”迫在眉睫。

3）企业内部信息

在进行市场营销策划前，策划人员必须首先了解企业的内部情况，掌握企业的优势和弱点，以便根据企业的实际情况，有效进行市场营销策划。

（1）企业内部营销环境信息

企业在内部结构、对外策略等方面的政策，会使企业具有不同的对外形象和决策方式。

①企业的组织层次信息。这主要包括企业的组织结构、设置的职能部门、上下级之间的相互关系、部门之间的协作程度、权力的分散与集中、决策的形式等。

②企业的对外策略信息。任何企业都不可能超越社会而发展，其必然会与外部发生各种各样的关系，企业对外的指导思想、态度、长期和短期目标等都将影响企业的发展。因此，企业的对外策略信息是市场营销策划人员不可忽视的重要信息。

（2）企业经营实力信息

这主要包括企业的经营能力和财务能力两个方面的信息。

①企业的经营能力信息。这类信息是指与企业市场营销活动直接相关的信息，主要包括市场产品信息、市场价格信息、市场分销渠道信息和市场促销信息等。

A.市场产品信息。任何企业要想在激烈的市场竞争中求得生存和发展，都必须以消费者的需求为中心，生产和销售能够满足消费者需求的产品。市场产品信息主要包括：产品的设计、功能和用途信息；产品使用的便利性、安全性信息；产品品牌和商标设计信息；产品形态、外观和包装设计信息；产品的市场生命周期信息；产品的组合与产品线信息；老产品的改进和新产品的开发信息；产品的售后服务信息等。

B.市场价格信息。在市场经济条件下，价格直接影响着企业的产品销售量和盈利。因此，市场营销策划人员通过市场调研，制定正确的价格策略，对市场营销策划具有重要意义。市场价格信息主要包括：市场供求状况及其变化趋势；导致企业价格变动的相关因素；产品需求价格弹性；不同的价格对产品销量、营销目标的影响；新产品和替代品价格的确定；产品生命周期各阶段的定价策略；本企业产品的价格水平及其变动在目标市场上的反应等。

C. 市场分销渠道信息。分销渠道研究是指企业从其营销策划的目的出发，对特定的中间商和未来的销售渠道所做的进一步了解。分销渠道调节着生产和消费之间在产品和劳务的数量、结构、时间、空间上的矛盾，分销渠道是否合理直接影响着营销效益，因此分销渠道研究在市场营销策划中具有重要作用。市场分销渠道信息主要包括：分销渠道的类型与模式；影响分销渠道选择的因素；分销渠道的覆盖范围与销售业绩；分销渠道成员的行为；产品的储存时间、数量；仓库地址的选择；运输成本与运输工具、运输路线之间的关系等。

D. 市场促销信息。促销是企业市场营销活动的一项重要内容。掌握市场促销信息，不仅有利于统筹运用促销组合的诸要素，从而形成有效的策划思路和策划方案，而且能够指导促销活动的有效展开。市场促销信息主要包括：广告信息，即广告媒体、广告成本、广告时间、广告地点、广告效果及评估等；人员推销信息，即人员推销的方式、推销人员的素质、推销力量的大小是否恰当、人员推销策略与战术等；各种营业推广；公共关系和企业形象等。

②企业的财务能力信息。其主要指标包括产品销售利润率、总资产报酬率、资产负债率、流动比率、资本收益率、成本费用利润率、资本保值增值率、应收账款周转率、存货周转率、社会贡献率、社会积累率等。

本章概要

内容提要

- 市场营销策划的准备工作是市场营销策划工作的第一步，它包括市场营销策划机构的建立、市场营销策划的经费预算和市场营销策划的信息准备。
- 市场营销策划机构的建立。市场营销策划机构设计的原则包括：明确组织机构指挥系统原则；统一领导、分级管理原则；合理分工、便于沟通与协调原则；精简与高效原则；适度弹性原则。企业市场营销策划机构主要有“渗透型”和“智囊团型”两种组织形式。
- 市场营销策划的经费预算。市场营销策划的经费预算要遵循效益性、经济性、充足性和弹性原则。市场营销策划的经费预算包括市场调研费、信息搜集费、人力投入费和策划报酬等项目。
- 市场营销策划的信息准备。要了解策划对象的过去和现在，就必须搜集与策划事项相关的资料信息。市场营销策划信息的基本要求包括：真实性、及时性、完整性和系统性、适度性、适当性。市场营销策划必备的信息有：宏观环境信息，主要包括政治法律环境信息、经济环境信息、文化环境信息、科学技术环境信息、自然环境信息等；竞争环境信息；企业内部信息，主要包括企业内部营销环境信息、企业经营实力信息等。

主要概念和观念

▲ 主要概念

市场营销策划机构　市场营销策划的经费预算　政治法律环境信息

▲　主要观念

市场营销策划机构设计的原则　市场营销策划经费预算的基本原则　市场营销策划信息的基本要求

☆　重点实务

市场营销策划的信息搜集　市场营销策划必备的信息

✸　基本训练

☆　知识训练

▲　简答题

1）市场营销策划机构的形式及设计原则是怎样的？

2）市场营销策划的经费预算包括哪些项目？

3）政治法律环境信息的搜集途径主要有哪些？

▲　填空题

1）市场营销策划信息的基本要求包括（　　）。

2）企业通常可以采取（　　）方式来建立市场营销策划机构。

▲　单项选择题

1）（　　）是消费需求变化中最活跃的因素，也是企业营销活动中应重点考虑的因素。

A. 人均国民收入　　B. 国民收入

C. 个人收入　　D. 个人可支配收入

2）（　　）是社会生产力中最活跃的因素。

A. 经济因素　　B. 文化因素　　C. 科学技术因素　　D. 自然因素

▲　多项选择题

1）市场营销策划经费预算中的主要项目包括（　　）。

A. 市场调研费　　B. 信息搜集费

C. 人力投入费　　D. 策划报酬

2）市场营销策划经费预算的基本原则包括（　　）。

A. 效益性　　B. 经济性　　C. 充足性

D. 弹性　　E. 固定性

▲　讨论题

1）企业应如何开展绿色市场营销？

2）市场营销策划信息的基本要求有哪些？

☆　能力训练

▲　案例分析

速食连锁店营销策划

背景与情境：自从麦当劳在中国台湾市场抢滩成功，国外许多著名速食品名牌如哈帝、温蒂、肯德基、依特利等相继跟进，在中国台湾速食市场形成了一股旋风。这些标榜质量、卫生、价值、服务的西式速食文化，对中国台湾传统餐饮业产生了极大的冲击。鉴于此，我们特推出深受消费者喜爱且具有中国传统口味的牛肉面餐饮，采纳西式速食经营的长处，大量、快速供应质量良好且符合消费者口味的食物，以重新赢回消费者的心，创造中式速食的另一片天地。

一、市场分析

1.优势

不同于一般的促销手法，以面、汤无限量供应来吸引消费者，并提供北方点心等多种选择。

2.劣势

市场已有许多西式、中式速食业者，并且消费者已习惯于现有市场速食餐饮的消费形态，进入市场需要花费一段时间。

3.机会

以有别于现有竞争者的包装方式进入市场，并导入中国传统饮食文化的特色。

4.威胁

在进入市场的初期，竞争者可能会改变经营策略，可能会对本企业造成不利影响。

二、市场竞争态势

（1）市场领导者为三商巧福，虽然其已有相当的知名度及固定的青少年阶层消费者，但是其口味不如一般饭馆的牛肉面纯正。

（2）一般饭馆牛肉面的价格分为两种：一种是高价位，如金字招牌老店；另一种是低价位，走大众化路线，但是卫生欠佳，服务质量也不高。

三、目标市场

以学校为生活圈的学生（大专生）和以商圈为生活圈的上班族为主要目标市场。

四、市场细分

1.人口特征

（1）年龄：18～50岁。

（2）收入：无限制。

（3）性别：男女不限。

（4）消费习性：方便快速。

（5）生活形态：以学校或商圈（办公室）为生活圈。

2.市场定位

多数消费者对于速食的消费习惯仅止于吃完就走，对该产品缺乏忠诚度。本产品的推出不仅能够满足消费者吃的欲望，而且可以使消费者在无形中体会到中国美食文化。

3.商品定位

三商巧福的服务质量已经不如以往，餐饮品质更是明显下降，原有的消费者已有离开的趋势。

4.商品策略

（1）店名：小放牛。

（2）清洁、卫生，具有家乡味。

（3）地道的黄牛肉，清淡原汁。

(4) 店面布置着重体现中国风，店头以水牛为重点，店内四周布置以牛为主的图画，并请书法家书写牛肉面的起源。

(5) 桌椅用杉木制作。

(6) 餐具采用陶制品，为表现其厚实感，宜配以砖红色装饰。

五、产品生命周期

1. 经营初期

在经营初期，推出以下餐品：

(1) 原汁辣味牛肉面；

(2) 牛肉汤面；

(3) 牛肉欢乐饭；

(4) 炸酱牛肉面；

(5) 牛肉细粉。

2. 成熟期

产品推出3个月以后，原有的产品已接近成熟期，陆续推出牛肉馅饼、小米粥、"虎咬狮"等产品。

六、定价策略

采用渗透定价法，价格定位介于一般老店的高价与三商巧福的定价之间。

1. 一般老店

牛肉面130元/碗；牛肉汤面60元/碗。

2. 三商巧福

牛肉面60元/碗；牛肉饭60元/碗；牛肉汤面35元/碗；炸酱面45元/碗；牛肉细粉60元/碗。

3. 本产品定价

原汁辣味牛肉面69元/碗；牛肉汤面49元/碗；牛肉欢乐饭69元/碗；牛肉细粉69元/碗；炸酱牛肉面59元/碗。

(注：以上价格均为台币计算)

本产品采用地道的黄牛肉，用料实在，同时无限量供应汤、面，以吸引偏爱中式面食的消费者。为了抓住顾客求实惠的心理，采用以9为尾数的定价策略。

七、销售策略

(1) 3家连锁店，分别位于台湾大学、西门町、东区商圈。

(2) 同时提供外卖服务。

(3) 扩展到各县、市。

八、促销策略

1. 广告

(1) 报纸：《联合报》《中国时报》。

(2)《Bella依依》《美食天地》等杂志中介绍饮食餐厅的专栏报道。

(3) 以各连锁店为中心，在街头散发精美传单。

2. 促销（按顺序依次进行）

（1）店头广告：POP。

（2）开幕期间（3天），半价优惠。

（3）举办吃的文化巡礼，以提高知名度。

（4）发行优惠券，凭券可以以低于原价10元的价格消费。

九、营销预算

（1）报纸广告费：开业前4天开始连续1周登载10批1/2版面的广告，约50万元。

（2）杂志广告费：约3.5万元。

（3）宣传单费用：约5万元。

（4）店面装潢：250万元（3家）。

（注：以上价格均为台币计算）

十、营销时间

（1）策划完成时间：1周。

（2）策划执行时间：3个月。

（3）修改策划：产品推出后，根据市场调查和顾客反馈，在第二个月进行修正。

资料来源：许长田. 行销企划案实务［M］. 台北：书泉出版社，2003.

问题：根据所学知识评价该策划案。

分析要求：同第1章本题型的“分析要求”。

▲ 实训操练

实训项目：营销策划准备工作程序化运作模拟。

情境设计：将班级学生分成若干个实训小组，每组确定1个负责人。各组依照该项目的业务程序与规范要求，进行营销策划准备工作程序化运作模拟实训。

实训要求：对营销策划准备工作程序化运作进行模拟，并撰写实训报告。

实训步骤：

1）将班级学生分成若干实训小组，每组确定1个负责人。

2）各组学生根据操练项目的需要进行角色分工。

3）各组学生结合该项目的内容、业务程序与规范要求进入角色，重点体验其程序化运作模拟实训的全过程。

4）各组学生记录本次实训的成功经验、存在问题及解决办法。

5）各组学生整理实训记录，在此基础上撰写《××营销策划准备工作程序化运作模拟实训报告》。

6）在班级讨论交流、相互点评与修订各组的《××营销策划准备工作程序化运作模拟实训报告》。

7）在校园网的本课程平台上展出经过修订并附有教师点评的各组《××营销策划准备工作程序化运作模拟实训报告》，供学生相互借鉴。

✧ 善恶研判

商海间谍

背景与情境：在雷迪森公司工作了25年的麦克是一位资深工程师，他吃苦耐劳，积极进取，但是在为公司服务的同时，他还在暗中盘算着不为人知的秘密。麦克曾帮助雷迪森公司研发了一套命名为“339”的机器设备，该设备耗资上百万美元，其中的精密仪器已申请专利，市场上暂时没有类似的设备，如果能继续开发、更新换代，无疑可以在市场竞争中处于不败之地。在金钱和利益的诱惑下，麦克心动了。麦克离开雷迪森公司，自己创办了一家咨询公司。然而，这家咨询公司只是一个空壳，麦克收买了雷迪森公司的其他员工，并获得了“339”设备的专利信息和其他重要商业机密。此后，麦克将此信息倒卖给雷迪森公司的竞争对手，并从中获取巨额回报。在遭受重大损失之后，雷迪森公司发现是麦克在做手脚，并将其告上法庭。最终，为了牟取私利而背叛公司的麦克锒铛入狱。

问题：本案例中，麦克违背了什么企业伦理与职业道德规范？

研判要求：同第1章本题型的“研判要求”。

第3章
市场营销战略策划

学习目标

通过本章的学习，你应该达到以下目标：

职业知识：学习和把握市场营销战略的特点、类型、策划与制定等理论与实务知识；能用其指导或规范本章“基本训练”中“知识训练”相关题型的认知活动或技能活动，正确解答相关问题。

职业能力：能够运用本章知识研究相关案例，培养在特定业务情境中分析问题与决策设计的能力；通过搜集、整理与综合“市场营销战略的策划与制定”的前沿知识，撰写、讨论与交流《“市场营销战略的策划与制定”最新文献综述》，培养“市场营销战略策划”中“自主学习”的通用能力。

职业道德：能够结合“市场营销战略策划”的教学内容，依照职业道德与企业伦理的规范或标准，分析“迪士尼经营六绝招”和“诚信销售：减去塑料袋的重量——诚信比技巧更重要”等案例中企业与从业人员市场营销战略策划工作相关行为的善恶，强化职业道德素养。

引例　盘点王老吉的战略失误

背景与情境：2012年，饮料行业乃至整个营销行业最津津乐道的一件事莫过于加多宝与王老吉之争。随着商标权官司的落幕，两者之间的法律之争已演变成激烈的营销对抗。虽然只是开局，但双方对抗的激烈程度丝毫不亚于中局对抗。经过近一年如火如荼地争夺，相信明眼的营销人都已经看到，双方的高下之分已经很明显。从双方一系列的营销动作和实际效果来看，最终的结果是加多宝完美收官，王老吉则疲于应付且进展缓慢。可以说，双方的开局之战以王老吉的完败而落幕。

这场开局之战的核心是什么？磨一剑营销策划机构品牌营销专家高源认为，开局之战的核心是心智资源和渠道资源的争夺，两者一个都不能少。这一点加多宝看得清清楚楚，尽管加多宝也走了一点弯路，如它对“正宗凉茶”身份的争夺，但总体来看，加多宝的系统营销策略的方向是正确的。从加多宝营销策略的系统性及连贯性来看，加多宝是全力围绕这两者进行的，并且扎扎实实地实施，体现出了一种务实精神。王老吉则并没有很好地认清这一点，王老吉的战略思想围绕着产业多元化及资本运作，王老吉品牌只是其进行资本运作的一种载体，其做的是透支王老吉品牌资源的活，其与加多宝的对抗主要是一种被动防御。盘点王老吉的营销战略，我们可以清晰看到王老吉的五大战略失误。

1）多元化的大产业策略，稀释并透支品牌资产

从广药集团授权广粮事业有限公司出品王老吉固元粥、莲子绿豆爽开始，王老吉就拉开了多元化大幕的一角。随后，广药集团成立了王老吉大健康产业有限公司，正式宣告实施王老吉的多元化产业战略。王老吉构建的500亿元“大健康产业”战略，拟打造全球最大的植物饮料研发、生产基地。在王老吉“大健康产业”战略的主导下，王老吉绞股蓝饮料和王老吉龟苓膏等核心战略型产品以及更多品类将被推出。

这种多元化的品牌延伸战略虽然使企业短期的业绩上来了，却透支了王老吉的品牌资源，最终的结局便是没有一个产业成为核心，曾经成为核心的凉茶优势也将消失殆尽。广药集团如果一定要借助王老吉品牌发展多元化产业，也应该等到王老吉完成与加多宝的心智资源和渠道资源的争夺，并待市场稳定后才可以开始，而不是迫不及待地享用王老吉品牌。

2）未雨不绸缪，丧失打压加多宝的先机

从加多宝和广药集团的谋篇布局来看，在王老吉商标权官司尚未落幕时，双方似乎都早有战略上的准备并提前出牌，但它们谋篇的方向显然不一致。在商标权官司未明朗前，加多宝思考的是假如失去了王老吉品牌，企业该如何夺回市场；广药集团则思考的是假如收回了王老吉品牌，如何充分利用王老吉品牌资产，做大产业范围，走资本运作道路，而对如何压制加多宝的市场缺乏深入的考量。因此，在商标权官司明朗后，我们看到加多宝策略目标明确、主动求变，王老吉则是被动应对，走一步看一步。加多宝甚至在官司未明朗前就开始着手去王老吉化，从品牌策略、渠道策略、产品策略等方面系统化、有序化地推进。由于广药集团对开局之战的核心关键点没有搞清楚，因此其在与加多宝争夺凉茶市场的心智资源和渠道资源时处处被动、处处防御，一旦消费者的认知发生根本性改变，王老吉翻盘的机会就非常渺茫了。

3）争夺“怕上火”定位，王老吉误送嫁衣

磨一剑营销策划机构品牌营销专家高源认为，“正宗凉茶”这一诉求根本不是加多宝最想要的，王老吉一年近200亿元的销售额不是因为它是“正宗凉茶”，而是因为消费者“怕上火”。“怕上火”才是加多宝要抢占的重点。尽管加多宝在去王老吉化的过程中首先使用了“正宗凉茶”这一诉求，但这其实是一个不得已的选择。业界人士多对加多宝诉求“正宗凉茶”横加指责，认为这一身份牵强、令人怀疑。然而，我们应该看到，尽管这不是一个最好的诉求，但是在商标权官司未明朗前的市场条件下，这可能是一个最不坏的诉求。究其原因，一是商标权官司未明朗，加多宝不能直接打出改名广告；二是加多宝不能直接向消费者传达“怕上火，喝加多宝”，因为这一诉求当时还是属于王老吉的，是加多宝不能直接喊出的心智诉求，喊出了就等于与王老吉对立，这种对立不但没有可信度，而且让消费者从心理上鄙视加多宝。因此，加多宝要完成这一心智定位，必须搭桥，尽管它不够直接，违背了品牌定位的原理。以“正宗凉茶”来搭桥，喊出了“怕上火，喝正宗凉茶”，以及“正宗凉茶，加多宝出品”这一诉求。这一诉求经过逻辑推理后的潜台词就是“怕上火，喝加多宝”。

商标权官司明朗后，加多宝向消费者打出了改名广告——“全国销量领先的红罐凉茶改名加多宝，还是原来的配方，还是熟悉的味道。怕上火，现在喝加多宝”。这是一个过渡非常自然、非常有杀伤力的心智位移广告，它直接将消费者对王老吉的认知转移到加多宝身上，让消费者认识到“现在的加多宝=过去的王老吉”，以期彻底掏空王老吉的品牌核心价值资产。

王老吉当然也认识到了“怕上火”这一品牌和心智资源的重要性，针对品牌定位发起了对抗性的反击——“180余年正宗秘方，王老吉从未更名，怕上火就喝王老吉”。这则广告看似有力反击了加多宝的更名策略，实则是一把双刃剑，有着致命的漏洞，它激起了消费者探寻真相的好奇心，它的“辟谣”反而加强了加多宝与王老吉之间的紧密联系，实际上帮助消费者认识到了“现在的加多宝=过去的王老吉”，强化了王老吉改名为加多宝这一事实。这一认知一旦被消费者接受，即便终端上同时出现加多宝和王老吉，相信消费者还是会买加多宝的。

4）渠道慢半拍，心智资源被棚架

前述已经提到，渠道资源的争夺是加多宝和王老吉开局之战的两大核心关键点之一，在这场开局之战中，它比心智资源还重要。与王老吉不同的是，加多宝需要拼命掏空王老吉的心智资源，将“怕上火”从王老吉身上移植到自己身上来。王老吉则不需要这样做，因为“怕上火”这一心智资源已经融入了王老吉这一品牌。王老吉的当务之急不是捂紧口袋说“别掏！别掏!”，而是尽快抢夺渠道，让王老吉和加多宝站在同一个平台上面向消费者；否则，空有心智资源也是浪费。用一句通俗的话来打比方就是：加多宝的前腿（心智资源）断了，所以迫切需要安装前腿；王老吉的后腿（渠道资源）断了，所以迫切需要安装后腿。

但是很遗憾，半年多过去了，王老吉在很多终端渠道和餐饮渠道上仍然不见踪迹。这不要怪产品没有及时生产出来，也不要怪渠道费用高一时谈不下来，记住这是战略争夺，不能按常理出牌。心智资源不是一时半刻就可以被掏空的，但如果渠道断层，心智资源也会被搁架，也会被淡化。

5）战略资源分配不当，削弱品牌竞争力

资源跟着战略走，受王老吉大产业化战略思想的影响，王老吉品牌上的战略资源分配并不恰当，既没有体现出优先顺序，也没有体现出侧重点，从而削弱了王老吉品牌的竞争力。这主要表现在以下方面：

①生产性资源。对于一家年销售额达几十亿元，甚至上百亿元的企业或品牌来说，产能的控制是非常重要的一环。王老吉对这一关键环节似乎没有给予足够重视，生产性资源投入不够，最终导致红罐王老吉产品没有及时面世，市场的空白给了加多宝反击的机会。

②渠道资源。渠道建设一定要"急行军"，等不得、慢不得。一样的策略，在不同的时间执行，结果往往大相径庭。在非常时期，不能以常规的渠道费用预算、常规的速度来推进渠道建设，一定要特事特办；否则，就会出现前述所分析的情况。

③促销资源。在很多超市，我们可以看到这样的促销场景：在同一个货架旁，加多宝的促销人员端着盘子给顾客倒饮料，让顾客免费品尝加多宝，并告知顾客"王老吉改名为加多宝"；王老吉则贴着促销标签，250毫升、16盒包装的售价从35.2元降到31元。

开局之战绝对不是促销大战，促销大战应该是中局或以后的事情。不是说不可以促销，但此时的促销推广应该以品牌推广为主，而不是变相的价格优惠。王老吉过早地把价格促销战作为打压加多宝的手段，显然没有抓住竞争的重点。

王老吉本来是可以成为可口可乐，而让加多宝成为百事可乐的，但开局不利的王老吉只能退而求其次，做凉茶业的百事可乐。值得警惕的是，如果王老吉再不调整战略，恐怕连做百事可乐的机会都没有了。

资料来源：高源．盘点王老吉的战略失误［EB/OL］．［2012-12-17］．http：//www.emkt.com.cn/article/578/57826.html.

这一案例表明：市场营销战略是业务单位期望达到它的各种营销目标的营销逻辑。市场营销战略的核心是把消费者的需求转化为企业的盈利机会。要想实现这一转化，需要企业设定正确的营销目标，选择正确的营销战略措施，并通过营销战略管理过程来实现营销战略目标。实际上，这就是营销战略的谋划和实施过程。本章将系统地阐述市场营销战略的策划与制定。

3.1　市场营销战略概述

3.1.1　企业战略与市场营销战略

对企业来说，策略是指由企业中层就可以决定的解决局部问题的途径和方法。战略则是企业为寻求长期发展所进行的总体性的谋划，是公司管理层制定的"策略规划"。在管理学中，这两者是严格区分的。

1）企业战略

企业战略，又称企业经营战略，是指为了实现企业长期的、全局性的经营目标，有效利用企业内部的资源和能力，使企业适应外部条件，指导整个企业的总筹划及总方针，亦即对企业全局的谋划。企业战略作为指导企业各项生产经营活动的综合性战略，是由多种单项战略（如企业发展战略、技术进步战略、劳动人事战略、产品开发战略、市场营销战略等）构成的。

关于企业战略，有三点是必须明确的：

（1）长期

“长期”不是一个确定的时间概念。首先，在这个时期内，公司必须能够预见外在环境的变化；否则，制定的战略就没有依据。其次，这个时期必须长于三个会计年度，但也有一些特殊的情况。例如，上海一家著名的上市公司，曾在2000年年初请美国一家管理顾问公司做管理咨询。在该顾问公司提供的方案中，战略的规划期为20个月。因为美国管理顾问公司认为，20个月后，中国加入WTO的进程会有实质性的改变，到时对公司的许多产业都会产生很大的影响。美国管理顾问公司认为，它所能预见的战略期只有20个月。

（2）全局性

全局性是指将企业中各部门、各管理人员、各个职员做出的决策和采取的行动塑造成一种协调的涉及整个企业范围的策略规划，使企业的管理者有一个框架，将各种不同的行动编织成一个整体。

（3）谋划

战略包括经营者在经营一家企业时所采用的所有竞争行动和业务措施。它要求企业的管理层在诸多备选方案中进行抉择，并且表明企业必须承诺进入某些特定的市场，采取某些特定的竞争手段，遵从某些特定的经营之道。这种谋划的结果通常表现为有形的文本，但对于许多中、小型企业来说，制作一个完整的文本很困难，管理者对企业所做的一些战略性的思考往往存在于其头脑之中。

2）市场营销战略

市场营销战略是市场营销战略思想、战略目标及战略计划的集合。

①战略思想表现为若干战略观念，体现战略方针，统帅战略总体，是战略的灵魂，如“优质名牌战略”“多样化战略”等。

②战略目标是在战略思想的指导下，企业市场营销活动在一定时期内要达到的总体水平。战略目标一般由多个目标组成，但必须有一个战略重点，企业应以此为核心制订实施计划。

③战略计划是贯彻战略思想、实施战略目标的具体安排。战略计划的具体实施需要划分为不同阶段，以便根据企业内外环境、条件的变化进行必要的调整。

市场营销战略是企业经营战略的具体化，是企业经营战略在市场营销方面的展开，在整个企业经营战略中处于中心地位。企业经营的主要任务是吸引、保持和扩大顾客，如果不能赢得更多的顾客，企业就失去了存在的价值和意义，因此市场营销的基本任务就是以优质的产品、合理的价格、全方位的服务满足顾客的需求。从战略制定方面来看，市场营销战略也处于企业经营战略的核心地位，如技术进步战略、劳动人事战略、财务战略等，都必须围绕市场营销战略来制定。企业的各项战略不仅与市场营销战略密切相关，而且都要通过市场营销战略的实施来实现。

3.1.2　市场营销战略与市场营销策略

市场营销策略是指企业为实现市场营销战略，依据企业内部条件和外部环境因素所做的具体谋划和对策。市场营销策略是指导企业日常营销活动的方针、原则，具有很强的现实性、灵活性及适应性。因此市场营销策略不仅是企业进行市场营销活动的基本方针，而且是确保企业市场营销战略目标实现的重要前提，正确的市场营销策略还可以对市场营销战略进行一定程度的调整和补充。而市场营销战略作为企业较长时期内市场营销活动的总体谋划，一般不可随意变更和调整。对于一个企业而言，若市场营销战略有误，正确的市场营销策略也难以避免全局的失败；若市场营销策略有误，市场营销战略目标也难以实现。

市场营销学中的产品策略、价格策略、渠道策略和促销策略是企业最基本的市场营销策略。其中任何一项策略的运用，都必须符合市场营销战略的总体安排。

3.1.3　市场营销战略的特点和地位

1）市场营销战略的特点

如前所述，市场营销战略与企业战略、市场营销策略既有联系，又有区别。从市场营销战略的内涵来看，它具有以下特点：

（1）全局性

市场营销战略的制定事关企业整体和全局，因为企业的市场营销活动关系着企业的方方面面，制定市场营销战略必然涉及并必须综合考虑企业的各种资源和条件。市场营销战略反映了企业高层领导对企业长远发展的战略思想，对企业各项工作的开展具有权威性的指导作用。

（2）长远性

市场营销战略是为了使企业适应未来环境的变化而制定的一个相当长时间内的指导原则和对策。一个战略目标需要经过长期不懈的努力才能实现；同时，企业的市场营销战略不仅在战略实施阶段会对企业的生存和发展产生重大影响，对企业的长远发展也会产生重大影响。所以，市场营销战略更多地体现了“立足长远”的思想。

（3）导向性

市场营销战略不仅规定和指导企业一定时期的市场营销活动，而且规定和指导企业的一切生产经营活动。特别是市场营销战略目标，已成为整个企业奋斗的目标和努力的方向，企业中各种生产经营要素的安排，各种方针、策略、措施的制定，都是为实现企业的市场营销战略目标而服务的。

（4）竞争性

在市场经济条件下，尤其是在买方市场的条件下，竞争是永恒的主题。市场营销战略的制定是基于对国内外市场竞争格局的认识，就如何使企业在竞争中保持优势、立于不败之地所进行的筹划。市场营销战略中往往充分体现了经营管理者的竞争观念和竞争对策。从本质上来说，企业的市场营销战略就是企业如何获取竞争胜利的战略。

（5）原则性

一方面，市场营销战略规定了企业在一定时期内市场营销活动的方针，为企业各个方面的工作制定了可供遵循的基本原则；另一方面，由于市场营销战略更多考虑的是企业未来较长时期的营销决策，不可能对具体的营销活动进行细致的策划，因此市场营销战略只能是“粗线条”的决策和筹划。

（6）稳定性

市场营销战略作为一定时期内企业营销活动必须遵循的方针和原则，具有一定的稳定性。因为市场营销战略是企业高层领导者通过对企业内部条件和外部环境进行认真分析和研究后做出的慎重决策，在实施过程中更有一个整体的安排和考虑，所以不能随意更改。当然，企业的外部环境瞬息万变，许多因素是企业决策者在制定市场营销战略时难以控制和预测的，因此当外部环境因素发生难以预料的变化时，企业必须及时对既定战略进行相应的调整和补充。这也是市场营销战略的现实性和适应性之所在。

2）市场营销战略的地位

科学技术的发展对社会经济的发展产生了巨大的影响，尤其是信息技术和通信技术的发展，使得建立全新的企业模式和价值创造过程成为可能，传统经济价值观正在经历彻底的变化。有些学者将现今的时代称为“新经济时代”。所谓的“新经济”，正在改变着企业经营的方方面面，改变着企业的价值取向、经营理念、行为方式、服务意识，也改变着市场运作的规则、组织和决策。在未来的几十年里，市场上将出现现今的管理者们不曾见过的激烈竞争，而在这种激烈的竞争中，市场营销战略的制定关乎企业的兴衰存亡。企业经营的成败，关键不在于企业规模的大小，或外部环境的优劣，而在于企业有无正确的市场营销战略。一旦有了长期的市场营销目标、方针和计划，整个企业就会方向明确、上下一致、相互协调，并不断提高对外部环境的适应能力，进而取得企业长期发展的主动权。

在国内外企业的市场营销实践中，不乏因不重视研究和制定市场营销战略而受到重创的实例。

同步思考 3-1

京东失误　苏宁“失机”

背景资料：京东曾在几年前的8月中旬发动了电商价格战，历经20多天，直至9月初发改委介入调查才结束。这场电商价格战成为当年商业领域最有噱头、最吸引眼球的事件，各类报道铺天盖地，围观者和议论者甚众。然而事情过后，纵观整个过程，人们发现这次价格战颇像一场闹剧，“雷声大，雨点小”，像街头吵架的两个孩子，彼此大声咆哮，大有置对方于死地的架势，但行动上仅是象征性地比划了两下，便各自散去。反倒是围观者迷惑了：电商意欲何为？

发生：京东商城的恐惧与失误。

其实，“价格战”源于京东的恐惧与战略失误，这已经从竞争格局的走势中显现出来。

在刘强东看来，京东的目标有两个：第一，拉大与竞争对手的差距，至少要保持目前的这种差距，形成领先的行业地位。这是京东被资本市场认可的基本条件，也是其估值的基础。当京东看到短期内不存在实现盈亏平衡可能性的时候，保持领先优势就尤为重要，这甚至决定了京东的生死。第二，提高供应链效率，改善经营局面。降低运营成本，改善服务质量，提高毛利率，降低亏损增长率，这是京东的现实压力。基于现有的商业模式，京东能否持续成长，在外看融资能力，在内看供应链效率。

京东一直以中国的亚马逊自居，或者被人期望成为亚马逊，但是亚马逊在高速成长的过程中，能够保持20%以上的毛利率，而京东的毛利率只有不足6%。

电商被认为是未来市场的发展方向，其对传统实体店分销的替代效应将越来越大。这种趋势迫使传统实体分销商必须向电子商务转型，以避免被挤出市场。以苏宁和国美为代表的传统分销商，它们的转型做得稍晚，近两年更是力不从心，旁观者一看便知。这种传统厂商的战略目标同样非常清晰，即尽快缩小与京东的差距，速度越快越好，差距越小越好，最好能够尽快实现反超，为此不惜代价。

苏宁和国美借助传统门店的规模优势和资源条件，以及并购的资本手段，实现了规模上的快速发展，与京东的差距越来越小。这引起了京东的恐慌，慌则失措，进而挑起了“价格战”。

评点：京东的失误有两个。第一，战略重心失误。电子商务发展到这个阶段，京东应该把经营重心从规模优先转变为效率优先，这是京东打造出持续成长的经营能力的基础。京东不应该计较规模上的数字游戏，而应立足长远，甚至以退为进，打好运营基础，再做强力突破，日后必可“一飞冲天”。电商经营规模从300亿元到500亿元的过程中，经营品种要超过200万个，最重要的是要有质的提升，而非量的简单增长。第二，时机选择失误。8月是电商的淡季，真打价格战则收效不大，假打则丢了名声（京东实际选择了假打），而且当时京东处于在自己的供应链上投资最大的时期，应对价格战的资金准备并不充足。

其实，电商在这个时期有些像径赛，京东提前进入弯道，自然要减慢速度、积蓄力量，然后直道冲刺；苏宁等则是在京东后面的直道上，显得速度快些，看似与京东的差距在缩小，但很快它们也会进入弯道，到那时京东已进入直道，差距会进一步拉大。京东不但不该首先打价格战，而且即便苏宁等先挑起价格战，也不能过度应对，要守住战略！

遗憾的是，京东缺少战略思维，也没学会韬光养晦，大举挑起价格战，又无能力真打，帮助苏宁赚了眼球，自身还丢了名声，得不偿失。说到底，是因为京东底蕴不足，缺少领袖风范。

从根本上讲，电商应该集体改变狭隘的价格战的思维。低价格是电商模式需要考虑的因素，但并不是唯一因素，也不是最重要的因素。商业的真谛永远是客户需求第一，只有能够把客户需求与盈利模式结合起来的企业，才能成长为百年企业。在电子商务领域，客户需求中的关键点是体验、价值和价格。因此，电商模式的成功有三个关键要素：第一，优质的用户体验。客户总是非常讨厌网页延迟或出错、产品下架未及时更新、送货延迟或出错等情况的出现。亚马逊曾有一个统计数据：0.1秒的网页延迟，会直接导致客户活跃度下降1%，会损失大量的交易机会。第二，强大的品种数量。如同在传统实体店分销领域看到的那样，综合分销更符合消费习惯和效率要求，它替代了垂直分销体系；在电商领域，这种规律同样在起作用。那些全产品系列的综合分销会成为主流，更容易获得消费者的青睐。第三，较高的运营效率。采购、仓储、物流、人员、组织、协同，在各个环节及整体上降低成本、提高效率，是价格竞争的基础。只有运营效率提高了，才有降价的空间，才能让消费者享受到更多的价值。

资料来源：白刚．京东失误 苏宁“失机”[J]．销售与市场：管理版，2012（29）．

问题：京东失误、苏宁“失机”主要表现在什么地方？

理解要点：从客户需求与盈利模式的关系上进行分析。

3.1.4 市场营销战略的类型

市场营销活动贯穿于企业的整个生产经营过程，包含的内容相当广泛，与之相对应的市场营销战略也有多种类型。市场营销战略的类型通常包括以下几种：

1）目标市场战略

（1）市场界定战略

不同的消费者有不同的欲望和需要，因而具有不同的购买习惯和购买行为。企业可以按照这种差异将广阔而复杂的整体市场划分为若干具有不同特点的子市场，并从中确定本企业的目标市场。市场界定战略具体有以下三种类型：

①无差异性市场战略。企业在市场细分后认识到，虽然同一类产品有不同的细分市场，但权衡利弊得失，不去考虑细分市场的特性，而是注重细分市场的共性，只以单一的产品、单一的市场营销组合，力求迎合整个市场的需求。

②差异性市场战略。企业在市场细分后认识到各细分市场需求的差异性，决定同时为几个细分市场服务，以不同的市场营销组合适应各个细分市场的需要。

③集中性市场战略。企业认识到市场需求的差异性，但自身的资源又受到限制，因此寻求在较少的子市场上获取较高的市场占有率。

（2）市场发展战略

市场发展战略是企业根据市场发展趋势和生产技术发展情况，以相应的市场营销组合方式，确保市场不断扩大的战略，其目的是满足企业自身发展的需要。市场发展战略具体有以下三种类型：

①市场渗透战略。企业采取种种更为积极的措施在现有市场上扩大现有产品的销售。例如，美国墨西凯尔公司就成功运用了市场渗透战略。公司鼓励现有顾客多购买，在一定时间内使用更多的盒式录音带，或者向偶尔购买者说明多买录音带用来录制音乐或听写的好处；公司注意到了竞争者的产品及营销方案上存在的不足之处，并对其展开进攻，从而把竞争者的顾客都吸引到自己这边来；公司还尽力说服那些目前不用录音带的人使用录音带，使得市场占有率进一步扩大。

②市场开发战略。企业通过进入新的市场来扩大现有产品的销售。例如，海尔集团就成功运用了这一战略，使其产品从地区性的销售扩展到全国性的销售，从本国的销售扩展到国际市场的销售。海尔集团还开发了“小小神童洗衣机”“小小王子电冰箱”等产品，这些产品具有体积小、价格低等特点，非常适合单身贵族使用。这是海尔进入新的细分市场的成功案例。

③产品开发战略。企业通过向市场提供新产品或增加现有产品的吸引力，在规格、

型号、花色、品种等方面满足消费者的需求，从而达到企业销售增长的目的。

2）竞争战略

竞争是卖方市场的基本特点，优胜劣汰是竞争的必然结果。竞争战略是研究如何使企业应对竞争对手的挑战，争取有利的营销条件，从而克敌制胜、立于不败之地的市场营销战略。竞争战略是一种综合性战略，具体表现为市场竞争、产品竞争、价格竞争、服务竞争等多个方面。由于企业面临的市场环境不同，竞争对手的实力和营销策略不同，企业自身所处的市场地位不同，因此企业采取的竞争战略也不同。竞争战略具体有以下三种类型：

（1）防御战略

企业对市场环境和内部条件进行详细的分析后，确认只能保持原有经营水平，或者仅有少量增长时，应选择稳定现有市场的防御性措施，即不与竞争对手发生正面冲突，更不主动出击，而是等待时机。处于市场领导者地位的企业，一般成功利用了各种条件或时机，占据了有利的市场地位，因此经常采用"以静制动"的防御战略，但针对竞争对手的进攻，企业也应做出相应的反应，有效回击竞争对手的攻击。

例如，20世纪60年代，日本本田公司是摩托车制造业的霸主，后来向多角化经营方向发展。20世纪80年代初，本田公司的市场占有率达38%，而另一家日本企业——山叶公司的市场占有率已达37%。1981年，山叶公司开发了18个新品种，宣布新建一个年产100万辆摩托车的制造分厂，这实际上是向本田公司发动了争夺霸主地位的进攻。本田公司凭借自己雄厚的实力坚决予以反击，采取了一系列强硬的措施：大幅度降低价格，连最畅销的车型也降低售价30%；大力开发新品种，在一年半的时间内开发新产品81种；扩大销售网点；增加广告宣传投资，大力进行促销活动等。1993年，本田公司的市场占有率上升到47%，而山叶公司因实力较弱，其市场占有率下降为27%，并且陷入财务危机，不得不削减生产。本田公司抓住有利时机，乘胜追击，迫使山叶公司裁减人员，甚至变卖财产。

对于实力强大的市场领导者来说，"以静制动"是相当有效的，但是在技术发展迅速，新产品、新工艺层出不穷，并且伺机进攻的企业数量众多的情况下，依然采取这种防御战略就可能会贻误战机，丧失企业的市场地位。因此，即使是最强大的企业，也应采取不断自我完善的战略，不断改变自己的产品或者营销方案，追求技术上的不断升级。不断自我完善，也就是不断争取主动，不断以进攻的姿态来维持自己的市场份额，这实际上是一种积极的防御战略。

（2）进攻战略

处于非市场领导者地位的企业，如果具有足够的实力，可以考虑向处于市场领导者地位的企业发起进攻，我们称这类企业为"市场挑战者"。应该看到的是，同市场领导者相比，市场挑战者的实力毕竟稍逊一筹，市场地位也不够稳固，要向市场领导者发动攻击，很可能会惹来麻烦，甚至会遭受灭顶之灾。因此，企业在采用进攻战略时，应认真研究双方的实力，以及取胜的可能性，不可贸然出击。如前所述，山叶公司向本田公司发起进攻时，它低估了本田公司的实力，因此惨遭失败。

问题的关键在于如何判断本企业已达到"足够强大"的程度，并且足以与对手抗衡，这是一件困难的事情。事实上，发动进攻的判断力，是知识、经验和见解的结合，有时还需要加上运气和勇气。采用进攻战略，要抓住进攻对象的弱点，尤其是致命的弱点，百事可乐进攻可口可乐就是一例。可口可乐是具有上百年历史的老牌软饮料，自1915年开始，一直使用固定的配方和特定的包装。20世纪30年代以后，百事可乐抓住了可口可乐的这个弱点——“老牌货”既是可口可乐的长处，也是可口可乐的弱点——以更甜、更便宜的大包装软饮料，吸引青少年消费者，同时聘请了超级摇滚乐巨星迈克尔·杰克逊和莱昂纳尔·里奇参与公司的商事活动，从而使百事可乐的市场占有率不断上升。20世纪50年代，百事可乐的销售额与可口可乐之比是1：5，1960年为1：2.5，1985年为1：1.15。这期间，由于可口可乐不断采取防御战略，因此百事可乐未能夺得霸主地位，但百事可乐抓住了可口可乐的要害之处，采取的正面进攻战略也是卓有成效的。

此外，实力较差或受其他因素限制而不能或不愿实行强攻的企业还可采取侧翼进攻战略，即利用时间、空间等各种因素，从侧翼迂回，出其不意地给对方以致命的打击。其基本意图是避免导致激烈的对抗，从而扩大市场份额。

（3）战略联盟

战略联盟是一种合作协议。在这种合作协议下，各个协议企业之间的关系已经超越了一般的企业关系，它们既不是合并关系，也不是完全的伙伴和所有关系。战略联盟涉及联合开发、技术分享、生产设施的联合使用、相互营销各自的产品，以及合作生产配件或进行产成品的组装等。

企业组建战略联盟的原因是：进行技术合作或者合作开发有前途的新产品；提高供应链的效率；获得生产和市场营销方面的规模经济，填补它们在技术和制造技能方面的缺口；获得和改善市场准入。中小企业可以通过建立战略联盟来提高自己的能力，有效参与市场竞争。当然，市场领导者有时也追求建立战略联盟，其目的是更有力地反击竞争对手，开辟新的市场机会。

3）多角化战略

随着经济的发展和消费的多样化，市场需求越来越明显地呈现出多样化的趋势；同时，随着科学的发展，新技术应用的速度越来越快，许多传统的行业都面临着威胁，产品生命周期越来越短。企业为了降低风险，也为了满足多样化的需求，就会采取多角化战略。

多角化战略是指企业通过涉足不同的经营范围，开发多个方向的新产品，服务于多个市场，以增加销售的市场营销战略。多角化战略具体有以下四种类型：

（1）同心型发展战略

同心型发展战略是指企业以一种主要产品为圆心，同时生产工艺或零部件相似的几种产品，以充分利用企业的同一工艺技术设备，达到扩大批量、降低成本的目的。

其做法主要有：一方面，利用企业的同一工艺技术生产不同系列的同类产品；另一方面，利用企业的同一工艺技术生产非同一系列的不同产品，如海尔集团最初以生产电冰箱为主，后来又不断开发出空调、微波炉等家电产品。

（2）水平型发展战略

水平型发展战略是指企业的目标市场不变，但为之服务的产品类别有所发展，即利用企业不同的工艺技术，开发生产不同的产品，为同一市场服务。例如，原来生产化肥的企业通过引进技术，同时生产农药和农业器械等，尽管企业仍立足于农林市场，但由于产品品种增加，因此企业的市场实际上得到了扩展。

采用水平型发展战略，企业可以充分利用原有的销售渠道和行之有效的营销组合方式，但这样做意味着企业要对其他行业进行投资，存在一定的风险，因此企业必须具备一定的实力。

(3) 纵向型发展战略

纵向型发展战略是指企业立足于原业务单位，用其产品生产其他产品，进行产品的深度加工，以提高产品的附加值。例如，原来进行粮食加工的企业，后来利用麦麸加工饲料，或开发生产速冻食品等。

采用纵向型发展战略，企业可以充分利用自身生产的原料，从而提高了产品的附加值，同时也减少了公关、广告、运输等费用。

(4) 集团型发展战略

集团型发展战略是指大企业通过收购、兼并其他行业的企业，或者在其他行业投资，把业务范围扩展到其他领域，开展与现有技术、产品、市场没有联系的经营活动。采用集团型发展战略，从经营范围来看，由于业务范围广，因此可以降低企业的经营风险；但从技术和市场的角度来看，由于开展新业务需要新技术，而掌握新技术不仅有一定的难度，而且有一定的风险，因此企业很难像在原有市场那样得心应手。

一般来说，中小企业很难采用集团型发展战略。对于财力雄厚、技术力量强大且声望很高的大企业来说，采用集团型发展战略，不仅有利于企业充分利用自身的人、财、物、技术、时间、信息等资源，最大限度地开拓市场，从而提高企业的市场竞争能力，而且有利于企业寻求具有更优经济特征、更好发展前途的行业，从而提高企业的整体盈利能力及应变能力，使企业得到长远发展。

4) 企业形象战略

企业形象是社会公众对企业的综合评价，是企业的表现与特征在公众心中的反映。企业形象战略是指企业通过塑造和传播企业独特、鲜明、丰满的形象，以获得公众的认同和赞誉，进而抢占竞争制高点的战略。

企业可以通过塑造整体产品形象、企业外观形象、企业文化形象和企业社会责任形象等实现其战略目标。

教学互动3-1

背景资料：2002年，中国足球队首次进入了世界杯决赛，几乎所有企业都在打“世界杯”牌。广东健力宝集团有限公司（以下简称“健力宝”）以3 100万元获得世界杯赛事直播“独家特约播出”的竞标，这意味着健力宝平均每天投在中央电视台世界杯节目上的花费就接近100万元。人们分析，在经过几年的低迷及2001年的重组风波后，此次健力宝欲借世界杯之势谋求东山再起。然而，“第5季”产品并未如人们所预想的那样重振健力宝的雄风，在广东、北京、上海等城市如今已很难寻觅到“第5季”产品的踪迹。

互动问题：缺乏长期战略规划会有什么后果？

要求：同“教学互动1-1”的“要求”。

3.2 市场营销战略的策划与制定

由于市场营销战略是企业对未来较长时期内市场营销活动的谋划，同时又关系到企业的存亡，因此企业市场营销战略的策划与制定是一件最重要也最为困难的事情。市场营销战略的策划与制定一般可分为三个阶段，即战略环境及内部条件分析阶段、市场营销战略的制定阶段、市场营销战略的实施和评估阶段。

3.2.1 战略环境及内部条件分析

这是策划和制定市场营销战略的前提，具体包括以下内容：

1）战略环境分析

这主要分析宏观环境和产业环境。宏观环境分析是对可能影响战略制定与实施的政治因素、经济因素、技术因素、社会因素和资源因素的状况及其变动趋势进行分析；产业环境分析是对市场因素和产业因素进行分析。

2）产品状况分析

这主要分析本企业产品的性能、质量、价格、信誉、服务等基本情况及消费者或用户的反馈；本企业产品的竞争能力及所处的生命周期阶段；本企业老产品改进和新产品开发情况等。

3）市场竞争分析

这主要分析竞争对手的情况，进而找出本企业的优势和劣势，以便取长补短。

4）企业营销能力分析

这主要分析本企业的市场占有率、销售增长率、销售渠道的选择、广告宣传现状以及营销人员的素质等。

3.2.2 市场营销战略的制定

市场营销战略的制定主要包括以下内容：

1）确定市场营销战略目标

确定市场营销战略目标是指在对企业战略环境和内部条件进行分析的基础上，按照企业的市场营销战略思想，制定出一定时期应达到的总体营销战略目标。市场营销战略目标具体包括市场开拓目标、利润目标、销售增长率目标和市场占有率目标等。同时，企业的总体战略目标还必须划分为明确的阶段性目标，以保证战略目标的分阶段实施和最终实现。

确定市场营销战略目标是制定市场营销战略的重要环节，因此应注意以下几个问题：

①要使目标既具有先进性又具有可行性。市场营销战略目标应具有先进性，并使之具有吸引力和号召力，以振奋员工精神，如果目标定得过低，则会失去指导意义；同时，目标又必须切实可行，不能超出企业内部条件和外部环境因素的限定。

②要使目标明确、具体。市场营销战略目标规定着企业一定时期内市场营销活动的

内容和任务，同时又是制订企业市场营销战略计划的依据和前提。因此，市场营销战略目标必须明确、具体，尽可能量化，避免空洞抽象和含糊不清。

③要处理好多个目标之间的关系。企业的市场营销战略目标实际上是由多个单项目标构成的目标体系，各个单项目标应相互一致，否则将给战略方案的选择和战略实施计划的制订带来困难。具体方法是：首先，确定战略重点及重点目标，据此确定相关目标；其次，尽可能减少战略目标的数量，删除那些有可能互相矛盾的次要目标；最后，借助数学模型和手段，综合平衡战略目标体系，对于必须保留又与主要目标矛盾的次要目标，应进行适当调整。

2）编制市场营销战略计划

战略计划是实现战略目标的具体安排，是战略目标及战略对策的展开。战略对策，即为实现战略目标所采取的重要措施和手段。

3）选择市场营销战略方案

不论是战略目标、战略计划还是战略对策，在其拟定过程中，都应有几套备选方案，然后综合各种因素，进行对比评价，选择最佳方案，这就是战略决策。

对备选方案的对比评价，一般包括以下几个方面：

①战略方案是否符合宏观环境因素的变化与发展；

②战略方案是否适应企业目标市场的需要；

③战略方案是否具有资源条件；

④战略方案拟采取的技术手段是否可行；

⑤战略目标实现的概率有多大；

⑥战略对策是否符合企业的实际并切实可行；

⑦战略方案在未来实施过程中的风险有多大及相应的防范措施。

3.2.3　市场营销战略的实施和评估

市场营销战略实施的过程，就是战略目标落实、战略计划执行、战略对策运用的过程。市场营销战略方案一旦选定，就应着手实施、监督、控制及调整。对市场营销战略实施结果的评估，主要是看市场营销战略目标是否达到。

3.3　目标市场战略策划

对目标市场战略的策划，主要包括三个步骤：市场细分→目标市场选择→市场定位。其中每一个步骤都能使企业的目标市场战略更为出色和有效。

3.3.1　市场细分中的机会把握

对于许多专业市场而言，都存在着这样的情况：在原来的细分市场中，需求不断扩大，竞争也越来越激烈。这时，企业可以考虑对市场的深度细分或重新细分，在更小的细分市场或新的细分市场中培育目标市场，从而获得有效的发展空间。

对需求市场深度细分的关键在于，根据需求变化的趋势确定进一步细分的标准。例如，原来的电器市场被细分为工业用电器市场和家用电器市场。随着家用电器市场的发展，其竞争日益激烈，生产经营也日益趋向专业化，这时可以对家用电器市场进一步细分。

同步案例3-1

奥普公司与卫浴电器

背景与情境：澳大利亚奥普卫浴（杭州）有限公司是专业从事卫浴电器研发、生产和营销的国际化企业。其代表产品“奥普浴霸”（浴室取暖产品）在国内外很受欢迎。多年以前，由于热水器大量上市，中国人“随时在家洗热水澡”的愿望得到了满足，但随之而来的问题又产生了：人们感到在浴室洗澡时温度太低，尤其是在冬季的南方地区。“奥普浴霸”在中国部分城市上市后，立即引起了强烈的反响，产品在许多销售点供不应求。消费者对它的认识，也从消费品转变为大众适用品，继而成为家庭浴室的必备品。在中国市场上，奥普公司因“奥普浴霸”而成名，当时年销售额超过2亿元。“浴霸”因奥普公司在中国的引进和发展而成为一个行业。

作为行业的开拓者和领先者，奥普公司是相当成功的。它集中了所有技术优势、资源优势、品牌优势，定位于卫浴电器产品的开发和推广。奥普公司的战略报告中明确描述了奥普公司的战略目标，即“集中资源优势，努力建造一个品质卓越、品位高尚、品牌国际化的卫浴电器品牌”。从表面上看，在这一战略目标下，产品开发的空间较小，但奥普公司认为，在卫生间这个空间里，人是最自然、最需要体会生活的，由此产生的需求也是多种多样的，并且不断会有新的需求出现。只要有需求，就会有市场。在中国居民生活质量不断提高的背景下，以家庭卫浴电器市场作为目标市场，实际上有无限的发展空间。

资料来源：铭伯，张辉．“奥普浴霸”市场营销案例［EB/OL］．［2001-03-08］．http：//www.emkt.com.cn/article/45/4506.html.

问题：你认为除了浴霸外，奥普公司还可以开发哪些家庭卫浴电器？

分析提示：家庭卫浴电器市场是对家用电器市场进一步细分（电器→家用电器→家庭卫浴电器）后得到的一个子市场。浴霸是奥普公司针对家庭卫浴电器市场推出的主导产品。

重新细分的关键在于探求新的细分标准。对于一个我们熟悉的需求市场，通过常规的市场细分所获得的目标市场，往往竞争激烈且市场增长缓慢。所以，企业可以通过对消费需求新趋向的分析，探求和创意新的细分标准，从而对原有市场进行新的细分，确定新的目标市场。

例如，服装市场按穿着场合和服装风格分为正装市场和休闲装市场；汽车市场按消费对象分为公务用车市场、商务用车市场、家庭用车市场等。又如，传统的糖果行业正面临着衰退，对糖果企业而言，获得进一步发展的思路是对糖果市场重新细分，确定新的目标市场，提供有针对性的产品，实施相应的市场营销战略：一是按消费者的购买动机，把糖果市场细分为日常糖果市场、喜事用糖市场和节日用糖市场；二是按地域，把糖果市场细分为城市糖果市场和农村糖果市场。这样的市场细分把当今消费者对糖果的不同需求区别开来，使得糖果生产厂家能够根据不同细分市场的需要开展营销活动，从而大大提高了糖果市场的需求水平。

3.3.2　目标市场选择中的战略模式

在企业市场营销的理论和实践中，可供选择的目标市场营销战略模式一共有五种（如图3-1所示）。

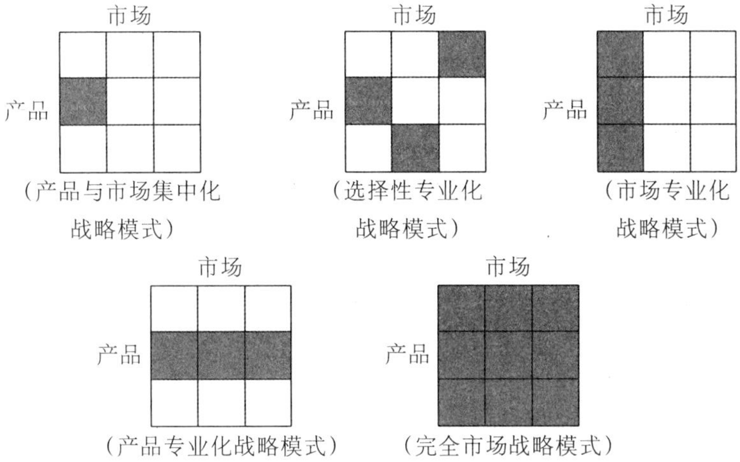

图3-1　目标市场营销战略模式

1）产品与市场集中化战略模式

这是指企业在众多的细分市场中只选择一个子市场作为市场营销的目标市场，进行集中营销。

（1）适用对象

这一战略模式适宜实力较弱的小型企业选用。因为许多小型企业受资源限制，只能集中力量开发某一种产品，服务于某一个专一的市场。

（2）优势

该模式能够使企业有限的资源得到最有效的利用；能够使企业比竞争者更加了解专一细分市场的特性和变化趋势，从而在这一细分市场上占有较大的市场份额，建立巩固的市场地位；集中化的生产和销售能使企业形成规模效益和技术优势，从而提高盈利能力。

（3）劣势

该模式以单一的细分市场作为目标市场，一旦市场发生突然变化或出现强有力的竞争对手，企业就会处于被动状态，陷入困境。

2）产品专业化战略模式

这是指以一类产品服务于各种不同的顾客群，即企业把整个市场不加区分地作为自己的目标市场，企图运用一种市场营销组合方式来满足市场上绝大多数消费者的共同需求。

（1）适用对象

企业生产的产品差异小、适应性强且具有广泛的需求，如价格较低的日用百货等，在这种情况下，企业适宜采用产品专业化战略模式。

（2）优势

该模式有利于提高产品质量，降低产品成本，增加企业的经济效益。

（3）劣势

该模式不能适应多变的市场形势，也不能使不同层次、不同类型的消费者都满意；同时，由于生产单一产品，采用单一策略，因此很容易引起激烈的市场竞争，使企业逐步失去市场上原有的顾客。

3）市场专业化战略模式

这是指企业以其所有不同种类的产品，为市场上的某一顾客群服务。

（1）适用对象

企业原有的某种产品在某一类消费者中树立了良好的形象，即已经成为这类消费者满意的名牌产品，企业可据此不断开发系列产品，继续为原顾客群服务。在这种情况下，企业适宜采用市场专业化战略模式。

（2）优势

该模式有利于生产企业与消费者建立稳定的联系，以便把新产品推向市场；同时，企业可以利用固定的销售渠道，增加产品的销售量和销售额。

（3）劣势

这一战略模式实际上是搭乘“名牌快车”，如果此后生产的其他产品存在缺陷，将会影响原有名牌产品的形象。

4）选择性专业化战略模式

这是指企业以生命力较强的产品进入少数有吸引力的市场，在满足不同目标市场不同需求的同时，不断扩大产品销量，获取更多利润。

（1）适用对象

这一战略模式适宜各大企业或具有较强实力和某种优势的中小企业选用。

（2）优势

在竞争日益激烈、消费需求日益多样化的市场环境下，生产企业根据自己的优势，选择理想的目标市场，开发具有吸引力的产品，能够做到有的放矢。对企业来说，这意味着市场的扩大和利润的增加。

（3）劣势

企业的资源分散在不同的细分市场上，会降低企业在不同细分市场上的竞争力。

5）完全市场战略模式

完全市场战略模式是指企业为满足所有细分市场的消费需求而生产各种产品。只有大型公司才有能力选用这一战略模式。

3.3.3 市场定位的依据和方法

企业在确定的目标市场上，将面临竞争对手的挑战。在买方市场条件下，目标顾客在购买所需要的产品和服务时，也具有较大的选择性。市场定位则是要在目标顾客心中树立企业独特的形象，使顾客对企业的产品产生特殊的偏爱。准确的市场定位能够使企业获得稳定的销路，占有较高的市场份额。

1）市场定位的依据

市场定位的依据是指企业的市场定位思想。企业的市场定位思想是由企业的经营宗旨决定的，不同的企业由于经营宗旨不同，其市场定位思想也不同。目前，我国企业在市场营销中存在的主要问题是：目标市场不明确或目标市场过大，产品定位缺乏明确的诉求对象。企业不是致力于细分市场的区别，而是致力于消费者需求中的相同之处，以一个营销计划来迎合大多数的购买者，旨在消费者心中树立企业产品的一个超级印象，这种四面出击的做法难以把企业的资源集中在最有吸引力的细分市场上。

2）市场定位的方法

企业可以采用的市场定位方法通常有：

（1）根据产品的属性及消费者的利益追求定位

产品有耐用、价廉、性能可靠、富有特色等属性，能够满足消费者对实惠、经济、显示身份地位等不同利益的追求，因此企业可根据产品的属性及消费者的利益追求进行市场定位。

业务链接3-1

宝洁公司的品牌定位

宝洁产品属于中高档次产品，其品牌定位则是时尚型与品牌精神型的有机合一。按照宝洁（中国）公共事务部副总监裴逸群的说法，品牌有三重天：基本的清洁功能型—中层的时尚型—最高层次的品牌精神型。由时尚型切入，经过不断塑造，宝洁品牌已经延伸到品牌精神型，如“飘柔”关于自信的品牌精神定位。这就是宝洁的品牌定位策略，它使得宝洁品牌进入了一个较高的境界。

宝洁公司喜欢在广告中将自身产品与同类其他竞争产品相比较，以突出自身产品在某方面的特性或优势。因此，宝洁产品更容易吸引消费者的注意力，能够较快提高知名度。在宝洁的经典策略里，比较方式应用较多，而且比较得当。无论是洗发水还是香皂等，从横比到纵比，以此显示自己的产品比其他同类产品或目前与过去相比更有效、更便宜，并且十分奏效。

- **舒肤佳：有效消灭细菌**

舒肤佳广告的诉求点是香皂既要去污，也要杀菌，同时宣扬一种新的皮肤清洁观念。在电视广告中，通过显微镜下的明显对比可知，使用舒肤佳比使用普通香皂皮肤上残留的细菌少得多，从而显示了舒肤佳强有力的杀菌功能。尽管这则舒肤佳广告创意手法平平，但冲击力极强，因此舒肤佳在香皂市场上的占有率很快达到41%。

- **佳洁士：没有蛀牙**

佳洁士广告采用了另一种“比较”形式，即用鸡蛋的两半来对比，“鸡蛋为什么会一半变软了呢？因为一半受到了酸的腐蚀，就像我们的牙齿，时间长了不注意保护也会像这个鸡蛋一样。现在有佳洁士牙膏，其中独特的配方，可以有效防止蛀牙”。

- **潘婷与海飞丝：现在对比以前**

宝洁洗发水产品的四大品牌——飘柔、潘婷、海飞丝、沙宣——已占洗发水市场份额的60%以上。虽然产品定位各有不同，但在广告策略上比较方式也不可少。例如，在潘婷的广告中频繁有章子怡在说“以前我的头发……现在我的头发……”，这不禁使人又联想起海飞丝的广告：叶童在讲着“以前我有头皮屑，不敢……用了海飞丝以后，穿上黑色的衣服也不怕”。

- **全新玉兰油，惊喜你自己**

宝洁旗下的玉兰油产品广告中，两个美女在灿烂的阳光下进行强烈的肤色对比，“为什么我也美白，却不像你牛奶般白皙呢？”“因为我用了全新的玉兰油美白防晒乳……”

从以上罗列的案例不难看出宝洁产品广告对比较方式的偏爱。的确，比较方式的广告定位最容易产生效果，可谓“不比不精彩”。

资料来源：李玉进，曹颖．宝洁公司的营销与广告策略［EB/OL］．［2010-05-05］．http：//qkzz.net/article/80f8fab3-acd8-412a-94b2-1c7377d005c5_3.htm.

（2）根据产品或服务的质量与价格定位

企业根据产品或服务的质量档次和价格高低，吸引相应的顾客群。产品或服务可以定位于不同的质量和价格档次，质量和价格之间也可以有不同的组合。例如，海尔实行高质量产品、优质服务、高档价格的市场战略，在这种战略思想的指导下，海尔在产品质量与对客服务方面采用了一系列创造性的做法，达到了中国家电业的一个高峰，在消费者中树起了“海尔服务”的良好口碑。

（3）根据产品的不同用途定位

例如，在洗发水市场上，海飞丝的定位为去头屑的洗发水，这在当时独树一帜，因此海飞丝一推出就引起了消费者的注意，并认定它不是普通的洗发水，而是具有去头屑功能的洗发水。当消费者需要解决头屑烦恼时，自然第一个想到它。再如，中国联通将其产品定位于无线通信业务，向消费者提供无线寻呼和移动电话服务。又如，耐克（Nike）将它的运动鞋产品定位于篮球、排球、散步等多种用途。

（4）根据企业的竞争地位定位

在激烈的市场竞争中，企业为了取得市场上的有利地位，需要对竞争对手和市场营销对象进行细致分析，从而为自己的产品或服务确定有别于竞争对手的市场形象，以获得特定消费群体的青睐。

总之，企业应根据自身的条件选择合适的市场定位方法。此外，企业还应确立动态的市场定位思想，因为企业的市场定位不是一成不变的，当企业的外部环境及内部条件发生变化时，企业必须重新进行市场定位。

3.3.4 目标市场选择的战略创新

许多企业的成功经验表明，在不具备技术优势和不进行技术革新的情况下，企业只有打破行规，尤其是在目标市场选择上进行战略创新，才能在激烈的竞争中取胜。

1）战略创新的思路

随着时间的推移，某一需求市场上众多的细分市场会被逐渐占领，越来越多的企业利用可能的技术与分销方法，为大多数细分市场提供各种形式的产品和服务。目标市场选择的战略创新是指企业发现行业战略定位中的空缺，填补这一空缺并培育其发展。战略定位中的空缺可以是：被忽视的或未被充分满足的现有顾客细分市场；由顾客的新需要产生的新的顾客细分市场；能满足原有或新出现的顾客细分市场需求的新的营销组合。

2）战略创新的方法

任何一个企业都应该经常思考这样三个问题：谁是我们的顾客？我们将为这些顾客提供怎样的产品和服务？如何有效提供这些产品和服务？目标创新的思路就来自对这三个问题的思考。

企业应根据自身拥有的资产和具备的能力，明确企业的服务对象，比竞争对手更有效地为顾客提供更优质的产品和服务。从战略的角度重新思考“谁是我们的顾客”，目的是发现新的细分市场，或者创造性地重新划分现有市场，从而组合出新的细分市场。通常认为，只有顾客出现新的需求后，新的细分市场才会出现。企业获得新的细分市场的途径主要有：

①当顾客的需求并没有发生变化，而顾客重视的产品属性已经发生变化时，通过深入了解顾客重视的产品属性，就可能会发现一个新的细分市场。

②发现竞争对手忽视和放弃的某个小型细分市场，企业可以开发能够更有效满足顾客目前需求的产品，以占领这一市场。在这一市场上，几乎不会有竞争对手与企业争夺顾客，但随着这一小型细分市场逐渐发展成为大众市场，实施战略创新的企业将成为新的市场领导者，令所有竞争对手瞩目。沃尔玛公司、佳能公司、苹果公司等都经历过这个发展过程。

③通过创造性地划分现有市场，重新组合细分市场，企业可以创造某种消费需求，逐渐扩大新的细分市场的规模。

总之，企业可以采取许多方法来发现新的目标市场，但前提是企业必须积极思考“谁是我们的顾客”这一问题。

职业道德与企业伦理3-1

迪士尼经营六绝招

背景与情境：

免费为游客送货

一位游客说，在中国香港迪士尼乐园内任何一家纪念品商店买完东西，只需要填写一张送货单，你购买的商品便会在3个小时后送至门口的提货处，而在此期间你大可两手空空继续赏玩其他的游艺设备——当然也可能顺带又买了不少新的纪念品。给顾客方便就是给店家自己方便，这个道理迪士尼实在运用得很到位。

为游客设置fastpass服务

中国香港迪士尼乐园为游客设置了fastpass服务。这是一个类似期权的东西，游客可以凭门票，每隔若干个小时获得一张某个项目的fastpass。利用这张fastpass，游客无须排队即可快速入场，时间也可以省下不少，唯一的缺点就是入场时间由fastpass规定，不可早也不可晚。要充分利用fastpass，就要充分计算好时间，做一个周密的计划，按时往来于需要排队和可以快速入场的游艺项目之间。

尽管fastpass服务可以分流游客，但它是有限制的。因为游客必须用掉第一张fastpass后，才可以拿取第二张，当然你也可以送人。换言之，一个游客无法收集全部游戏的期权。

员工“精通”各类照相机

中国香港迪士尼乐园的一位员工说，乐园里的员工必须会使用世界上最先进的照相机，为此，公司在迪士尼大学设有学照相的课程。因为游客会叫员工帮忙照相，如果员工不会照相，就不能照顾好顾客。在课堂上，十几台世界上最先进的数码相机摆在一起，各种不同的品牌，每台都要学。

“偷偷”解决儿童丢失问题

儿童是迪士尼乐园里最主要的客人之一，在数万人中丢失儿童是一件非常可能的事情，但迪士尼乐园从不用广播寻找丢失的儿童。中国香港迪士尼乐园的一位员工说：试想这样的广播会给其他家长心理上带来多大的压力，以后谁还敢带孩子来玩呢？

根据公司规定，乐园里的任何员工遇见走丢的儿童，都会将其领到特定的屋子，里面有童话王国般的环境，孩子们能够自由玩耍。同时，员工利用一切方法辨认孩子的身份，从而在最短的时间里找到孩子的父母。这位员工说，在通常情况下，妈妈们焦急地赶来时，都会看见自己的孩子正在悠闲地吃着东西，快乐地玩游戏。

跟小孩说话要蹲下

中国香港迪士尼乐园的员工都是蹲下来和小孩说话的，这也是全球迪士尼的一个统一规定。因为蹲下后员工的眼睛跟小孩的眼睛可以保持同一个高度，不要让小孩抬着头跟员工讲话。

园区地图烂熟于胸

中国香港迪士尼乐园任何职位的员工，心中都必须有一张园区地图。有人要喝可乐，有人要买纪念品……顾客会问各种各样的问题，所以每一名员工都要把整个迪士尼乐园的地图熟记在脑子里，对迪士尼的每一个位置都要知晓。

问题：分析该案例给我们的启示。

分析提示：从上述几件小事可以看出，为什么纵有烦恼万千，中国香港迪士尼乐园里仍有挥之不去的快乐。作为目前全球最强势的品牌之一，迪士尼处处体现出对顾客的尊重，表现了迪士尼“善待顾客”的良好职业道德风范。

本章概要

内容提要

- 市场营销战略，是市场营销战略思想、战略目标及战略计划的集合。战略思想表现为若干战略观念，体现战略方针，统帅战略总体，是战略的灵魂。战略目标是在战略思想的指导下，企业市场营销活动在一定时期内要达到的总体水平，战略目标一般由多个目标组成。战略计划是贯彻战略思想、实施战略目标的具体安排。市场营销战略是企业经营战略的具体化，是企业经营战略在市场营销方面的展开，在整个企业经营战略中处于中心地位。

- 市场营销战略的类型通常包括目标市场战略、竞争战略、多角化战略和企业形象战略。

- 市场营销战略是企业对未来较长时期内市场营销活动的谋划，关系到企业的存亡。市场营销战略的策划与制定一般可分为三个阶段，即战略环境及内部条件分析阶段、市场营销战略的制定阶段、市场营销战略的实施和评估阶段。

● 目标市场战略策划主要关注四个问题：一是市场细分中的机会把握；二是目标市场选择中的战略模式；三是市场定位的依据和方法；四是目标市场选择的战略创新。

主要概念和观念

▲ 主要概念

市场营销战略

▲ 主要观念

市场营销战略策划理论　目标市场战略策划理论

重点实务

竞争战略的选择　多角化战略的选择　目标市场战略策划的步骤

基本训练

知识训练

▲ 简答题

1）市场营销战略通常包括哪些类型？

2）目标市场战略的策划主要包括哪些步骤？

▲ 填空题

1）市场界定战略的类型包括（　　）。

2）由于企业面临的市场环境不同，竞争对手的实力和营销策略不同，企业自身所处的市场地位不同，因此企业采取的竞争战略也不同。竞争战略的类型通常包括（　　）。

▲ 单项选择题

1）对需求市场深度细分的关键在于，根据（　　）的趋势确定进一步细分的标准。

A. 需求变化　　B. 竞争变化　　C. 生产变化

2）市场定位的依据是（　　）。

A. 企业的市场定位思想　　B. 企业实力

C. 商品质量

3）（　　）是指企业以其所有不同种类的产品，为市场上某一顾客群服务。

A. 产品与市场集中化战略模式　　B. 产品专业化战略模式

C. 市场专业化战略模式　　D. 选择性专业化战略模式

▲ 多项选择题

1）市场营销战略的特点有（　　）。

A. 全局性　　B. 长远性　　C. 导向性

D. 竞争性　　E. 原则性　　F. 稳定性

2）市场营销战略的制定一般分为以下几个阶段：（　　）。

A. 市场调查与分析

B. 确定市场营销战略目标

C. 选择市场营销战略方案

D．编制市场营销战略计划

E．评估市场营销战略

▲ 讨论题

1）互联网时代企业制定营销战略应该注意哪些问题？

2）营销定位与营销战略有什么关系？

✲ 能力训练

▲ 案例分析

小品类“挖出”大市场——“旭威”婴童袜的成功之路

背景与情境：广东汕头生产“旭威”袜的马立旭一家曾经愁眉不展，面临着两难的选择：尼龙袜、化纤袜的压价竞争十分激烈。如果继续生产，将不断亏损直至倒闭；如果关门歇业，之前的努力将毁于一旦。大家经过一番分析后发现：成人袜市场虽大，但竞争激烈，亏本厂家不在少数；童袜市场虽小，但竞争没有成人袜那样激烈，或许还能赚些钱。一个大胆的想法产生了：砍掉成人袜，只做童袜！

细分，细分，再细分

大方向有了，那么怎么做童袜呢？当时的童袜市场上还充斥着廉价的尼龙袜、化纤袜，马立旭敏锐地认识到，随着人们生活水平的提高和健康意识的增强，纯棉袜必将大行其道，并且纯棉袜的生产需要一定的技术和较高的成本，在当时“廉价为先”的市场意识下，不容易被跟风和仿冒。于是，“旭威”袜又在童袜的基础上进一步细分成“纯棉童袜”，确立了专攻0～15岁童袜市场的发展路线，并主打0～5岁婴童袜产品。产品定位问题解决以后，广告语自然就有了：“要穿就穿纯棉的！”语言直白，通俗易懂，在进入市场之初，销量就好得出奇。不费口舌，消费者就能了解穿“旭威”袜对小孩有什么好处。

把一双袜子卖成三双

一般来说，像袜子这类大众消费品，盈利主要靠薄利多销。“旭威”却独辟蹊径，通过提高产品质量和推陈出新，不断增强产品的溢价能力：公司实行严格的质量管理体系，每双袜子经过三道质检程序，并在质检部门率先实行“零返回率”奖励制度；每季新开发婴童袜品种达100款以上，采用“无骨缝合”“防滑袜底”“松口设计”等新技术，满足了婴幼儿的特殊需求，赢得了家长们的喜爱，让同行业的追赶者望尘莫及。用马立旭的话来说，他做一双婴童袜的利润相当于其他微利企业做三双袜子的利润。

甘做“配角”

“旭威”袜把自己的市场细分得如此之小，又如何去建立自己的销售渠道呢？如果自己去开设门店或者去发展加盟店，由于产品种类不多、区域目标客户较少，因此单店很难盈利。当不了“主角”，可以当好“配角”，“旭威”做起了“配盘”的角色：为袜类批发市场“配盘”，在全国发展了100多个区域经销商；为专卖店、连锁店“配盘”，产品进入母婴用品专卖店，进入近300家沃尔玛超市；为网上商城“配盘”……如今，“旭威”婴童袜已遍布全国的袜类专业批发市场和母婴用品批发市场、网上商城以及商场专柜、母婴用品店，销售额在婴童袜中名列前茅，成为中国知名的婴童袜品牌。

小品类里有“大市场”

中国的很多中小企业都有贪大求全的毛病，以为把“市场做大”就是尽量把摊子铺大，因此尽量去延长产品线，尽量把品牌向其他品类延伸。其实，大市场和小市场是相对的：某类商品对于区域市场来说，市场可能很小；对于全国市场来说，市场却可能很大。如果你的产品不能在你所在的行业中占据一定的份额，那么再大的市场对于你来说，也是小市场；如果你的产品能在小市场里占据较大的份额，那么小市场也能成为你的大市场。“旭威”婴童袜就提供了很好的例证。你是愿意成为大池塘里的小鱼（冒着随时被大鱼吃掉的风险），还是愿意成为小池塘里的大鱼（我的地盘我做主）呢？

资料来源：老杨.小品类“挖出”大市场——“旭威”婴童袜的成功之路[EB/OL].[2012-12-07]. http://www.emkt.com.cn/article/577/57731.html.

问题：这则案例给我们什么启示？

分析要求：同第1章本题型的“分析要求”。

▲ 自主学习

自主学习-II

【训练步骤】

1）将班级同学组成若干“自主学习”训练团队，每队确定1个负责人。

2）各团队根据训练项目的需要进行角色分工。

3）通过院资料室、校图书馆和互联网，查阅“文献综述格式、范文及书写规范要求”和近三年关于“市场营销战略的策划与制定”的学术文献资料。

4）综合和整理“市场营销战略的策划与制定”最新学术文献资料，依照“文献综述格式、范文及书写规范要求”，撰写《“市场营销战略的策划与制定”最新文献综述》。

5）在班级交流各团队的《“市场营销战略的策划与制定”最新文献综述》。

6）在校园网的本课程平台上展出经过修订并附有教师点评的各组《“市场营销战略的策划与制定”最新文献综述》，供学生相互借鉴。

☆ 善恶研判

诚信销售：减去塑料袋的重量——诚信比技巧更重要

背景与情境：销售人员要具备三个方面的素质：职业道德、心理准备和技巧。也就是说，一名优秀的销售人员首先要了解自己所经营的业务，要有诚信意识，要对客户负责，不能死缠烂打，不能泄露客户隐私，不能强加于人；其次，对于拒绝也要有足够的心理准备，要具有坚持不懈的精神；最后，要注意一些沟通技巧。其中最重要的一个方面就是要有职业道德，要有诚信意识。

我所居住的社区，有一个小商店生意特别红火，小区的人都爱到那里购买东西。为什么呢？有一次我去那里购物，有机会体会了一下那里的服务。晚饭的时候，家里准备做点虾皮紫菜汤喝，我就奉太太之命去买半斤虾皮。小商店的服务员先把装虾皮的塑料袋在电子秤上称了一下，然后才开始装虾皮。我感到很奇怪，就问这位服务员：“为什么要这样做呀?”这位服务员笑着说:“我把塑料袋的重量给你减去呀!”我说:“这个塑料袋能有什么重量呀?”这位服务员说:“你不要小看这个塑料袋的重量,在电子秤上称它也有好几克,可以多买一小把虾皮呢!”服务员的举动让我的心里感到暖暖的,我回去后就对我太太说:“以后买日杂咱就去那家小商店吧!”

这就是诚信的力量。“一流的销售人员卖理念,三流的销售人员卖产品。”这里的理念,就是一种讲究诚实守信,既要盈利又要使顾客满意的理念。只顾卖产品,只看到眼前的一点儿好处,而不顾及顾客利益,甚至放弃长远合作关系的销售人员,在失去顾客的同时,实际上也失去了自己的业绩。

资料来源:尚丰. 诚信销售:减去塑料袋的重量——诚信比技巧更重要 [EB/OL]. [2012-07-05]. http://www.cnbm.net.cn/article/ar484457739.html.

问题:

1)销售人员销售产品时缺斤少两违背了哪些职业道德规范?

2)在销售过程中,诚信为什么比技巧更重要?请举一些这方面的例子。

研判要求:同第1章本题型的“研判要求”。

第4章
产品策划

学习目标

通过本章的学习，你应该达到以下目标：

职业知识：学习和把握产品策划、新产品策划、产品组合策划、商标与包装策划等理论与实务知识；能用其指导或规范本章“基本训练”中“知识训练”相关题型的认知活动或技能活动，正确解答相关问题。

职业能力：能够运用本章知识研究相关案例，培养在特定业务情境中分析问题与决策设计的能力；通过“新型节能轿车产品策划”的实训操练，训练学生的专业操作技能。

职业道德：能够结合“产品策划”的教学内容，依照职业道德与企业伦理的规范或标准，分析“深陷质量危机，上汽通用遭消费者遗弃?”和“三星NOTE4手机爆炸，5岁女童双手及脸部烧伤或毁容”等案例中企业与从业人员产品策划工作相关行为的善恶，强化职业道德素养。

引例 方太云魔方正式上市，开启吸油烟机的智能化时代

背景与情境：搭载“蝶翼环吸”与“智能吸排”技术的高端智能吸油烟机——方太智能云魔方于2015年正式上市。新产品分为5个型号（EM10T、EM11T、EM12T、EM03T、EM05），充分满足了不同层级的家庭消费与使用需求。

方太智能云魔方不仅依靠“蝶翼环吸”技术实现了四面八方不跑烟的好效果，而且凭借以自动巡航增压、风随声动、厨房空气管家为核心的“智能吸排系统”，终结了传统吸油烟机被动适应中式烹饪需求的工作模式，全面开启了吸油烟机的智能化时代。

同时，2015款智能云魔方还延续了上一代方太云魔方T-style的设计风格。其优雅稳重的欧式外观、领先的高效静吸科技、高品质的锻造工艺，以及贴心的人性化设计，为追求高品质生活的现代家庭打造健康、环保、有品位的厨房空间提供了最佳的选择。

方太智能云魔方搭载的智能吸排系统，代表了方太面向未来厨电智能化的创新方向，包含了智能吸排、智能控烟、智能空气管理在内的全方位厨房空气管理解决方案。方太“让家的感觉更好”的品牌理念使智能云魔方不仅拥有充满科技感的外观，而且具有充满人性关怀的、温暖的内核：独创的蝶翼设计如同一只优美的蝴蝶，真正做到了让油烟无处可逃；自动巡航增压、风随声动、厨房空气管家等功能，则使吸油烟机真正成为厨房空气管理的中心。

资料来源：佚名. 方太云魔方正式上市，开启吸油烟机的智能化时代［EB/OL］.［2015-07-24］. http：//news.to8to.com/article/105570.html.

这一案例表明：产品是企业满足市场需求的手段和途径。在市场营销组合策略中，产品策略处于核心地位。面对激烈的市场竞争，企业要克敌制胜、立于不败之地，产品策划是关键所在。一个成功的产品策划可以为企业创造无限的商机，一个失败的产品策划会使企业陷于困境，所以，企业必须进行科学的产品策划。本章将系统阐述产品策划的基本原理。

4.1 产品策划概述

4.1.1 产品策划的概念、内容和意义

1）产品策划的概念和内容

菲利普·科特勒在《营销管理》一书中指出，产品整体概念包含三个层次，即核心产品、形式产品和附加产品。核心产品是指产品能够给消费者带来的实际利益，或者说是指产品的功能和效用，是消费者购买产品的目的所在。形式产品是指消费者通过自己的眼、耳、鼻、舌等感觉器官可以接触到、感觉到的有形部分，包括产品的品质、式样、特征、商标、包装等。附加产品是指购买者在购买产品时所获得的全部附加服务和利益，包括办理贷款、送货、维修、安装、技术指导等。

产品策划是指为了使企业的产品或产品组合适应消费者的需要和动态的市场开发活动而进行的谋划。

产品策划的内容既包括新产品的开发，也包括产品从诞生到报废的全过程的策划，

还包括从核心产品、形式产品到附加产品的策划。美国市场营销协会认为，产品策划包括以下内容：①新产品的创造与发明；②构想的审查；③研究活动和产品开发的调整；④产品的命名，包装和商标的确定；⑤产品上市；⑥产品的市场开发；⑦产品的改良及调整；⑧发掘产品的新用途；⑨产品服务；⑩产品的报废。

就某一个产品而言，其策划内容见表4-1。

表4-1　**产品策划内容列表**

年　月　日

策划内容	策划部门	负责人
环境		
目标顾客		
产品命名与概念		
产品规格		
产品市场定位		
产品特征		
产品商标		
产品包装		
市场发展分析		
产品价格及相应的策略		
产品销售渠道		
企业技术支持		
促销策略		
诉求重点		
可能产生的问题及应对措施		
其他		

在现代市场上，不同企业的产品有趋于“一致化”的倾向，在核心产品没有明显差别的情况下，对形式产品进行有效策划就显得十分重要。很多时候，企业间竞争的胜负还取决于对附加产品的策划成功与否。

2）产品策划的意义

企业要实现自身的发展目标，主要有两条途径：一是通过资本运作，兼并其他企业，从而扩大本企业的规模；二是通过市场开拓，扩大销售规模和利润。后者是通过产品策划来实现的，因此产品策划在企业市场营销中处于十分重要的地位，具有十分重要的意义。

①有利于企业的产品适销对路和利润的实现。

②有利于减轻市场竞争的压力，增强竞争实力。

③有利于提高企业的营销水平，树立和优化企业的市场形象，强化产品整体组合效果，提高市场满意度。

教学互动4-1

互动问题：假设你要为某饮料生产企业进行产品策划，请说出你将从哪些方面进行策划。

要求：同“教学互动1-1”的“要求”。

4.1.2 产品策划的过程

产品策划的过程见表4-2。

表4-2 **产品策划的过程**

步骤	产品策划的技术活动过程	产品策划的市场活动过程
第一步	解决技术问题	调查消费者的需求
第二步	构思新产品	
第三步	根据设计蓝图进行生产试验	调查消费者、产品功能的详细分类
第四步	进行销售和收益预测，并对产品设计进行调整	
第五步	产品试验	制订市场计划
第六步	相对精确地估计销售和收益情况	
第七步	产品试制	产品试销
第八步	根据产品试制和试销情况进行改进	
第九步	正式生产	产品上市
第十步	根据产品所处的市场生命周期阶段对市场营销策略进行调整	

同步思考4-1

背景资料：“北有王麻子，南有张小泉。”在中国刀剪行业中，王麻子剪刀厂声名远播。历史悠久的王麻子剪刀厂早在清顺治八年（1651年）就在京城菜市口成立，是著名的中华老字号。数百年来，王麻子剪刀厂的刀剪产品以刃口锋利、经久耐用而享誉民间。新中国成立后，王麻子剪刀厂的产品仍然很火，生意最好时，曾创造过一个月卖7万把菜刀、40万把剪子的纪录。

从1995年开始，王麻子剪刀厂的好日子一去不返，工厂连年亏损，甚至落魄到借钱发工资的境地。审计资料显示，截至2002年5月31日，北京王麻子剪刀厂资产总额为1 283万元，负债总额为2 779万元，资产负债率高达216.6%。积重难返的王麻子剪刀厂，只好向法院申请破产。

长期以来，王麻子剪刀厂的主要产品一直延续传统的铁夹钢工艺，尽管它比不锈钢刀耐磨好用，但因为工艺复杂、容易生锈、外观档次低，所以其产品渐渐失去了竞争优势。王麻子剪刀厂没能及时引进新设备、新工艺，数十年来，产品的外形也没有任何变化。故步自封、安于现状，最终使王麻子剪刀被消费者所抛弃。

资料来源：铂策划，陈奇锐，单艳. 2002年十大营销失利案例［EB/OL］.［2003-04-18］. http：//www.emkt.com.cn/article/101/10161.html.

问题：王麻子剪刀厂为何破产？

理解要点：物竞天择，适者生存。企业只有不断变革、创新，才能永葆青春。

4.2　新产品策划

4.2.1　新产品策划概述

只要是产品整体概念中的任何一部分的变革或创新，并且能给消费者带来新的利益和满足的产品，都称为新产品。**新产品策划**是指为了使企业开发的新产品适应消费者的需要和动态的市场开发活动而进行的谋划。

新产品大致可分为市场型新产品和技术型新产品两大类。市场型新产品主要是指不改变产品实体的主体和本质，只适当改变产品的色泽、形状、设计装潢等方面，它不需要使用新的技术。市场型新产品给消费者一种"新"的感觉，如通过产品实体形状的变化或促销手段使人们对企业的产品形成新的印象。技术型新产品是建立在科学技术进步的基础上的，不论是产品的功能还是质量，与原有的类似功能的产品相比都有了较大的变化。

在实际生活中，纯粹的市场型新产品和技术型新产品并不多，大多数新产品是两者的混合型。因此，新产品可以进一步细分为：全新的技术型新产品；在原有产品的基础上采用新材料、新工艺制造出的满足新需求的换代产品；对市场上现有产品的性能、规格型号等进行改进，以提高质量或实现多样化，满足不同消费者需求的改进产品；在对产品实体进行微调的基础上改换产品的品牌和包装，带给消费者新的消费利益，使消费者得到新的满足的新牌子产品。

很多企业每年在新产品上的开发费用约占总销售额的3%~5%，但是要使新产品得到消费者的认同绝非易事，绝大多数新产品未能行销就被淘汰，从而浪费了企业大量的资源。新产品开发失败的原因是多方面的，但是主要原因有以下两个：一是企业推出新产品时往往带有很大的盲目性，没有进行新产品的营销策划；二是企业在进行新产品的营销策划时，没有充分考虑各种因素，如技术、资金、环境、消费需求等，对新产品开发的困难估计不足，并且没有制定相应的应对措施。

4.2.2　新产品策划的过程

新产品策划是一个牵涉企业全局的系统工程，严密的组织和管理以及系统科学的工作程序是避免新产品策划失败和减少失误的有效途径。不同的企业，由于其生产经营条件不同，因此新产品策划也各具特色。就一般企业而言，新产品策划的过程大致可以分为新产品开发策划和新产品推广策划两个方面。

1）新产品开发策划

新产品开发策划是指根据企业的目标和市场需求，制订新产品的开发和具体实施计划的过程。

（1）提出目标，搜集创意

在企业战略的基础上，根据市场发展趋势，提出新产品的开发设想，这是新产品策划的开始。创意的搜集可以从消费者对现有产品的意见中发现，可以从专家的新科技成果中寻找，可以从竞争对手企业的产品上得到启发，还可以设法鼓励企业内部的工作人员集思广益，如市场营销人员由于经常与顾客打交道，了解顾客对产品的看法，因此往往能提出好的创意。将搜集到的好的创意交有关部门进行完善。

（2）创意甄选

企业搜集到新产品开发的许多创意后，必然要对这些创意进行甄选，这是新产品策划中一项十分重要的工作。在创意甄选过程中，企业可以考虑以下几个方面的因素：

①新产品与企业发展目标的关系；

②新产品的目标市场与可能的销售量；

③新产品可能获得的利润；

④新产品有突出的特点，容易为消费者所了解；

⑤新产品的开发成本和企业现有资源的利用；

⑥新产品的原材料保证；

⑦新产品上市后市场竞争状况的估计；

⑧新产品的潜在需求量；

⑨新产品与企业现有产品的关系和对现有产品销售的影响；

⑩消费者对新产品的态度。

（3）财务分析

财务分析是指详细分析新产品开发在商业上的可行性，主要是对几个主要指标进行估算，如新产品的销售量、成本、利润、投资收益率等，以判断新产品是否符合企业的目标。

（4）市场分析

市场分析是指制订新产品市场营销组合策略的方案，方案内容包括新产品的结构、目标市场、定价、销售渠道策略、短期销售量的预计以及销售费用的预算等。

（5）产品实体开发和试销

产品实体开发主要是产品说明书的编写和产品技术经济指标的研究分析，即进行技术上的可能性、经济上的合理性与市场占有率的综合论证，然后对此进行全面评价。产品试销即让新产品与消费者见面，从而了解消费者对新产品的意见，及时改进。

2）新产品推广策划

新产品推广策划主要包括：新产品上市时机的选择、上市地点的选择、目标顾客的选择和营销策略的选择。

（1）上市时机的选择

上市时机的选择关系到新产品推广的成败，因此企业应尽可能选择最佳的上市时机。季节性产品最好应季上市，如冬令商品在冬季上市；企业也可利用相应的节假日推出与之相关的商品，如儿童用品在“六一”儿童节上市就比较好。同时，企业还必须考虑新产品上市对老产品销售的影响，如果对老产品销售的影响很大，则应在老产品的库存量下降到一定程度后再推出新产品。

如果竞争对手也设计了类似的新产品，那么企业新产品进入市场的时机有以下几种方案可供选择：

①抢先进入。企业可获得先入为主的优势，率先在消费者心中建立品牌偏好。一般来说，消费者对先进入市场的新产品印象比较深，这对企业以后的市场营销比较有利。

②同时进入。企业可与竞争对手分担广告促销费用，分担风险。由于消费者对新产品不熟悉，为了使消费者了解新产品，企业不可避免地要投入巨额广告宣传费用，同时进入则可以减少企业负担的广告宣传费用。

③延后进入。在竞争对手的产品上市后再进入市场，可节省企业的广告宣传费用，避免新产品上市可能出现的问题和失误，还可以准确了解市场需求量的大小。特别是当产品进入成长期时，市场需求已经明确，消费者对产品的基本情况已经大致了解，此时进入市场，风险会比较小。

（2）上市地点的选择

新产品最初上市地点的选择应十分慎重，因为这关系到新产品推广的成败。这方面需要策划的内容有：是选择一个地区市场上市还是选择全国市场上市，是选择城市市场上市还是选择农村市场上市。一般来说，小企业可以选择一个中心城市推出新产品，然后逐步推广；大企业则可以多选择一些城市或在全国同时进行推广。

（3）目标顾客的选择

企业推出新产品时，应针对最佳顾客群制订营销方案。新产品的目标顾客主要有：

①产品的早期使用者，也称为革新型购买者。这类人对新产品比较敏感，易于接受新生事物。不同的产品由于针对的目标市场不同，因此其表现也会有所不同，但是任何产品（特别是消费品）的早期使用者都是存在的，企业的任务是找到他们，并进行行之有效的促销活动。

②产品的大量使用者。他们可以保证产品有一定的销售量，如果新产品在推广之初不能保证一定的销售量，就会导致销售费用过高。

③对产品有好评并且在社会上有一定影响力的消费者。榜样的力量是无穷的，在新产品的推广过程中，企业可以利用人们对有一定影响力人士的崇拜心理，打开新产品的销路。

④用最少的促销费用可以争取到的消费者。不同的消费者接受商品的渠道不同，并不是促销费用越高，效果就越好。例如，医药保健品企业可以采用专家免费门诊的方式推广产品，利用人们对专家的信任达到促销的目的。

（4）营销策略的选择

营销策略选择主要是指营销组合要素的先后次序和投资比例的选择。面对不同的市场和不同的消费群体，企业应采用的营销策略不同。

职业道德与企业伦理4-1

深陷质量危机　上汽通用遭消费者遗弃？

背景与情境：国家质检总局发布召回公告称，上汽通用将召回部分配置有第三代

1.6L及1.8L自然吸气发动机的汽车，共计216.0779万辆。这也成为2016年国内规模最大的一次召回行动。

通用在中国市场的竞争正处于关键时期，抢销量的同时别忘了先要过质量关。

上汽通用此次大规模召回的车辆，主要集中在旗下的热销品牌——别克和雪佛兰。在被召回的216万余辆车中，2010—2015年款别克英朗被召回的数量为833 922辆；2009—2016年款雪佛兰科鲁兹被召回的数量为1 149 655辆；2010—2015年款雪佛兰景程被召回的数量为158 965辆；2012—2015年款雪佛兰爱唯欧被召回的数量为18 237辆。

本次召回范围内的部分车辆发动机曲轴箱通风阀膜片耐腐蚀性不足，长期使用后膜片可能被腐蚀，极端情况下会导致发动机损坏，存在安全隐患。上汽通用将为召回范围内的车辆免费更换曲轴箱通风阀，以消除安全隐患。

值得一提的是，此次通用汽车召回有质量隐患的汽车并非主动召回，而是在国家质检总局缺陷调查的影响下开展的。

国家质检总局表示，一段时间以来，其缺陷产品管理中心收到大量有关上汽通用部分汽车发动机损坏问题的投诉，国家质检总局立即对上述问题开展缺陷调查和评估。受调查影响，上汽通用决定采取召回措施来消除故障隐患。

事实上，不只是这次召回，上汽通用产品的质量隐患和用户高投诉问题，早已屡见报端。

资料来源：王慧. 深陷质量危机　上汽通用遭消费者遗弃？[EB/OL]. [2016-06-15]. http://auto.sohu.com/20160615/n454559522.shtml.

问题：此事件给你带来的启示是什么？

分析提示：产品质量是企业的生命，产品质量已经成为企业间市场竞争的焦点。美国质量管理协会主席哈林顿曾经这样生动地比喻："世界上正进行着一场第三次世界大战，这不是一场使用枪炮的流血战争，而是一场商业战，这场战争的主要武器就是质量。谁的质量好，谁就能赢得这场战争。"企业要谋求发展，必须首先谋求优异的产品质量。只有从产品质量抓起，视产品质量为企业的生命，才能赢得市场。

4.2.3 新产品策划中应考虑的因素

新产品策划是一项十分复杂的系统工程，涉及的因素很多，做起来的难度也比较大。就新产品策划的内容而言，主要应考虑内在因素和外在内素两个方面。

1）新产品策划中应考虑的内在因素

（1）新产品选择

①市场情报：通过对市场环境如消费需求、竞争者等进行分析，发现市场机会。

②新产品性能：新产品的种类很多，有全新产品、换代产品、改进产品和新牌子产品。不同类型新产品的性能不同，策划上的要求也不同。

③估计潜在市场：由于新产品还没有上市，因此企业无法掌握有关新产品需求的第一手资料，只能通过其他办法估计新产品可能的市场需求。

④消费者接受的可能性：将消费者心理、经济、社会文化等各种因素综合起来考虑，估计消费者接受新产品的可能性有多大。

⑤获利多少：企业推出新产品的最终目的是盈利，因此对盈利的估计十分重要，它

直接影响着企业的决策。

（2）新产品再研究

①同类产品的竞争情况：这里的同类产品主要是指与新产品完全相同的产品或满足同一需求的产品。

②预计新产品的成长曲线：可以参考相关产品的生命周期曲线。

③产品定位：本企业产品与其他企业的同类产品或其他产品相比所具有的特点，在消费者心中本企业产品的形象。

④包装与式样：与目标市场消费者的需要和产品特色相配套。

⑤产品促销：相应的促销方式。

⑥制造过程的情报：技术资料和原材料供应信息。

⑦产品成本：根据消费需求的特点，确定相应的制造成本和促销成本。

⑧法律因素：法律的制约。

⑨成功概率。

（3）市场计划因素（见表4-3）

表4-3　**市场计划因素列表**

产品计划	确定产品定位
	确立目标市场
	品质与成分
	销售区域
	销售数量
	新产品销售进度表
名称	产品的命名
	商标与专利
包装	与产品价值相符的外貌
	安装式样
	成本
推销人员	推销技巧
	推销素材
	奖励办法
销售促进	新产品发布会
	各种展示活动
	各类赠奖活动
广告	选择广告代理商
	广告主题及表现
	广告预算及进度表
	预测广告效果

续表

公共关系	与政府有关机构的公关
	与厂商（供应商与经销商）的公关
	与各种媒体的公关
	公司内部公关
价格	新产品定价
	公司与经销商的利润分配
	研究合理的价格政策
销售渠道	直销
	连锁店
	超级市场
	百货公司
	零售店
商品陈列	商店布置
	卖点陈列和广告
服务	售前服务
	售中服务（销售期间的服务）
	售后服务
	投诉的处理
	各种服务技能的训练
运送	运送工具与制度
	运送途中保持良好品质的条件
	运费的估算
	损耗率
	损耗产品的控制与处理
	退货的处理办法
信用管理	会计程序
	客户信用调查
	票据确认
	信用额度
	收款技巧
利润表	营业收入
	营业成本
	营业费用
	税前利润与税后纯利

2）新产品策划中应考虑的外在因素

（1）对消费者的研究

对消费者的研究包括以下内容：消费者的需要、动机、习惯与倾向；谁是消费者；购买时间；购买地点；购买数量与频率；消费者的社会地位与收入状况。

（2）与消费者的关系

与消费者的关系包括以下内容：产品的特点与消费者的利益；消费者潜在的购买力。

（3）与竞争者的比较

与竞争者的比较包括以下内容：公司规模与组织结构；公司形象与品牌形象；管理制度；营销人员的素质；产品特色与包装、商标等；产品成本；产品价格；配销能力；财务能力与生产能力。

（4）政府、社会环境与文化背景

政府、社会环境与文化背景包括以下内容：法律法规制度；经济现状及发展趋势；社会结构；人口状况；文化水平；人均收入与生活水平；社会风俗与时尚。

4.2.4　新产品策划书样本

新产品策划书样本见表4-4。

表4-4　**新产品策划书样本**

编号：　部门：　负责人：　年　月　日

主题	
策划目的	
策划内容	
营销目标	
商品形象	
商品定位与感性定位	
商品感性力与市场力	
市场定位与广告定位	
存在问题	
解决途径	
营销战略	

同步案例4-1

与众不同的筷子

背景与情境： 某家生产卫生筷的企业，在出口日本的卫生筷上用日文烫上了“星期一”“星期二”……以及“母亲节”等字样，结果销路大畅。

问题： 请分析一下筷子畅销的原因。

分析提示： 新产品的外形设计很有创意，因此受到了消费者的喜爱。

4.3　产品组合策划

产品组合策划是指对企业生产或经营的全部商品的有机构成方式的谋划。

随着科学技术的发展，企业在生产经营过程中，一方面，专业化程度日益提高，企业要想取得良好的经济效益，必须建立在细致的分工、批量生产和提高劳动生产率的基础上；另一方面，消费需求日益多样化，企业必须生产经营多品种的产品，以与之相适应。那么，企业如何在做好专业化的同时达到品种的多样化、生产经营什么品种及怎样搭配这些品种，便成为企业生产经营过程中面临的难题，因为这关系到消费者的满足程度和企业的经济效益，影响着企业的长远发展，而解决这个难题的前提是做好产品组合策划。

为了做好产品组合策划，企业不仅要对产品组合进行分析，包括现有产品组合处境分析、产品定位分析、产品项目关系及对企业的贡献分析，而且要了解产品组合策划的内容。

4.3.1　现有产品组合处境分析

现有产品组合处境分析，即对企业现有的每一项产品逐一进行分析。企业一般可采用波士顿咨询集团的市场增长率-相对市场占有率矩阵（即波士顿矩阵）并结合产品生命周期进行分析。

1）波士顿矩阵分析

波士顿矩阵可以用来分析企业产品组合中各产品品类的市场现状，从而为企业优化产品品类和产品项目服务。其主要分析指标有两个：相对市场占有率和市场增长率。相对市场占有率标志着该产品销售收入的多少，市场增长率则标志着该产品投资的多少。两者一个是收入指标，另一个是支出指标，以此来对企业产品组合中的各产品品类和项目进行筛选（如图4-1所示）。

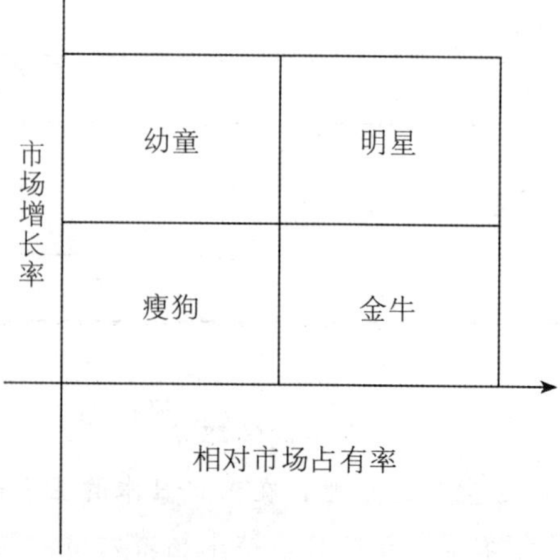

图4-1　波士顿矩阵分析

企业产品组合中各产品品类和项目根据其现状，可分别归入不同的象限。

（1）金牛

它有较高的相对市场占有率和较低的市场增长率，说明投入相对较少，取得的回报较多，它是企业生存和发展的基础。

（2）瘦狗

它的相对市场占有率和市场增长率都比较低。很多新产品开始都处于这种状态，但如果处于这种状态的是老产品，则可能是资金陷阱，企业应提高警惕。

（3）幼童

它的相对市场占有率较低，而市场增长率较高。这要具体问题具体分析，有的产品增加投资后销售收入会增长，从而成为明星产品；有的产品则应该果断放弃。

（4）明星

它的相对市场占有率和市场增长率都比较高。

2）产品生命周期分析

产品组合策划离不开对产品生命周期的分析。对企业产品组合中各产品品类和项目的生命周期进行分析，可以明确其在生命周期中所处的位置，分析其营销策略是否与其所处的位置相符合，从而找出存在的问题并提出改进方案，最终制订出最佳的产品组合方案。

产品生命周期不同阶段的市场特征和营销策略见表4-5。

表4-5 **产品生命周期不同阶段的市场特征和营销策略**

生命周期阶段 市场特征和营销策略	投入期	成长期	成熟期	衰退期
产品市场状态	产品刚刚投入市场，销量小，成本高，利润少（亏损）	市场规模扩大，销量增加，成本下降，利润较高	销量起伏不大，利润最高	销量急剧下降，成本上升，价格下降，微利或亏损
市场竞争状态	竞争对手很少	竞争对手迅速增加，竞争白热化	竞争对手格局已定，进入非价格竞争阶段	竞争对手减少，并开始转移
消费者行为	除少数好奇者以外，很少有人问津产品	首批消费者引导，消费者人数开始增加	消费者人数迅速增加，达到最多	消费者开始转移，只有少量守旧者
营销策略	加强宣传，吸引消费者，采用高价高促销或低价低促销策略，以老带新	提高产品质量，改进产品性能及款式，实行产品差别化策略，加强促销	采取非价格策略，创名牌产品，开发产品的新用途	延长产品成熟期，更新产品，或者进行市场转移

3）对现有产品组合处境分析的六个层面

①企业未来的主要产品（即新产品），可能是全新产品，也可能是对目前的主要产品做出改进后得到的产品。

②企业目前的主要产品。

③在竞争条件下，可能是企业主要盈利来源的产品。

④产销量大但销路日渐萎缩的产品。

⑤仍可继续经营的产品，即尚未完全失去销路的产品。

⑥完全失去销路或未打开销路的产品。

同步案例4-2

“双引擎”驱动，实现最佳组合

背景与情境：已有300多年历史的九芝堂，是国家治疗肝炎药品的定点研究和生产基地。公司利润主要来源于治肝系列药和补血系列药。目前，公司拥有8个年销售额超过千万元的产品，包括驴胶补血颗粒、浓缩六味地黄丸、足光粉等。公司的另一个产品——斯奇康注射液，是一种非特异性免疫调节剂，主要用于治疗和预防慢性支气管炎、感冒及哮喘，并在“非典”后成为公司利润的主要增长点。近年来，国内市场及有关政策不断变化，为了避免传统品种的销售波动影响到公司的稳定发展，九芝堂一方面坚持丰富并优化产品结构，减少对乙肝宁产品的营销投入，加大对斯奇康注射液、裸花紫珠片和补肾固齿丸等潜力产品的推广力度；另一方面，形成老产品销售和新产品销售“双引擎”驱动。

问题：分析企业的最佳产品组合。

分析提示：九芝堂立足传统产品，适时进行产品组合调整，不断加大对新产品的投入。企业只有不断进行新、老产品的更替，实现动态平衡，才能保持最佳产品组合。

4.3.2 产品定位分析

产品定位分析是指分析本企业产品定位的优劣，提出产品再定位的设想。产品定位分析是根据竞争者现有产品在市场上所处的位置，调查和分析消费者对这一产品某一属性或特征的重视程度，强有力地塑造出本企业产品与众不同的、给人鲜明印象的个性或形象，并把这种形象生动地传递给顾客，从而使该产品在市场上确定适当的位置。

企业要想在目标市场取得优势和更大的效益，就必须对企业现有产品的定位进行分析：首先，了解消费者，每个消费者都有其价值取向和认同标准；其次，分析竞争对手，知晓竞争对手的产品在市场上的地位。

通过产品定位分析，如果发现企业的产品没有特色或者这种特色不被消费者所接受，那么企业必须对产品进行重新定位。

4.3.3 产品项目关系及对企业的贡献分析

这主要分析企业产品的总体组合方式，每项产品对企业经营的影响，以明确经营产品项目中的主次关系，做到有主有次、主次扶持，充分发挥企业的优势和潜力。

改进企业产品组合的主要方法是调整。企业应从实际情况出发，根据自身的营销目标、营销范围、营销能力（人、财、物的优势与劣势）等因素来确定产品组合。扩展企业的产品组合，实行更多品类或品种的生产或经营，可以充分利用企业的人力、财力和物力，减少经营风险，但是提高了经营的复杂程度；缩减企业的产品组合，实行更少品类、更专业化的生产或经营，有利于企业采取先进的生产技术和营销方法，提高效率，降低成本和费用，提高产品质量和服务水平。

4.3.4　产品组合策划的内容

完成现有产品组合处境分析、产品定位分析、产品项目关系及对企业的贡献分析后，就可以着手进行产品组合策划了。产品组合由不同的产品品类（产品线）构成；产品品类由具体的产品项目构成。

1）产品品类策划

产品品类一般由一组相似或相近的产品项目（即密切相关的一组产品）构成，它体现了一个企业生产经营的特色，明确了企业的主营业务和附属业务。例如，某照相器材公司经营照相机、闪光灯、背景布等，其中，照相机就是一个产品品类。产品品类策划就是产品组合宽度的策划。产品品类策划应注意以下几个方面：

（1）企业经营特色

企业由于自身资源条件的限制，必须在市场细分的基础上，突出自身的经营特色，明确主营业务，以吸引消费者。

（2）所处的市场环境

不同企业所处的市场环境与目标市场并不完全一致，在进行产品品类策划时必须充分考虑这一因素。

（3）企业资源条件

不同企业的资源条件不同，在进行产品品类策划时应充分考虑内部资源对企业生产经营的影响。

对老企业而言，它们一般会在产品品类评价的基础上，对产品品类进行扩展或减缩。

2）产品项目策划

产品项目是指因性能、规格、商标、式样等不同而能够区别于企业其他产品的任何产品。在企业日常生产经营中，每个产品项目都有其特定的名称、编号或型号。

产品项目策划主要解决企业经营的专业化程度问题。一般来说，专业化程度越高的企业，同一产品品类中的产品项目越多。

由于目标市场的需要和企业经营资源条件的不同，不同企业的产品项目策划也各具特色。生产经营高档产品的企业，若原来产品市场受挫或为了开拓新的细分市场，往往会增加中低档产品的生产经营；生产经营低档产品的企业，若市场发生变化，则会增加中高档产品的生产经营。

3）产品品类的关联度策划

产品品类的关联度（也称密度）是指企业产品组合中的各产品品类在最终用途、生产经营条件、目标市场、销售方式以及其他方面相互联系的程度。产品品类的关联度策划是产品组合策划的重点。各产品的生产技术与原料越相近，产品品类的关联度就越高。

（1）最终用途

产品生产经营的最终目的是满足消费者的需要，因此企业在生产经营过程中必须考虑产品的最终用途，这一方面可以提高消费者的满意程度，另一方面可以提高企业的市场竞争能力。一般来说，企业在生产经营条件许可的前提下，可以增加相关产品的生产和经营。

（2）生产经营条件

企业的生产经营条件制约着企业产品品类的多少。选择适合企业生产经营条件的产品品类，可以节省企业的生产经营成本，提高企业的资源使用效率。

（3）目标市场

由于目标市场所处地区的经济发达程度不同，因此企业在进行产品品类的关联度策划时，应该考虑目标市场的不同特点。例如，在经济比较落后地区的商店，其经营产品的品类会比较多；在城市经营的商店，其产品的专业化程度会比较高。

（4）销售方式

就中间商而言，批发商经营产品的品类比较少，而零售商经营产品的品类比较多。就生产企业而言，由于不同产品品类之间的差异较大，如果产品品类较多，势必会增加销售渠道的建设费用，而对渠道资源的充分利用是提高企业经济效益的重要一环，因此增加产品品类的关联度，可以节省渠道费用。

良好的产品组合策划，有利于企业合理扩展其产品组合的广度，从而提高企业在更广市场领域的知名度，挖掘企业的经营潜力；有利于企业适当挖掘其产品组合的深度，从而直接满足更多消费者的需求，吸引更多的消费者；有利于增强企业产品组合的关联度，从而发挥企业在某一地区雄厚的营销实力，巩固企业的市场地位。

4.4 商标与包装策划

商标与包装是构成产品实体的重要组成部分。可以说，商标是产品的“脸面”，包装则是产品的“外衣”。在市场竞争日趋激烈的今天，产品商标与包装策划的重要性是显而易见的。

4.4.1 商标策划

商标是用来区别一个企业的产品和其他企业的产品的标记，一般以图形、文字、符号等形式注明在产品、产品包装及各种形式的宣传品上。一般来说，商标可以分为以下几种类型：根据商标构成的不同，商标可分为图形商标、文字商标、符号商标和组合商标；根据商标用途的不同，商标可分为营业商标、产品商标和等级商标；根据商标使用者的不同，商标可分为制造商标、销售商标。此外，还有家族商标、备用商标等其他类型的商标。

1）商标策划的目的

（1）便于消费者“认牌购货”

在以手工业生产方式为主的时代，市场上产品的种类有限，市场范围狭小，人们在购买产品时只需要看看产品或附在产品上的简单标记就可以知道或找到其制造者。在现代社会，情况则大不相同。由于产品日益丰富，消费者选购产品越来越困难，只能“认牌购货”，因此商标起着指导消费者购买行为的作用。

（2）保护企业的无形资产

商标是企业的一种无形资产，产品商标一经注册，企业便享有得到法律保护的权利。商标注册人对其注册商标享有独占的权利，其他任何人不得在相同或类似的产品上擅自使用与注册商标相同或近似的商标。商标标示了产品的来源，使人们把产品与企业联系起来，对企业的生产经营具有重大的影响。

（3）标示商品质量

企业为了在竞争中取得有利位置，总是在不断提高产品的质量，而商标可以标示产品的质量。消费者通常认为，具有同一商标的产品，其质量应当是相同的。

（4）便于企业的促销活动

企业的各项促销措施，无论是广告、人员促销，还是营业推广，离开了商标便无从谈起。对于开发新产品的企业而言，商标是新产品上市的媒介。

2）商标策划的基本要求

商标策划是指有关商标设计和具体商标策略使用的谋划。

商标策划对企业市场营销的影响重大，因此，企业必须首先明确商标策划的基本要求。

（1）标记性

商标的基本功能在于标示产品的来源，以区别于其他产品，因此标记性是商标策划的首要要求。标记性的要求包括以下几点：第一，要设计新颖、不落俗套，使消费者一看，便能留下深刻印象。第二，要突出重点、主次分明，图案、文字、符号要生动。第三，要简洁明快、易认、易记，避免过分繁杂。

（2）适应性

适应性的要求包括以下几点：第一，便于在多种场合、多种传播媒介中使用，即无论在报纸、图书、电视，还是橱窗、路牌、灯箱、产品的包装等宣传工具上使用，都不困难；无论放大还是缩小、用什么材料制作、活动的还是静止的、在什么场合出现，都给人以始终如一的概念。第二，避免禁忌，要注意商标的文字、图形、颜色等在营销所在国家和地区不能有不良含义或歧义。第三，符合法律法规的要求，便于申请注册。

（3）艺术性

商标作为艺术品的一种，应给人以美感，并能够吸引人们的注意。艺术性的要求包括以下几点：第一，针对消费者的心理启发联想，即商标要寓意深刻，能够唤起人们对产品的联想和购买欲望。第二，思想内容要健康。第三，要设计专有名称。

3）商标策划的主要内容

商标策划要求企业必须依据自身产品的特点，在充分考虑内外部影响因素的基础上进行科学的谋划。

（1）商标使用选择的策划

①小企业一般采用其他企业的商标。小企业由于规模小且实力有限，自己拥有商标往往得不偿失，因此往往以外加工为主，采用制造商的商标或中间商的商标。

②固定规格标准的产品一般不使用商标。一些有固定规格标准的矿石、煤等原材料以及地产地销产品，或一次性销售的产品，考虑到成本问题，可以不使用商标。

③由于市场竞争日趋激烈，一些企业经营的产品（如水果、蔬菜、肉类、小工具等）原来不使用商标，但是为了保持自身的竞争地位，也逐渐开始使用商标。

是否使用商标的关键在于消费者对这件产品的态度。当然，一般情况下有商标的产品更容易得到消费者的信任。

业务链接4-1

20世纪70年代到80年代，企业滥用商标现象严重，但是很多日常生活用品并没有因为使用了商标而日益红火。消费者每天面对大量的商标，感到无所适从；企业投入了巨额广告费用，却得不到相应的回报。在这个时候，部分企业反其道而行之，推出了“无印良品”，起到了意想不到的促销效果，最终大获成功。

（2）家族商标的策划

所谓家族商标，是指以一定的商标为基础，将它与各种文字结合起来，使用在同一企业各类产品上的商标，也叫派生商标、亲族商标。家族商标一般适合价格和目标市场相近的产品使用。

例如，海尔集团就是在海尔商标的基础上推出了其洗衣机系列的商标，如“海尔-玛格丽特”“海尔-丽达”等。

进行这一类商标策划的企业，往往有以下几种情况：

①为了显示企业实力，加深消费者对本企业产品的印象。

②充分借助有较好声誉的商标的“提携”，帮助新产品打开市场，充当新产品上市的“媒介”。

③节省促销经费，突出宣传一种商品，以此带动企业其他产品的销售。

小资料4-1

家族商标策划实例

很多企业在其发展过程中，都面临着同一个问题：不是没有商标，而是企业在用的商标太多，本来有限的广告投入被稀释分散了，结果没有一个称得上有名的商标，市场营销活动变得非常被动。这个时候商标策划的关键，就是提高企业商标的知名度。企业可以在对各个商标进行评估的基础上，选择其中知名度相对较高的商标进行重点宣传，从而使企业的资源形成一定的合力。例如，一个生产糕点的企业有可口奶油饼、香美薯条、香甜月饼、清凉果冻等产品，如果评估后发现可口奶油饼最有名，那么企业其他产品的命名可以改为可口-香美著条、可口-香甜月饼、可口-清凉果冻，形成家族商标。

需要注意的是，作为家族商标基础的商标，一定要有较高的声誉，最好是人尽皆知的名牌；此外，家族产品的质量也要有保证，否则企业将面临产品全部覆灭的危险。

（3）产品商标和等级商标的策划

与家族商标的策划相反，产品商标和等级商标策划强调不同的产品或同一种产品的不同等级应有各自的商标。

由于企业的产品在种类、价格、档次及质量上有较明显的不同，因此为了更好地适应市场，企业必须针对具体问题进行商标策划，这样才能使市场营销策略更具有针对性。

使用产品商标和等级商标最大的好处是不同产品之间相对独立，一种产品开发不利，不会连累其他商标产品；缺点在于不同产品之间相互关联性差，策划费用比较高。

4.4.2 包装策划

包装主要有两层含义：一是产品的容器和外部包扎，即包装器材；二是包装方法。包装是保护产品数量和质量的一道必需的工序，也是强有力的营销手段。设计良好的包装能给消费者带来方便，也有利于生产者进行促销。

包装策划是指有关包装对销售促进的谋划。包装是产品“无声的促销员”，它不仅能保护产品，便于产品的使用，而且具有识别功能、传递信息功能、诱发购买功能和使产品增值功能。

1）包装策划应注意的问题

（1）防止平庸，强化区别

根据产品特点和企业形象，利用不同的造型、材料、容器、色彩和图案，使本企业的产品明显区别于其他企业的产品。

（2）信息明确、简洁

包装上印有产品品牌、成分、用途、使用方法、生产厂家、服务措施等内容。针对消费者的心理特点，包装说明应尽可能准确、简洁、全面，使企业与消费者之间的信息沟通通畅。

（3）吸引消费者购买

产品的包装要努力做到造型美观、制作精良、颜色协调鲜明。特别是对于在超市中销售的产品来说，消费者购买的欲望在很大程度上受产品包装的影响。包装在吸引消费者购买方面的作用是其他促销手段所不能代替的。

（4）通过包装增加产品价值

很多产品销路不畅，往往不是因为产品质量不佳，而是因为包装不能吸引消费者的注意，不能起到促销的作用。企业通过包装策划，使产品包装与产品质量、档次相协调，可以提高产品的销售价格，增加企业的利润。

2）包装策划的内容

（1）品类单调、产品线不宽的企业的产品包装策划

这类企业由于产品种类比较少，不同产品在质量等方面的差别不太悬殊，如果包装式样太多的话，所起的效果将适得其反，因此其产品的包装应以简单、统一为主。这样既可以节省包装费用，又可以增强消费者对企业产品的印象——一看包装就知道是哪个企业的产品。

（2）产品项目丰富的企业的产品包装策划

对于产品项目丰富的企业，即产品档次规格比较多的企业来说，其产品包装策划应侧重于方便消费者区分本企业不同档次规格的产品。企业应根据产品价值的不同采用不同等级的包装，使不同档次规格的产品特征明显，把产品内在价值的差别体现在包装上，从而便于消费者区分。

（3）能够激发连带购买的产品包装策划

消费者在选购产品时一般具有比较明显的共同特征，即连带性的购买行为。根据消费者的购买习惯，企业可以把几种有关联的不同产品集中在一个包装袋内，如学习用品、洗涤用品等。这种组合包装方式既可以方便消费者购买，又可以促进产品销售，特

别是在推出新产品时，企业可以用老产品来带动新产品的销售，效果非常理想。

本章概要

内容提要

• 产品策划是营销策划的重要组成部分，包括新产品策划、产品组合策划、商标与包装策划。

• 只要是产品整体概念中的任何一部分的变革或创新，并且能给消费者带来新的利益和满足的产品，都称为新产品。新产品策划是指为了使企业开发的新产品适应消费者的需要和动态的市场开发活动而进行的谋划。

• 产品组合反映了一个企业经营管理水平的高低，如何确定一个合理的、科学的产品组合，对企业节省费用、增加利润、提高企业竞争能力具有十分重要的意义。为了做好产品组合策划，企业不仅要对产品组合进行分析，包括现有产品组合处境分析、产品定位分析、产品项目关系及对企业的贡献分析，而且要了解产品组合策划的内容。

• 商标在市场营销中的作用日益明显，企业必须对商标进行行之有效的策划，以充分发挥商标对企业市场营销的促进作用。包装不仅仅是为了方便运输与保护产品，更重要的是促进产品的销售，对于绝大多数消费者来说，包装是其做出购买行为的重要影响因素。

主要概念和观念

▲ 主要概念

产品策划　新产品策划　产品组合策划

▲ 主要观念

整体产品策划理论

重点实务

产品策划的过程　新产品策划书

基本训练

知识训练

▲ 简答题

1）简述新产品策划的过程。

2）简述商标策划的主要内容与基本要求。

▲ 填空题

1）（　　）是新产品策划中应该考虑的内在因素。

2）产品组合策划包括（　　）等内容。

▲ 单项选择题

1）某一产品在该企业同类产品中，市场增长率和相对市场占有率都比较高，那么该产品在波士顿矩阵中应属于（　　）产品。

A. 金牛　　B. 瘦狗　　C. 幼童　　D. 明星

2）产品品类由具体的产品项目构成，决定着产品组合的（　　）。

A.深度　　B.广度　　C.宽度　　D.复合度

▲ 多项选择题

1）包装的含义主要有（　　）。

A.包装器材　　B.包装方法　　C.商标　　D.品牌

2）商标按使用者的不同可分为（　　）。

A.制造商标　　B.销售商标　　C.产品商标　　D.营业商标

▲ 讨论题

1）为什么说商标是产品“无声的促销员”？

2）产品的识别标志是商标吗？

能力训练

▲ 案例分析

牙刷与牙膏

背景与情境：牙刷与牙膏是人们生活中必不可少的日用品。随着生活水平的提高与卫生习惯的改善，牙刷与牙膏的使用量稳步上升，这是一个十分稳定的市场。在美国，一支牙刷的平均价格是2美元，市场年销售额达3.5亿美元，年增长率为6%～8%。很多企业为了争夺市场，奇招百出，小小的、十分平凡的牙刷与牙膏在市场营销上却丰富多彩。

在产品设计上，美国宝洁公司曾经推出了“顶冠牙刷”，使刷毛的一部分凸出来，据说可以比一般牙刷提高40%的除垢能力；美国强生公司则把牙刷设计成头部由粗渐细，牙刷柄的角度略弯，据说可以保证不滑手；甚至有一家公司推出的牙刷是可以在黑暗中发光的，黄色与红色的荧光任选，以便在特殊条件下使用。

在引导使用上，根据对消费者的调查，一支牙刷的使用时间一般长达9个月。一方面，牙刷使用时间过长会滋生细菌，洁牙不成反而污染了口腔；另一方面，牙刷使用时间过长也会影响到牙刷销售量的进一步提高。吉列公司推出了一款变色牙刷，其牙刷上一撮蓝色的毛使用4个月后会慢慢变白，以此提醒消费者及时更换。如此一来，牙刷的销售量就会大大增加。

很多企业既生产牙膏又生产牙刷，在销售时推出牙刷与牙膏产品组合装，而且只收牙膏的钱。消费者得到了实惠，因此购买者很多，但是生产厂商并没有受什么损失，因为组合装中的牙刷与其他牙刷有一点很细微的不同，就是刷毛面积较大。消费者每次使用牙膏时，往往没有精确的计量，牙膏使用量的多少完全凭感觉而定，参照标准是刷毛面积的大小。刷毛面积越大，牙膏用得越多；刷毛面积越小，牙膏用得越少。牙刷刷毛面积大，消费者会不自觉地增加牙膏的使用量；牙膏使用量增加了，销售量也会随之增加。

问题：案例给你什么启示？

分析要求：同第1章本题型的“分析要求”。

▲ 实训操练

实训项目：新型节能轿车产品策划。

情境设计：面对国际市场上石油价格的不断上涨，中国一汽想要开发一种新的节能型轿车。将班级学生分成若干个实训小组，每组确定1个负责人。各组依照该项目的业务程序与规范要求，进行新型节能轿车产品策划实训。

实训要求：利用本章关于产品策划的相关知识，按照新产品策划的过程及内容制定一份产品策划书。

实训步骤：

1）将班级学生分成若干小组，每组确定1个负责人。

2）各组学生一起设计一份问卷。

3）各组学生到所在地的几所不同大学里按照特定的分组方法确定调研对象。

4）各组学生结合该项目的内容、业务程序与规范要求，体验新型节能轿车产品策划的全过程。

5）各组学生记录本次实训的成功经验、存在问题及解决办法，在此基础上撰写《新型节能轿车产品策划书》。

6）在班级讨论交流、相互点评与修订各组的《新型节能轿车产品策划书》。

7）在校园网的本课程平台上展出经过修订并附有教师点评的各组《新型节能轿车产品策划书》，供学生相互借鉴。

善恶研判

三星NOTE4手机爆炸　5岁女童双手及脸部烧伤或毁容

背景与情境：

手机电池突然爆炸

冯玲玲是安顺市普定县人，家住在普定鑫旺安置小区。

2017年3月9日凌晨4时，冯玲玲和5岁的女儿、妻子还在睡梦中。“突然听到了一声巨响！”冯玲玲回忆说。在听到巨响之后，他又听到了女儿撕心裂肺的哭声，同时，他也闻到了自己头发被烧焦的味道。

冯玲玲立即打开电灯，发现原来是自己的手机电池突然爆炸了。冯玲玲称，爆炸现场一片狼藉，他们的铺盖被烧成碎片，而更令他痛心的是，女儿的脸部和双手被烧伤。

晚上睡觉时，冯玲玲睡在中间，女儿睡在其右边，妻子则睡在其左边。冯玲玲将手机放在床边充电，该手机挨着女儿。这是一款三星NOTE4手机。2016年8月，普定县城飞利达手机销售连锁店搞活动，冯玲玲花费2 699元购买了该款手机。

心碎的母亲

3月10日下午，记者在安顺市人民医院见到了冯玲玲的女儿冯云（化名）。原本开朗的孩子已经无法说话，在孩子的脸上和手上，均能明显见到被烧伤的痕迹。

“太可怜了！”冯玲玲的妻子说，“现在，女儿每天晚上都会喊疼，根本无法入睡，由于嘴巴被烧伤，她连东西都无法吃下去，每天只能喝一点水。”

看着痛苦的女儿，冯玲玲的妻子忍不住掉下了眼泪。

据冯玲玲介绍，事发后，他立即将女儿送到了安顺市人民医院烧伤科进行治疗，随后垫付了医药费。直到当天下午5时许，相关负责人都未到医院看望其女儿，也未支付相关费用。

一名不愿透露姓名的人士称，冯云被烧伤的情况很严重，可能会面临毁容的危险，而后续的治疗将会花去一大笔费用。

售后：正在处理中

针对此事，3月10日下午，记者来到了位于普定富强路的飞利达手机销售连锁店。该店老板对记者承认，这款手机是这里卖出的。

手机店老板说："我能保证这个手机的进货渠道是完全正规的，售后保修单、保修卡什么都有。"

冯玲玲提供的发票和保修卡上显示，该手机的保修期限是1年，目前尚未过保修期。

手机店老板称，目前，他们正在积极联系三星售后对此事进行处理。

当天下午，记者也联系上了三星公司的一名销售负责人。他告诉记者，他们已了解到了此事，目前已向上级报告，将会积极对此事进行处理。

资料来源：周强. 三星NOTE4手机爆炸　5岁女童双手及脸部烧伤或毁容［EB/OL］.［2017-03-11］. http：//finance.qq.com/a/20170311/004904.htm.

问题：

1）本案例中存在哪些职业道德问题？

2）试对上述问题做出你的善恶研判，思考企业产品策划应该遵守的职业道德问题。

研判要求：同第1章本题型的"研判要求"。

第5章
价格策划

学习目标

本章概要

基本训练

学习目标

通过本章的学习，你应该达到以下目标：

职业知识：学习和把握新产品价格策划、传统产品价格策划和产品价格体系策划等理论与实务知识；能用其指导或规范本章“基本训练”中“知识训练”相关题型的认知活动或技能活动，正确解答相关问题。

职业能力：能够运用本章知识研究相关案例，培养在特定业务情境中分析问题与决策设计的能力；通过搜集、整理与综合“新产品价格策划”的前沿知识，撰写、讨论与交流《“新产品价格策划”最新文献综述》，培养“价格策划”中“自主学习”的通用能力。

职业道德：能够结合“价格策划”的教学内容，依照职业道德与企业伦理的规范或标准，分析“天价楼盘的市场宿命”和“只降2美分”等案例中企业与从业人员价格策划工作相关行为的善恶，强化职业道德素养。

引例 机票的最优动态定价

背景与情境：一位著名的艺术家曾经批评说，如今的航空业已被管理学家们弄得不成样子了。他的理由主要有三点：第一，飞机上再也没有空位子了，他每次出门乘飞机时，都被困在一个小小的位子上。第二，飞机票的价格不再固定，他只有在买票时才能知道确切的票价是多少。第三，几家提供高品质服务的航空公司已经停止营业了。以上三种结果是某航空公司采用的一种创造性的做法所带来的。该公司拥有一支由400多名管理学家组成的人才队伍，他们开发出了一套控制系统来管理公司的运行。这种做法带来了效率的提高和成本的降低，激烈的竞争迫使其他航空公司纷纷效仿。然而，这种做法只是改良性质的，真正具有革新性质的却是该公司启用的"最优动态定价法"的概念。这种定价法的目标就是在获取最高收入的条件下卖出机票。而前文那位艺术家提出的理由也从侧面反映了此方法非常成功。这种定价法的一个表现形式就是机票价格变化频繁，票价的变动反映了需求和供给的状况。在航空公司看来，一次航班坐满顾客比空着若干座位赚钱。如果这个观点正确，那么最优动态定价法就是原来几家服务质量高但是空运率低的航空公司破产的原因。如今，最优动态定价法的应用已超出了航空业的范畴，扩展到其他服务业。更有证据表明，最优动态定价法即将闯入零售业，它的无穷威力将会使市场竞争发生巨大的变化。

这一案例表明：由于市场环境在不断变化，因此产品的价格也要根据市场形势和企业经营目标做出适当的改变，但是由于市场对价格十分敏感，因此企业对传统产品进行价格调整时必须仔细谋划。本章将系统阐述价格策划的基本原理和方法。

5.1 价格策划概述

价格的形成和运动是经济活动中最复杂的现象之一。在现实中，产品价格会受到多种因素的影响，它是企业市场营销过程中十分敏感而又最难以控制的因素，它直接关系到市场对产品的接受程度，影响着市场销售量和企业利润的多少。即使是最好的产品，如果定价过高或过低，也会使其市场缩小、销路不畅。

价格是影响销售收入最直接的因素，如何在消费者可接受的价格范围内，制定出对企业最有利、最符合企业目标与政策的价格，是企业市场营销过程中面临的重大挑战。

教学互动5-1

互动问题：有人说"企业产品的价格越高，对企业越有利"，这个观点正确吗？

要求：同"教学互动1-1"的"要求"。

5.1.1 价格策划的概念

价格策划是指为了使企业产品的价格或价格体系适应消费者的需要和动态的市场开发活动而进行的谋划。其内容主要包括新产品价格策划、传统产品价格策划和产品价格体系策划。

在企业的日常经营活动中，产品价格的确定往往重点考虑产品的生产经营成本，从而忽略了其他重要因素（如需求强度、顾客认知与心理感受等），在市场环境有所转变时，企业也未能机动地调整价格。同时，在绝大多数企业，价格的制定往往独立于其他营销组合之外（只凭主事者的主观判断），而不是整体营销运作的一部分（未能综合其他营销变数进行整体考虑），这使得彼此之间可能产生脱节，甚至出现相互矛盾的现象。

价格策划作为企业营销策划的一部分，应站在整体的、全局的立场上来考虑。

5.1.2 价格策划与企业营销目标

价格策划会受到很多因素的制约，因此价格策划是营销策划中最难以把握的部分。企业在进行价格策划时，必须十分注意内外部环境因素对价格策划的影响，力求将价格策划做得比较科学合理。其中，企业营销目标对价格策划的影响是最大的。不同企业的营销目标是不同的，总体来看，企业营销目标大致有以下几类：维持企业生存、争取当期利润最大化、保持及扩大市场占有率、保持最优产品质量、抑制和应付市场竞争等。

1）以维持企业生存为营销目标的价格策划

这是企业面临困难时采取的一种短期的价格策划，如果用于长期，则对企业的发展不利。这实际上是一种低价策略。当企业由于市场竞争激烈、消费需求偏好突然转变等原因，造成产品销路不畅、大量积压，以致资金周转不灵甚至可能出现破产时，企业常常采用这种价格策划，以尽可能收回资金，避免更大的损失。

2）以争取当期利润最大化为营销目标的价格策划

这是在不考虑长期效益的前提下，企业为追求利润最大化而采取的价格策划。采用这种价格策划的前提是企业产品声誉比较好，并且在目标市场上占据竞争优势。

3）以保持及扩大市场占有率为营销目标的价格策划

企业若想在市场竞争中获得生存和发展，必须保持及扩大市场占有率。这种价格策划往往采用部分或全部低价的策略，在保持市场占有率的基础上逐步提高企业的市场占有率。

4）以保持最优产品质量为营销目标的价格策划

有的企业以优质产品来占领市场，采用优质优价策略。价格策划的重点在于让消费者认可企业的做法，这样一方面可以减轻企业的竞争压力，另一方面可以适当提高产品的研究开发成本和生产成本。

5）以抑制和应付市场竞争为营销目标的价格策划

竞争对手进入市场的一个重要原因是这个市场有钱可赚，因此有的企业采用低价策略，故意把价格压得很低，以阻止竞争对手进入。这种价格策划在一些实力雄厚的大企业中用得比较多。一些小企业为了应付市场竞争，会采用跟随策略，随行就市定价，以稳定自己的市场占有率。

5.2 新产品价格策划

新产品价格策划是指为了使企业的新产品适应消费者的需要和动态的市场开发活动而进行的谋划。新产品价格策划是企业新产品开发的重要组成部分。新产品价格策划适当与否，关系到新产品能否顺利进入市场、打开销路，以及企业能否取得较好的经济效益。

5.2.1 市场撇脂定价策略

市场撇脂定价策略是指在新产品刚刚进入市场时把价格定得尽可能高，以期及时获得较高的收益，在产品生命周期的初期便收回研制开发新产品的成本，并逐步获得较高的利润，随着产品的进一步成长再逐步降低价格。采用此策略的企业在产品上市之初便可获得丰厚的利润，其做法很像从牛奶的表面撇取奶油，故得此名。

1）目的

采用该策略的目的是在新产品上市之初立即赚取丰厚的利润，以迅速收回投资，增强企业高级品的形象定位，确立企业的优势地位，掌握调价的主动权。

2）适用条件

该策略的优点是尽早争取主动，达到短期利润最大化的目标。需要注意的是，市场撇脂定价策略在以下条件具备时才能使用：

①企业需要迅速获得大量利润，以收回研究开发费用。利润可用来改良产品，当竞争者进入市场时，还可以支持其他竞争性活动。

②产品价格缺乏弹性，高价造成的需求量或销售量减少的幅度很小，或者早期购买者对价格反应不敏感。

③企业产品定位于高级品。

④新产品的质量与价格相符。

⑤企业重视利润胜过销售量，希望保持较高的利润率。

⑥与市场上现有产品相比，新产品具有显著的优点，能使消费者“一见倾心”，并且有足够多的消费者能够接受这种高价并愿意购买。

⑦短期内由于仿制上存在困难，因此仿制产品出现的可能性小，竞争对手少。

⑧产品生命周期过短。

⑨企业产品受专利保护。

3）应注意的问题

①由于定价过高，可能会导致缺乏渠道成员的支持。

②由于定价过高，可能得不到消费者的认可。

③高价厚利会吸引众多的生产经营者转向此产品的生产经营，加速了市场竞争的白热化。

职业道德与企业伦理5-1

天价楼盘的市场宿命

背景与情境：中国的豪宅售价纪录被某天价楼盘刷新，均价高达12万元/平方米。大半年后，该楼盘又创造了一项纪录——250多天未售出一套房子。一年后似乎出现了转机，售出1套，预订3套。然而好景不长，该市掀起了一轮房地产市场秩序整治“风暴”。该市国土资源和房屋管理局宣布，为了更好地执行住房和城乡建设部、国土资源部等八部门联合下发的《关于开展房地产市场秩序专项整治的通知》，将对该市房地产企业进行专项检查。其中，该楼盘因其定价是市场价格的26倍，成为重点整治对象。至此，该天价楼盘的神话几近破灭。

问题：天价楼盘的神话破灭说明了什么？

分析提示：前些年，由于土地资源管理机制不健全，某些房地产商廉价获得了土地，然后长期囤积，哄抬市场价格，以获取巨额利润。这不仅损害了民众的利益，也违背了正常的市场规律。天价楼盘的命运说明企业定价不能只考虑自身的利润，必须将价格制定在市场可承受的范围之内。

5.2.2 渐取定价策略

渐取定价策略也称低额定价策略，是指企业在向市场推出新产品时，尽量把价格定得低一些，采取保本微利、薄利多销的方法。

1）目的

采用该策略的目的是渗透新市场，迅速提高销售量与市场占有率。企业不追求短期利润最大化，并以低价低利阻止竞争对手的进入。

2）适用条件

①产品的市场规模较大，潜在的竞争威胁较大。

②产品的需求价格弹性较大，稍微降低价格，需求量就会大大增加。

③通过大批量生产能够降低生产成本。

3）优点

①扩大市场，使无法支付高价的消费者成为实际购买者。

②低价可使现有消费者增加产品使用量。

③对于价格弹性大的产品，低价会促进销售，虽然单位利润低，但销售量的增加仍会提高利润总额。

④作为先发制人的竞争策略，有助于企业提高市场占有率。

⑤和竞争者保持均势。如果大多数竞争者都降低价格，就必须跟进，尤其是当消费者对产品价格很敏感时。此外，当实力强大的竞争者提供企业无法提供的附加价值时，企业只好降低产品价格。

⑥低价可以阻止实力较弱的竞争者进入市场，使企业在竞争压力最小的情况下，获得大量忠实的消费者。

4）应注意的问题

①如果市场占有率提高缓慢，则收回成本的速度也慢。

②有时低价会使消费者对产品的质量产生怀疑。

同步案例5-1

奥斯登公司的定价策略

背景与情境：在德国韦特蒙特城，有一家叫奥斯登的零售公司。一次，该公司推出了约1万套内衣外穿的时装，这种时装引起了顾客强烈的好奇心，虽然定价极高，但照样卖得很火爆。

过了几个月，当德国各大城市相继开始销售这种内衣外穿的时装时，奥斯登公司却一反常态，将这种时装的价格一下调至普通内衣的价格。这个消息一经传出，各地的消费者蜂拥而至，仅用2天时间，这种时装就卖光了。

又过了8个月，当内衣外穿时装已经不那么吸引人时，奥斯登公司又以“成本价”出售，每套时装的价格仅是普通内衣的一半，这对于一些经济拮据的消费者来说无疑是一个购买的好时机，因此这种过时的时装依然很畅销。

问题：奥斯登公司的定价策略是什么？

分析提示：由于奥斯登公司准确把握了时装在市场上的流行规律，在不同的销售阶段采用了灵活的定价策略，因此本来在市场上畅销、平销、滞销的产品，始终是畅销货。奥斯登公司将产品定价策略发挥得淋漓尽致。

5.2.3 中间定价策略

中间定价策略是指按照本行业的平均价格水平或者按照当时的市场行情来制定价格，即“随大流”。其优点在于，企业制定的产品价格易于被消费者认可，企业可以在不承担较大风险的情况下，获得稳定的利润；销售渠道成员认为产品价格适中，因此经营具有积极性；企业可以在不太长的时间内，有计划地收回产品研发成本。由于中间定价策略使消费者、渠道成员及企业自身都感到满意，因此又称满意定价策略。

中间定价策略最大的优点是“稳”，通过对前两种策略的调和和折中来避免前两种策略的明显缺点，但也在很大程度上将两种策略的优点抹杀了。采用此策略最应注意的问题是避免因产品没有特色而打不开销路。

同步思考5-1

背景资料：正逢广州高温，广东碧桂园凤凰城售楼处的热度却尤为高涨，来这里的人坐车要排队，看样板房要排队，交定金要排队，甚至上厕所也要排队。广东碧桂园凤凰城是碧桂园集团面积最大的楼盘，距离广州市中心30千米。这次能够销售得如此火爆，一个最直接的原因就是房价低廉。此次作为广东碧桂园凤凰城主卖点的低价别墅——TOWNHOUSE的浪漫阳光别墅，分为北美古典风格与现代风格两种，面积为160～180平方米，户型多达9种，价格仅50万元/套起。这个价格如果放在市区，只能买到80～90平方米的房子，而且风景绝对比不上凤凰城。记者到达碧桂园时，看到该楼盘第四期期房也有人预定。在一块显示销售进展的告示牌面前，销售人员每隔几分钟就往上贴一个红圈，表示该房子已被预定。记者留意到，告示牌上共有56幢房，其中30多幢已贴满红圈。据统计，“五一”劳动节当天，有超过3.5万人到碧桂园凤凰城看楼。凤凰城当日售出独立别墅260套、联排别墅120套、洋房600套，销售额达7.5亿元。

问题：凤凰城为什么会销售得如此火爆？

理解要点：低廉的价格可以使企业迅速占领市场空间，但同时企业的利润也可能会受到影响。此外，利用低价格占领市场而不是通过提供优质的产品获得竞争优势，对企业的长期发展和品牌建设并没有好处。

5.3 传统产品价格策划

传统产品即在市场上已经销售了一段时间的产品。由于市场环境是不断变化的，因此产品的价格也不可能一成不变，企业应根据市场形势和自身经营目标对产品价格做出适当改变。需要强调的是，由于市场对价格十分敏感，因此企业对传统产品进行价格调整时必须仔细谋划。

5.3.1 畅销期、饱和期、滞销期产品的价格策划

在产品生命周期的畅销期，消费者已经接受了该产品，销售量增加，一般来说，企业不会贸然降价。如果产品进入市场时价格较高，市场上又出现了强有力的竞争对手，企业为了快速提高市场占有率，也可以适当降价。因此，价格策划应在产品进入市场时就已经准备就绪，并且应做到随机应变。

在产品生命周期的饱和期，消费者人数、产品销售量都已达到最高水平并开始出现回落趋势，市场竞争比较激烈，企业可适当降价，但如果竞争者少也可维持原价。

在产品生命周期的滞销期，消费者的兴趣转移，产品销售量急剧下降，企业应果断降价，甚至有时销售价格可能会低于成本。如果同行业的竞争者都已退出市场，或者经营的商品有保存价值，企业也可以维持原价，甚至提高价格。

不同种类的产品在其生命周期的某个阶段一般具有共同的特征，但是由于不同种类产品的属性、市场供求状况及对消费者的重要程度不同，因此企业在进行价格策划时应具有针对性。

同步思考5-2

问题：产品生命周期不同阶段的价格策划是否有区别？

理解要点：由于产品的属性、市场供求状况不同，因此产品生命周期不同阶段的价格策划也是不一样的。

5.3.2 折扣价格策划

折扣价格也叫“折扣让价”，是指企业在调动各方面积极性或鼓励顾客做出有利于企业的购买行为时采用的价格，常用于生产厂家与批发企业之间、批发企业与批发企业之间、批发企业与零售企业之间、批零企业与消费者之间。常见的折扣价格有以下四种：

1）数量折扣

数量折扣也称批量折扣，即根据购买者购买数量的多少给予不同的折扣。其中，一次性折扣是指企业为了鼓励购买者多购货，根据一次购买数量的多少给予不同的折扣；累进折扣是指企业为了建立稳定的购销关系，而将同一位购买者在一段时间内从本企业购买产品的数量加总，根据累计购货量的不同给予不同的折扣。

2）季节折扣

季节折扣也称季节差价，一般在有明显淡、旺季的行业中实行，如冬季对单冷型空调八折销售等。其目标是鼓励消费者在淡季购货，鼓励中间商在淡季进货和促销，以减少企业的库存压力和负担，加快资金周转，降低经营成本。

3）现金折扣

现金折扣也称付款期折扣，其目的在于鼓励购买者尽早付款，加速企业资金周转。零售企业大多使用这种方法。购买者如以现金付款或提前付款，可以在原商品价格的基础上享受一定的价格优惠折扣。例如，交易条款注明“2/10，n/30”，意思是在成交后

10天内付款，按照原价给予2%的现金折扣，超过10天要付全款，但最迟不能超过30天。

4）业务折扣

业务折扣也称同业折扣或功能折扣，是指生产厂家给予批发企业和零售企业的折扣。折扣的大小因商业企业在商品流通中的不同功用而存在差异。例如，零售企业从厂方进货的折扣低于批发企业从厂方进货的折扣。

5.4　产品价格体系策划

企业提供给目标市场的不是单一的产品，而是由多条产品线组成的产品组合，每条产品线包含若干产品项目，每个产品项目又包含若干品牌、包装和服务。因此，企业在进行价格策划时，不仅仅要对单一产品进行价格策划，还要重视企业产品价格体系的策划，理顺企业产品组合中的各部分在价格上的相互关系。

如果某个产品是产品组合的一个组成部分，那么企业需要制定一个系列产品价格，组成一套科学完整的价格体系，这样一方面可以促进单个产品的销售，另一方面可以使产品组合取得最大的利润。产品价格体系策划是价格策划的难点与重点，做起来比较困难，因为不同的产品满足不同消费者的需求，不同产品的生产及营销成本不尽相同，不同产品面对的市场竞争状况也不尽相同。

5.4.1　产品线价格策划

产品线（产品大类）是指相互关联或相似的一组产品，如功能上相似、消费上连带或销售对象相同的一组产品等。

1）功能上相似的产品线价格策划

具有相似功能的一组产品定价策划的目的是使顾客确信本企业是按质论价的，一分钱一分货。产品线价格策划是利用消费者对产品线系列产品的价格的理解来确定价格，消费者通常会把不同价格的产品分为高、中、低几档，即使这几种价格都有所变化，顾客仍然会按照自己的习惯去购买某一档次的产品。

2）消费上连带的产品线价格策划

对于化妆品、炊事用具等产品，消费者在购买时，连带购买的可能性比较大，这就需要有一个合适的价格关系。企业在价格策划中往往会采用合理的价格体系或以某种商品的超低价带动其他产品销售的方法。

3）销售对象相同的产品线价格策划

消费者受经济、文化、社会风俗等方面因素的影响，会形成不同的消费群体，不同的消费群体对同一产品的需求评价是不同的，而同一消费群体对同一产品的需求评价是相似的，把符合某一消费群体需求的产品组合在一起，就形成了这一消费群体需求的产品线，如廉价品、高档品等。企业应根据这一消费群体对不同产品的评价，制定符合这一消费群体需求的产品价格体系。

5.4.2　非必需附带产品价格策划

许多企业在提供主要产品的同时，还提供一些与主要产品密切相关的附带产品，这些附带产品对主要产品的正常使用影响不大，但能完善主要产品的功能，提高消费者的满足程度。在市场营销中，对这些非必需附带产品的定价是个棘手的问题，比如汽车，哪些附件应计入汽车价格，哪些不应计入汽车价格，这需要根据市场环境、购买者的偏好等因素进行认真分析，因为虽然非必需附带产品不会影响主要产品的正常使用，但如果没有这些非必需附带产品，却有可能影响主要产品的销量。在汽车销售中，企业往往采用选装的办法来解决这一问题，以使更多消费者购买本企业的主要产品。

5.4.3 必需附带产品价格策划

必需附带产品也叫连带产品，是指必须与主要产品同时使用的产品，如胶卷与照相机。

一般来说，企业往往把主要产品的价格定得很低，而把连带产品的价格定得较高，顾客一旦购买了主要产品，就必须购买连带产品，企业可以通过大量销售连带产品获利。

在服务行业，企业往往将必需附带产品和服务的价格分成固定部分和变动部分，将固定部分的价格定得较低，以吸引顾客，而将变动部分的价格定得高一些，以获取利润。

5.4.4 产品群价格策划

为了促进销售，营销者有时不是销售单一产品，而是将有连带关系的产品组成一个群体，一并销售。在产品群价格策划中，价格必须比较优惠并有足够的吸引力，否则不会有人愿意购买；同时，企业应避免采取引起消费者反感的硬性搭配方式。

本章概要

内容提要

- 价格策划是营销策划的重要组成部分，包括新产品价格策划、传统产品价格策划和产品价格体系策划。

- 企业要获得生存与发展，就要不断推出新产品，这样才能更好地适应市场和满足消费者的需要。新产品价格策划是指为了使企业的新产品适应消费者的需要和动态的市场开发活动而进行的谋划。新产品价格策划是企业新产品开发的重要组成部分。新产品价格策划适当与否，关系到新产品能否顺利进入市场、打开销路，以及企业能否取得较好的经济效益。

- 传统产品即在市场上已经销售了一段时间的产品。由于市场环境是不断变化的，因此产品的价格也不可能一成不变，企业应根据市场形势和自身经营目标对产品价格做出适当改变。需要强调的是，由于市场对价格十分敏感，因此企业对传统产品进行价格调整时必须仔细谋划。

- 企业提供给目标市场的不是单一的产品，而是由多条产品线组成的产品组合，每条产品线包含若干产品项目，每个产品项目又包含若干品牌、包装和服务。因此，企业在进行价格策划时，不仅仅要对单一产品进行价格策划，还要重视企业产品价格体系的策划，理顺企业产品组合中的各部分在价格上的相互关系。

主要概念和观念

▲ 主要概念

价格策划　新产品价格策划　市场撇脂定价策略　产品线

▲ 主要观念

新产品价格策划　传统产品价格策划　产品价格体系策划

重点实务

价格策划的过程

基本训练

知识训练

▲ 简答题

1）比较市场撇脂定价策略、渐取定价策略与中间定价策略的适用条件、优点和缺点。

2）为什么要重视企业产品价格体系的策划？

▲ 填空题

1）价格策划的内容包括（　　）。

2）市场撇脂定价策略是指在新产品刚刚进入市场时把价格定得尽可能（　　），以期及时获得较高的收益。

▲ 单项选择题

1）为了鼓励购买者尽早付款，加速企业资金周转，企业通常采用（　　）。

A. 数量折扣　B. 季节折扣　C. 现金折扣

D. 业务折扣　E. 累进折扣

2）渐取定价策略的目的是渗透新市场，迅速提高销售量与市场占有率。企业不追求短期利润最大化，并以（　　）阻止竞争对手的进入。

A. 低价低利　B. 高价高利　C. 低价高利　D. 高价低利

▲ 多项选择题

1）以下新产品适于采用市场撇脂定价策略的有（　　）。

A. 受专利保护的新产品　B. 存在强大竞争对手的新产品

C. 需求价格弹性大的新产品　D. 需求价格弹性小的新产品

E. 高级品定位的新产品

2）价格策划主要包括（　　）三类。

A. 新产品价格策划　B. 传统产品价格策划

C. 产品价格体系策划　D. 折扣价格策划

3）新产品价格策划可以采用的策略包括（　　）。

A. 市场撇脂定价策略　B. 渐取定价策略

C. 中间定价策略　D. 折扣价格策略

E. 产品群价格策略

▲ 讨论题

1）影响价格策划最重要的因素是什么？

2）不管产品定价高还是低，企业的目标都是获取利润，你是这样认为的吗？

✩ 能力训练

▲ 案例分析

“美佳”西服店的折扣销售方法

背景与情境：日本东京银座“美佳”西服店采用了一种折扣销售方法，并且颇为成功。具体方法如下：首先发布一则公告，介绍某商品的品质、性能等一般情况；然后宣布打折销售的天数及具体日期；最后说明打折方法。

第一天打九折，第二天打八折，第三天及第四天打七折，第五天及第六天打六折，依此类推，到第十五天及第十六天打一折。这个销售方法的实践结果是：第一天及第二天顾客不多，来者多半是来探听虚实和看热闹的。第三天及第四天人渐渐多起来。第五天及第六天打六折时，顾客如洪水般涌向柜台争购。没到一折售货日期，商品早已售罄。

问题：分析“美佳”西服店销售成功的原因。

分析要求：同第1章本题型的“分析要求”。

▲ 自主学习

自主学习－III

【训练步骤】

1）将班级同学组成若干“自主学习”训练团队，每队确定1个负责人。

2）各团队根据训练项目的需要进行角色分工。

3）通过院资料室、校图书馆和互联网，查阅“文献综述格式、范文及书写规范要求”和近三年关于 “新产品价格策划”的学术文献资料。

4）综合和整理“新产品价格策划”最新学术文献资料，依照“文献综述格式、范文及书写规范要求”，撰写《“新产品价格策划”最新文献综述》。

5）在班级交流各团队的《“新产品价格策划”最新文献综述》。

6）在校园网的本课程平台上展出经过修订并附有教师点评的各组《“新产品价格策划”最新文献综述》，供学生相互借鉴。

✩ 善恶研判

只降2美分

背景与情境：一个炎热的夏天，美国一家日用杂货品商店购进了一批单人凉席，定价每张1美元。本来，在这样炎热的天气，凉席很快会销售一空，但结果是消费者的购买并不踊跃。商店只得降价销售，但由于进价过高，每张凉席只能降价2美分。奇怪的是，降价后顾客马上纷至沓来，凉席再也不愁销不出去了。这位老板有了这个惊喜的发现后，马上照葫芦画瓢，大量进货，居然屡试不爽。

问题：

1）本案例中存在哪些职业道德问题？

2）试对上述问题做出你的善恶研判。

3）通过网上或图书馆调研等途径收集你做善恶研判所依据的行业道德规范。

4）简述本案例对消费者的启示。

研判要求： 同第1章本题型的“研判要求”。

第6章 营销渠道策划

▶ 学习目标

通过本章的学习，你应该达到以下目标：

职业知识：学习和把握营销渠道发展新趋势、营销渠道策划的基本技能、营销渠道模式与结构设计、厂商与中间商在渠道关系上的主导协调与再造等理论与实务知识；能用其指导或规范本章“基本训练”中“知识训练”相关题型的认知活动或技能活动，正确解答相关问题。

职业能力：能够运用本章知识研究相关案例，培养在特定业务情境中分析问题与决策设计的能力；通过“恒大冰泉销售渠道设计”的实训操练，训练学生的专业操作技能。

职业道德：能够结合“营销渠道策划”的教学内容，依照职业道德与企业伦理的规范或标准，分析“可口可乐101系统”和“资生堂渠道管控失灵”等案例中企业与从业人员营销渠道策划工作相关行为的善恶，强化职业道德素养。

引例　我国家电业营销渠道变革之路

背景与情境：家电业是我国开放最早、市场化程度最高的行业。近年来，由于行业膨胀、供大于求，因此市场竞争异常激烈，行业利润大幅缩水，轮番上演的价格大战越来越明显地暴露出了中国家电业生产与流通之间的矛盾，家电业面临着销售渠道变革，家电生产制造业退出市场营销环节已成为必然。

1）高增长引发家电业战略转型

中国家电业经过10多年的迅猛发展，已在全球同类产业中取得显赫地位。

20世纪80年代末期，席卷全国的抢购风造就了一大批家电制造企业的崛起；90年代中期，中国家电行业的生产供应和消费需求之间总体上呈现供不应求的态势，家电生产制造出现百花齐放的局面。例如，对于冰箱，北京有“雪花”；上海有“上菱”、“双鹿”、“航天”和“远东”；山东有“海尔”；河南有“新飞”；广东有“容声”和“华凌”；安徽有“美菱”和“荣事达”；陕西有“长岭”。除了冰箱本身的价格，一张冰箱票（购物券）被炒到300～500元，甚至800元，仍然供不应求。各厂家于是大搞技术改造，扩大生产规模，最终使整个行业实现了高速增长。

从20世纪90年代中期开始，随着家电生产规模的不断扩大，中国家电行业逐渐进入供大于求的买方市场格局。由于供大于求，因此市场竞争渐趋激烈，各企业由规模战转入广告战、技术战、服务战以及屡试不爽的价格战。家电制造商在从卖方市场向买方市场转变的过程中，其工作重心也发生了转变，由重视产品的质量、数量、新产品开发到重视销售渠道的建设与维护。

进入21世纪，中国家电业已从改革开放之初的生产导向型向销售导向型转变，渠道成为竞争焦点。谁拥有渠道，谁就拥有市场；谁拥有市场，谁就拥有未来。

2）家电业营销渠道的现状

中国家电产品的销售渠道大致可分为以百货商店为代表的传统渠道和以家电连锁店为代表的现代渠道两种类型。传统渠道主要有大商场、中小商场以及从五交化转变而来的电器专营店；现代渠道有家电连锁店、综合连锁店、电器城、品牌专卖店等。无论是传统渠道还是新兴渠道，都各具竞争优势。

20世纪80年代后期和90年代初期，以百货商场为代表的传统渠道是家电产品销售的主要渠道。中国家电生产企业处于成长阶段，品牌知名度较低，产品能否进入大商场，成为其能否打开当地市场的关键。家电生产企业对商场的争夺是这一时期渠道竞争的焦点。

当前，对传统渠道销售家电产品冲击最大的是以国美、苏宁为代表的综合性家电连锁店。它们最显著的特征是经营规模大、资本雄厚、跨地域连锁经营、掌握着庞大的销售网络，是高效率、专业化的零售终端。

此外，综合性连锁店也是传统渠道的强劲竞争对手。综合性连锁店目前以国外品牌为主，包括家乐福、沃尔玛、麦德龙等，价格低廉和商品种类齐全是它们的主要竞争优势。在家电销售方面，综合性连锁店以小家电作为切入点，逐渐扩展到全部家电产品。

随着家电专卖连锁渠道和大型超市的兴起，过去的传统百货业渠道一统天下的局面被打破。中怡康提供的资料显示，一方面，百货商店的比重从2000年起连续3年以

10%左右的速度逐年下降；另一方面，家电专卖的比重以年均10%左右的速度迅速上升，表现出强大的市场竞争力。

市场调查结果显示，当前我国几个家电主导品牌均已形成独具特色的渠道策略。

TCL是我国最早大规模建设自有零售终端的家电企业之一。TCL通过对渠道的建设与控制，迅速提高了电视机的销量，并为其实施多产品扩张战略提供了最佳的载体。

海尔从依靠商场销售到店中店建设，再到建设自己的品牌专卖店，迅速提升了品牌知名度和信誉度，在全国主要县城，海尔已建立了自己的品牌专卖店。

新飞是以冰箱、冷柜、空调为主导产品的大型家电企业。新飞坚持实行分公司控制下的区域销售代理制，批发和零售兼营，传统与新兴渠道并重，最终使新飞冰箱的产销规模多年来稳居行业三强。

3）专业化是家电业渠道发展的趋势

流通领域的改革滞后于制造领域的改革，是目前困扰和制约家电行业发展的原因所在。

20世纪80年代以前，我国家电生产企业基本上不参与市场流通，产品销售主要由国有商业企业进行；到了80年代中后期，因国有商业企业主渠道流通费用高、流通效率相对较低，所以国内一些有条件的家电企业开始以直销的形式自办流通网络，建立自己的销售队伍和营销网络；进入90年代，随着产业分工的细化，少数以代理制、买断制等为主要经营方式的专业家电流通企业开始出现，生产企业退出市场营销环节出现端倪。

作为一种新兴的商业业态，家电连锁专营店在家电零售领域与传统百货商店相比具有巨大的优势：

首先，规模上的优势。例如，国美在全国拥有80余家连锁店，每家门店的营业面积在3 000～5 000平方米，经营的家电品种达上千个，公司年销售能力超过80亿元，这是任何一个百货商店都望尘莫及的。

其次，价格上的优势。正是因为具备了以上所说的规模优势，通过统购分销、大批量进货，进货价格得以降低，这些优势体现在零售价格上，就是比别人的价格要低得多。

最后，专业化的优势。因为专，所以精。家电连锁专营店无论是在员工的专业化知识方面，还是在对所进产品的质量把关方面，都是传统百货商店无法比拟的。

从国外的情况来看，家电连锁专营店已经成为市场的主体，人们到专营店购买家电产品已经成为习惯。随着中国家电连锁专营企业的不断发展壮大，以及网络建设的不断完善，中国家电连锁专营店将成为家电产品零售市场中的主力军。

4）因特网渠道及O2O模式

以网上商场及电子商务为代表的因特网渠道，如淘宝、京东商城、海尔电子商城等销售渠道的发展，为我国家电业产品的销售提供了全新的模式。O2O模式，即Online to Offline模式，将网上虚拟与线下实体两种方式有机组合在一起，为未来我国家电业的营销渠道提供了全新的思路。

借助渠道发展，抓住全球产业结构调整的契机，清醒审视自己的资源禀赋，利用好自己的比较优势与后发优势，进一步增强全球竞争力，中国强势家电品牌将开始真正意义上的全球市场扩张。

资料来源：宋贤君.从营销渠道变革看家电业发展方向［J］.平原大学学报，2003，3（8）.

这一案例表明：随着经济的发展，企业营销渠道的发展出现了新的趋势，营销渠道策划必须注意到这一点。因此，目前企业营销渠道策划需要考虑的因素比以前更多、影响程度也更加复杂。此外，不同产品、不同企业对渠道的要求是不同的，对营销渠道长度与宽度的策划可以使渠道策划更具有实战性。随着环境的变化，厂商与中间商的关系也出现了新的变化，需要对此进行重新分析和研究。本章将系统阐述营销渠道策划的基本理论和方法。

6.1　营销渠道策划概述

6.1.1　营销渠道策划日益受到重视

营销渠道，是指产品的所有权和实体从生产领域流转到消费领域所经过的通道。营销渠道由所有参与使产品从生产领域向消费领域运动的组织和个人组成，主要包括生产者、批发商、零售商、代理商和储运企业等，甚至还包括消费者，它们都是渠道成员。其中，批发商、零售商和代理商通常称为中间商。

过去，人们一直认为渠道并不重要，直到国外名牌进入中国市场，直销、特许经营、总代理才开始显示出魔力。目前，一场革命正在静悄悄地发生，这就是渠道革命，无论是规模宏大的企业，还是规模很小的企业，都自觉或不自觉地卷入了这场革命。在这场渠道革命中，生产企业纷纷对自己的渠道策略进行调查，重组新的营销渠道。例如，海尔集团在销售渠道上经历了三部曲：首先是依靠大型商场进行销售，然后是在经过挑选的百货商店建立店中店或海尔专柜，最后是建立海尔专卖店。再如，我国最大的肉制品生产企业双汇集团曾经依靠经销商建立起庞大的分销网络，现在则雄心勃勃地要在全国建立几百家双汇专营店。又如，温州的“正泰”“德力西”最早也是通过中间商进行销售，后来才自己建立销售分公司。

在传统的金字塔式销售渠道中，一级批发商、二级批发商、三级批发商、零售商，层次分明，商品在该渠道中有条不紊地流动，销售渠道很长。可是现在不同了，如果哪个企业的销售渠道还是那么长的话，那么它的产品早已失去了竞争力。“超越一批，超越二批，直接向终端经销商和最终消费者销售”已经成为许多现代企业的基本营销策略。

这场渠道革命的特点就是批发商业衰落，销售渠道越来越短。有些大型生产企业设立自己的销售公司，直接向零售商进行批发销售；同时，零售商的规模也越来越大，像连锁商店这样大规模的零售商越来越倾向于直接从制造商进货。

6.1.2　营销渠道发展新趋势

1）不同形态营销渠道的竞争加剧

现在，商品和服务进入市场的渠道很多，这就存在不同形态营销渠道的竞争。不同形态营销渠道竞争的强度取决于爱好不同的消费者对不同的销售组织的区别程度，区别程度越小，不同形态营销渠道竞争的强度就越大。例如，快餐类产品对于消费者来说差异度不是很大，超级市场也可以提供加热的熟食与肯德基和麦当劳之类的快餐连锁店进行竞争。为了有效适应不同形态营销渠道的竞争，生产商、批发商和零售商要经常分析各种不同销路所产生的品牌效应和提供的服务水平的相关性。

2）垂直营销系统增加

为了应对日益复杂的环境，许多生产商、批发商和零售商组成统一的营销系统，以降低交易费用。市场竞争往往表现为整个渠道系统之间的竞争。以丰田汽车与日产汽车为例，它们之间的竞争不仅是生产厂家之间的竞争，而且是包括经销店在内的丰田集团与日产集团之间的竞争。由于垂直营销系统能够有效规避风险，因此一些小型商业机构为了应对大型连锁组织、超级市场和百货商店的竞争，也相继组成了垂直营销系统。

3）零售机构的生命周期缩短

随着市场竞争的日益激烈，零售机构自20世纪60年代以来从发展到成熟的时间不断缩短。例如，19世纪中叶在美国出现的百货商店从发展到成熟的时间是80年，20世纪50年代出现的购物中心从发展到成熟的时间是40年，而20世纪60年代出现的便利店从发展到成熟的时间是20年。经营成本和顾客价值决定了零售机构的命运，对零售机构形式的创新要以市场为导向。

4）营销渠道的形式和销售组织不断进行创新

传统的销售渠道正如美国的一位学者所指出的那样："在支离破碎的网络中松散地排列着生产商、批发商和零售商，他们在保持距离的情况下相互讨价还价，谈判销售条件，并且在其他方面自主行事。"在这里，每个渠道成员都是机会主义者，都要追求个人收益最大化，而这种个人收益最大化必然会引起渠道成员之间的冲突，最终导致交易费用增加、收益受损。因此，企业要不断创新营销渠道的形式和销售组织，保证渠道成员在经济活动中的利益，从而提高流通效率，降低交易费用。

国外长期推行的代理制使生产商和经销商以合同契约的形式订立协议，从而形成了长期稳定的产销关系，降低了生产商开拓市场、搜集信息的费用。在渠道内部，生产商通过建立渠道领袖来管理、控制、协调每个渠道成员的利益，避免了因渠道瓦解而产生更高的交易费用。

同步案例6-1

O2O模式

背景与情境：O2O即Online to Offline，是指将线下商务的机会与互联网结合在一起，让互联网成为线下交易的前台。这样，线下服务就可以通过线上揽客，消费者可以在线上筛选服务，如果成交还可以在线支付，从而很快实现规模效应。该模式最重要的特点是：推广效果可查，每笔交易可跟踪。

其实，O2O模式早在团购网站兴起时就已经开始出现，只不过消费者更熟知团购的概念。团购商品都是临时性促销，而在O2O网站上，只要网站与商家持续合作，那么商家的商品就会一直"促销"下去；O2O的商家都有线下实体店，而团购模式中的商家则不一定有实体店。

O2O首先要解决的问题是，线上购买的商品或者服务如何在线下领取。用专业术语来说，即“线上和线下”如何对接。这也是O2O要面对的一个核心问题。目前应用比较多的模式是上海翼码的电子凭证，如淘宝聚划算等电商以及团购网站都采用了这一模式，即线上购买后，购买者会收到一条包含二维码的彩信，购买者凭借这条彩信到服务网点经专业设备验证通过后，就可以享受相应的服务。这一模式很好地解决了从线上到线下的验证问题，安全可靠，并且可以在后台统计服务的使用情况，在方便了消费者的同时，也方便了商家。

目前采用O2O模式经营的网站已经很多，而完全采用O2O模式经营的除了街库网之外，更出色的是大众点评网。百先网、中团网、篱笆网、齐家网、美团网、58团购、窝窝团、拉手网等则主要以大众商品团购为主，消费者不一定需要到线下进行消费。此外，还有为消费者提供信息和服务的网站，如赶集网、爱邦客等，最近兴起的房地产网站，如搜房网、房道网、百度安居等，以及为了适应城市实体商业发展和流通体制改变的趋势，从传统商业升级而来的搜了网。搜了网是目前国内最专业的实体商业O2O服务平台，其在生动展示商圈、购物中心、商场、商户的同时，实现了互联网与实体店的深度融合和多方互动，为消费者带来了兴趣社交化的智能购物全新体验，实现了线上（网店）与线下（实体店）双店一体化运营服务，其联合全国首个商业示范街项目——优品天地开发的优品天地数字特色街区和财富又一城已成为成都市移动电子商务示范特色街区，也是成都市政府推广移动支付后首个落地应用示范项目。

值得一提的是，在业内受到争议，且已在全国建立20余家实体店铺的青岛品牌索妃雅所推行的ITM网购，无论是经营理念、经营构架，还是经营方式，都与O2O模式截然不同。比如，O2O模式更注重线上交易，ITM模式则更偏重线上预订、线下交易。

对于O2O模式来说，方便衡量性能是很重要的，这是O2O模式电子商务平台服务的宗旨之一。传统的电子商务利用cookies和pixels之类的东西追踪转变。Zappos则可决定在线营销的ROI（投资回报率），因为每笔完成的订单在确认页面都有“追踪码”。O2O模式让其变得更加简单，因为交易发生在网上，相同的工具现在也可以用于线下，只需要通过中间商即可。

问题： 分析电子商务对传统营销渠道的影响。

分析提示： 通过对某类商品的传统营销渠道和电子商务营销渠道的对比进行分析。

6.2 营销渠道策划需要考虑的因素

营销渠道策划需要考虑的因素有六个，即成本（cost）、资金（capital）、控制（control）、覆盖（coverage）、特征（character）及连续性（continuity），由于它们的英文单词都以英语字母“C”开头，因此国外市场营销学家称之为**“渠道策划的6C因素”**。

6.2.1 维持渠道的费用

渠道费用是产品出厂价格和市场零售价格之间的全部差额，也就是企业的销售成本。如果渠道费用过高，就会严重影响企业开拓渠道的能力和效益。

维持渠道的费用是主要的、经常的。它包括支付给本企业推销人员的一切费用、付给中间商的佣金、商品流转过程中储运装卸的费用、各种单据的费用、广告宣传费用、洽谈业务所需费用等。

一般来说，不通过中间商，可以缩短营销渠道，减少渠道费用，但实际情况并没有这么简单，因为一个企业可以取消中间商，却不能取消中间商所发挥的功能和发挥中间商的功能所必须支出的费用。这里就存在着一个需要综合各种因素来考虑的问题，是取消中间商合算，还是使用中间商合算。

6.2.2 建立渠道需要的资金

一个企业要建立自己的营销渠道，拥有自己的营销队伍，就必须进行大量的现金投资。如果使用中间商，现金投资可以大大减少，但存货投资可能会增加。使用中间商通常有两种情况：一是将货售给批发商或经销商，其购货后支付货款，企业不需要现金投资，也不需要存货形式的资本投资，但有时需要对其提供信贷。二是委托代理商出售，尽管不需要对代理商进行现金投资，但企业在代理商没有把货售出之前，先要提供大批量的货物，这是一种存货形式的资本投资。因此，除了财力雄厚的企业有能力进行大量现金投资，自己建立营销渠道之外，一般中小企业适宜通过中间商进行销售。

6.2.3 对市场营销的控制程度

企业自己建立营销渠道，自己拥有营销队伍，当然最有利于对市场营销进行控制。如果使用中间商，企业对营销渠道的控制程度取决于各中间商愿意接受控制的程度。一般来说，渠道越长，企业对售价、销售量、推销方式等的控制能力越弱。在大多数情况下，当产品需要长渠道时，企业可放弃控制，让中间商负责。

6.2.4 销售产品的市场覆盖面

市场覆盖面并不是越大越好，而是要看这一市场覆盖面是否能给企业带来较高的经济效益。评估市场覆盖面主要从三个方面着手：一是这一市场区域能否获得较高的销售额；二是这一市场区域能否确保合理的市场占有率；三是这一市场区域能否取得满意的市场渗透率。因此，国外许多企业并不热衷于占领广阔的市场区域，而是力求打入人口密集、购买力强的中心区域。许多国家的主要购买力常集中于某几个城市区域。例如，60%的日本人口集中在东京、名古屋、大阪一带，打入这些区域，能以较少的营销费用取得最高的销售额。当然，要打入购买力集中的城市区域势必会遇到激烈的竞争。企业的产品与同类竞争产品相比如果没有独特的优势，要打入这些区域是很困难的。

一个企业的产品要想有一个满意的市场覆盖面，关键在于大中间商愿意经营本企业的产品，因为这些大中间商具有很大的市场覆盖面。任何企业都希望选择市场覆盖面大的中间商经营本企业的产品，但是大中间商不一定愿意接受本企业的产品，这就需要企业通过各种适当的促销手段，树立企业形象和产品形象，并给予中间商较好的赚头。

6.2.5 企业的特征

1）经营特征

如果企业本身有足够的财力和丰富的管理经验，而销售规模又较大，就可以考虑少用中间商，自派推销员进行销售工作。实力较弱的小型企业只能依靠中间商进行销售，但最好能找一家进货量大的大型零售商销售本企业的产品，以使销售渠道尽可能短些。如果企业经营的品种较多，则适宜直接与大型零售商合作，因为大型零售商面向各种消费者；对于一些大型零售商来说，其也愿意与能够同时供应多种商品的供应商合作。经营大宗原料或初级产品的企业应与专业中间商或用户合作，争取订立长期合作协议。

2）产品特征

一般来说，产品的单价越低，分销环节就越多；价格较高的产品多采用短渠道流通。对于体积大、重量大的产品，企业要尽量使用少环节的短渠道流通，以减少装卸搬运费用；对于体积小、重量小的产品，企业可根据需要采用长渠道流通。对于技术性强、使用复杂的产品（如机器设备等），生产企业需要提供较多的服务，因此宜采用短渠道流通，以便向顾客提供一系列的服务；对于使用简单、无须多少技术的产品，企业可考虑采用长渠道流通。对于易腐性和易毁性较强的产品（如鱼、蔬菜等鲜活产品和玻璃制品等），企业应尽量采用短渠道流通，尽快将产品从生产领域转入消费领域；对于耐久性强的产品，企业可采用长渠道流通。对于款式或式样经常变化的产品（如流行服装），企业宜采用短渠道流通；对于款式或式样相对稳定的产品，企业可采用长渠道流通。对于处于投入期的产品，因为生产企业需要搜集大量的信息，以进一步改进产品的质量和性能，所以宜采用短渠道流通；对于成熟期的产品，由于其质量、性能都已稳定，因此企业可根据需要采用长渠道流通。

3）市场特征

市场特征需要考虑以下几个方面的因素：

（1）目标市场的地理分布情况

如果目标市场比较分散，则企业可采用长渠道流通；如果目标市场比较集中，则企业可考虑采用短渠道流通。

（2）潜在消费者的数量

如果潜在消费者较少，则企业可采用短渠道流通；反之，可采用长渠道流通，由批发商和零售商把产品卖给众多消费者。

（3）消费者的购买数量

如果消费者的购买数量大（如生产资料用户），则生产企业可以直接供货；如果消费者的购买数量小，则生产企业宜采用长渠道，即通过中间商满足消费者的需要。

（4）消费者的购买习惯

对于便利品，消费者往往要求购买方便、服务迅速，这就需要有众多的中间商经销，通过大量的商业网点适应消费者的这种购买习惯；对于选购品，尤其是特殊品，消费者在购买前愿意花较多的时间比较权衡，所以企业可采用短渠道流通。

（5）消费的季节性

对于季节性较强的产品（如电扇、汗衫等），需要批发商提供储存功能，以调节产品生产和消费由于时间的背离而引起的矛盾，因此宜使用长渠道流通；反之，对于季节性较弱的产品，企业可使用短渠道流通。

4）渠道特征

企业选用竞争对手所采用的营销渠道，通常会比较容易地进入市场并占有一定的市场份额。然而，在竞争激烈的情况下，企业必须发展不同于竞争对手的其他渠道形式。例如，日本手表最初打入美国市场时，鉴于美国手表市场的竞争十分激烈，其最终选择了杂货店和折扣商店的销售渠道。

在选择渠道时，企业还需要了解渠道内各中间商的情况，对中间商的企业资源、资信条件、经营能力和市场覆盖面进行判断。需要判断的内容具体包括：

①该中间商是否有足够的支付能力；

②该中间商是否有一支训练有素的推销队伍；

③该中间商的市场渗透能力有多强；

④该中间商的销售区域有多广；

⑤该中间商还经营哪些产品；

⑥该中间商有无必要的销售设施；

⑦该中间商是否愿意和本企业真诚合作；

⑧该中间商在社会上有无信誉等。

6.2.6 渠道的连续性

随着营销环境的变化，企业的营销渠道是可以改变的，灵活的渠道比僵化的渠道更重要。渠道的连续性是指一个企业的营销渠道应当连续持久、不中断。这包含两层意思：

一是对于已发展的渠道中的中间商，只要其符合本企业营销目标的要求，就不宜轻易变更，因为其已经具有经营本企业产品的经验。

二是大多数中间商在看到经营企业产品能赚钱时就愿意经营，一旦获利不足就拒绝继续经营，这样会使企业丧失经销力量。因此，企业必须慎重选择中间商，并不断加以鼓励，在中间商中建立品牌忠诚；同时，对有可能退出经营的中间商预先进行估计，预先安排潜在接替者，以保持渠道的连续性。

同步业务6-1

空调业的不同分销模式

目前，国内几家实力较大的空调企业的分销模式各不相同，并形成了三种特色鲜明的流派，我们可以分别将其称为春兰模式、格力模式和海尔模式。

春兰模式

春兰集团（以下简称春兰）在全国约有1 500家经销商，每家经销商都拥有自己的批发网点和二级分销商体系。春兰对经销商的发展规模进行了较为硬性的规定。比如，经销商月平均销售额最低不能少于40万元，最高不能超过120万元。直至2002年，这种硬性规定才有所放松。

针对经销商的经营业绩，为了建立一个衡量标准，春兰还在全国范围内建立了150家专营店；同时，为了避免与经销商的利益发生冲突，春兰专营店的规模一般不超过经销商的规模。每座城市仅有2～3家专营店，而且专营店中销售的春兰空调的价格略高于经销商的价格，这种做法对于稳定价格、平衡市场起到了一定的积极作用。另外，专营店的专业售后服务系统，还可对部分在服务能力方面偏弱的经销商提供支持。

格力模式

在空调行业，包括格力集团（以下简称格力）、科龙集团、美的集团等在内的企业所采用的分销模式大多是“大户激励机制”。这种模式与春兰模式的主要区别在于，它不限制经销商做大规模，而是在每个区域都着力培养数个销售大户。为此，格力采取了一套有效的激励机制。例如，在销售淡季有高达7%～8%的返利，全年有2%～3%的返利；销售额越高，返利回款的比例就越高等。

格力模式的优势在于极大地降低了销售管理成本。对于大型空调生产企业来说，如果在每个地区只培养几家关系较密切的经销大户，易于理顺关系、紧密协作，对中小经销商的协调工作则可以由经销大户来完成。

海尔模式

相对于春兰模式和格力模式来说，海尔空调的分销方式可以称得上是自己动手、丰衣足食。不论是在省会城市、地级市，还是在县级市，海尔集团（以下简称海尔）都是依靠自己的分支机构建立销售网络和渠道，发展零售商的。

由于各地营销中心的存在，因此海尔有能力严格选择零售商，并配合市场销售，举行多种行之有效的宣传促销活动。这也为维护品牌形象和今后的规模化发展打下了良好的基础。

在空调行业，之所以会出现这些截然不同的分销模式，一个很重要的原因是这些企业进入空调市场的时间有先有后，各个企业是在分析当时的市场状况和自身特点的基础上建立分销模式的，经过不断摸索和完善之后，它们依然沿用了最初进入市场时所建立的分销模式。分销模式的差异实际上体现了不同企业与经销商之间不同的利益平衡方式。

业务分析：分析这几个企业空调销售模式的异同和优劣，提出自己认为最优的空调销售渠道模式。

业务程序：

（1）比较分析不同企业的渠道模式。

（2）运用所学理论，选择合理的渠道模式。

6.3 营销渠道长度与宽度策划

为了使自己的产品能在较短的时间内，以较快的速度、较少的费用从生产领域流转到消费领域，企业需要进行一系列营销渠道策划，其主要内容包括营销渠道长度策划与营销渠道宽度策划。

6.3.1 营销渠道长度策划

渠道长度是通过渠道层次（或称中间环节）的数量来衡量的。产品从生产领域流转到消费领域的过程中，每经过一个中间商，就构成一个渠道层次。如果生产者直接将产品卖给消费者（用户），没有中间商参与，那么这种渠道称为零层渠道；如果生产者首先将产品卖给批发商，批发商又将产品卖给零售商，零售商最后将产品卖给消费者（用户），由于这种渠道有两个中间商参与，因此称为二层渠道，其余类推。

1）生活消费品的营销渠道

零层渠道包括上门推销、邮购、电话营销、电视直销、自有商店。

一层渠道：生产者—零售商—消费者。

二层渠道：生产者—批发商—零售商—消费者。

三层渠道：生产者—代理商—批发商—零售商—消费者。

2）生产资料的营销渠道

零层渠道：这是生产资料营销渠道中最重要的类型，一些体积大、重量大、技术性强的生产资料一般都使用这种渠道，实行生产者和用户直接挂钩。

一层渠道：一种是生产者—批发商—用户。这是先由生产者将产品卖给批发商，再由批发商卖给用户的渠道类型，它适用于那些价值不大、比较标准化的生产资料，如机器的零配件、小型工具等。另一种是生产者—代理商—用户。这是生产者委托代理商寻找用户，以推销产品的渠道类型。

二层渠道：生产者—代理商—批发商—用户。这是先由生产者委托代理商推销产品，代理商再经过批发商将产品卖给用户。

与生活消费品的营销渠道相比，生产资料的营销渠道有一个重要的特点，即许多生产资料一般不通过零售商经销，这主要是因为生产资料的用户一般是大批量购买者，而且往往需要生产者提供一定的技术指导和一系列售后服务。

因此，每个生产企业都要对渠道层次的数量进行策划，即进行渠道长度策划。渠道的长短是相对的，我们一般把零层渠道和一层渠道称为短渠道，把二层渠道或二层以上的渠道称为长渠道。

6.3.2 营销渠道宽度策划

所谓营销渠道宽度策划，是指对每个渠道层次所用中间商的数量进行策划。例如，企业通过进行渠道长度策划，决定采用“生产者—零售商—消费者”这一短渠道，这时渠道宽度策划就是要对同时使用多少家零售商进行策划。决定渠道宽度的三个因素是所需的投资水平、目标消费者的购买行为和市场中商家的数目。企业可以采用的营销渠道宽度策略包括广泛经销、独家经销、选择性经销。

1）广泛经销

广泛经销也称密集经销，即在某一市场范围内，生产者运用尽可能多的同层次中间商推销产品，通过众多的营销渠道将产品转移到消费者手中。例如，生产香烟制品的企业为了提高其产品的品牌知名度，并实现消费者购买的便利化，一般会选用数量极多的中间商，以尽量覆盖较大范围的市场。

消费品中的便利品最适合采用广泛经销方式，因为消费者对于便利品一般不会花较多的时间去挑选，主要追求购买方便、服务迅速，这就要求有众多的商业网点，通过大量的中间商把产品卖给消费者。此外，通用型原材料也适合采用广泛经销方式。

2）独家经销

独家经销，即在一定的市场范围内（如某一个城市），生产者只选择一家中间商（批发商或零售商）经销自己的产品。生产者授予中间商经销产品的特权，但要求中间商不得经营竞争者的同类产品。

市场营销学界将独家经销也称为总经销，特指生产企业将在某一地区独家经销企业产品的权利授予某一营销中介机构，但作为总经销的营销中介机构必须直接向生产企业购买产品，负担产品所需的多种通关费用，并拥有属于自己的经销网络。独家经销可以提高产品形象，时装、汽车、电器可以采用独家经销方式。

独家经销方式一般适用于一些购买者较少、单价较高或技术较为复杂的产品。独家经销对生产企业和营销中介机构都大有好处：生产企业可以借助这种行之有效的营销形式在产品定价、促销、信用和各种服务策略方面对营销中介机构进行一定程度的管理和控制，作为独家代理的营销中介机构则可以从中获取较高的收益。

3）选择性经销

选择性经销也称特约经销，其介于广泛经销和独家经销之间，是指生产企业同时选择多个但不是全部的营销中介机构经销其生产的某一特定产品。

采用这一策略的企业，其目的只有一个，就是尽力打开市场并力争扩大产品的销路。

选择性经销适用于消费品中的选购品。生产企业采用选择性经销方式，既能避免采用广泛经销方式时精力过于分散的弊端，能够同被选择的有限几家中间商建立起良好的业务合作关系，掌握一定的渠道控制权，又能避免采用独家经销方式时渠道太窄的弊端，从而进一步打开市场，占有更多的市场份额。因此，这是多数生产者采用的策略。

不少企业在进行营销渠道策划时，都在渠道宽度的选择上陷入了困境。

例如，有些企业不自量力地采用独家经销方式，但因营销网设计太窄、铺网节奏太快、启动资金过多等原因，面临着一系列问题：规模效益短时期内体现不出来；缺乏大量有经验的管理人员和销售人员；渠道的急速膨胀给企业的市场信息反馈、配货、运输及调控能力带来了很大压力。

我国不少企业的产品不适合采用广泛经销方式，因为产品铺得太广很容易被仿冒。例如，中国香港名牌“金利来”刚开始进入内地市场时，由于在各类商场都有销售，因此仿冒产品很快大行其道。对此，“金利来”及时调整和重新设计分销渠道，迅速将原来的无规则铺货全部改为专柜销售，以统一价格、统一形式出现在内地消费者面前，成功抵制了假货的冲击。遗憾的是，还有一些企业没能根据市场变化情况及时调整渠道模式，产品被仿冒的问题至今仍未解决。

有些企业的渠道宽度策略则比较合适。

例如，TCL集团（以下简称TCL）在短短四年时间里，从默默无闻一跃成为国内彩电行业三巨头之一，其中一个原因就在于其较好地采用了选择性经销方式。TCL在全国已建立了28个省级分公司、125个经营部、200多个专营连锁店和800多个特约维修专营店，直属用户服务网更是遍及全国。TCL的营销渠道已成为中国家电行业最庞大、最细腻的营销服务渠道。

又如，广州宝洁公司成功的关键在于其采用了广泛经销方式。多年来，广州宝洁公司把产品放进了每一家商店。在资料不足的情况下，公司找来了人口在20万以上的中国228个城市的交通图，把小到夫妻店、大到百货店的位置一一标到地图上，然后将推销队伍分成片，拜访所有店铺，并给数百万城市居民免费送上样品，最终使宝洁产品迅速普及开来。

职业道德与企业伦理6-1

可口可乐101系统

背景与情境：可口可乐根据市场调整了营销策略，首次推出101销售模式，将一部分批发商定义为101客户，省略二级批发商，直接面对零售终端。

可口可乐101系统是指可口可乐装瓶厂在某地区找一家批发商作为合作伙伴，该批发商负责该地区可口可乐产品的配送，并赚取一定数量的配送费，可口可乐装瓶厂则负责派驻业务员在该地区进行业务推广，双方各司其职、共同发展。这套系统的侧重点体现在以下几个方面：

第一，可口可乐业务员的工作范围严格按区域划分，业务员负责某区域意味着他要负责该区域所有渠道的业务，无论是小商店、餐饮、批发等传统渠道，还是超市、网吧、工厂等现代渠道。

第二，“区域精耕”，每个配送商和业务员负责的区域越来越小。在珠三角地区，一个镇至少有一家以上配送商和一个以上业务员，大一点的镇一般有三四个配送商和三个以上业务员。

第三，注重零售的执行。可口可乐要求每个业务员每天按照事先规划好的线路图对线路上的销售点进行定期拜访，不得跳点、漏点，并做好生动化工作。

第四，总部成立线路服务部，不断对线路进行合理规划和调整，确保每个业务员每天拜访30个左右的销售点，合理安排业务员在不同销售点的时间。

第五，总部成立渠道策划部，不断推出针对不同渠道的促销方案，并分发给各地的业务员执行。

第六，总部成立101系统发展部，不断开发、调整合作伙伴，并对现有合作伙伴的工作进行考核评估。

第七，总部成立数据中心，依托可口可乐自行开发的先进的数据管理软件——Marin Minder，对所有销售数据适时进行详细、全面的管理，并为管理层提供决策依据。

101系统不是可口可乐一开始进入中国就设计好的或者从外国直接拷贝过来的，而是可口可乐根据中国的国情设计出来的。在此之前，可口可乐采用的都是“车”销或者直销，就是业务员每天开着满载着货物的车出去推销。后来，可口可乐发现中国地域辽阔，这种“车”销的方式成本高、效率低，于是就根据中国的实际情况设计出了现在的这套101系统。根据这套系统，可口可乐装瓶厂专注于销售，而把送货的事情交给当地的合作伙伴也就是批发商，从而大大提高了效率，降低了销售成本，销量直线上升，真正实现了可口可乐一直提倡的3A战略——买得到，乐得买，买得起！

这些101客户主要由大的批发商和原来的区域配送中心转变而来。转为101客户后，批发商们不再需要到处寻找客户，而是可以“坐享其成”。由作为可口可乐正式员工的业务代表直接从终端拿到订单，交给101客户，再由101客户在最短的时间内按订单将产品送到每一个终端客户手中。

可口可乐的每个装瓶厂下都设有二三十个分公司，如福建厂设在厦门，漳州、福州等城市都设有分公司。所谓分公司，也可以叫作营业所或办事处，通常由一个财务人员、一两个负责经理和一大批业务人员组成。每个分公司掌握着几十家101客户，并将这些101客户按线路或区域进行划分，每家101客户又面对着几十个零售终端。如果在某个区域零售终端比较多，101客户也相对增加。在终端密集的地方，一个镇、一个县就会设一个101客户。即使像农村小卖店这样的终端，也由101客户直接负责配送，中间再无批发商。这样下来，整个可口可乐系统就拥有了几万家101客户。

针对每家101客户，可口可乐都为其配备一个或几个专业业务代表。他们每天去拜访自己负责区域内的零售店，以掌握对方的需求。在大一点儿的101客户手下，业务代表甚至还分为不同工种，有跑餐饮的，有跑街边小连锁店和冷饮店的，还有跑网吧等特定场所的。时间长了，业务代表们谈判起来就会很熟练，业务也越做越容易。业务代表们在拿到订单的同时，还可以随时向对方介绍新上市的产品和近期的促销政策，从而为下一步销售做铺垫。

借助几万家101客户和几十万个每天奔波在第一线的业务代表，可口可乐将触角伸到了全国各个角落，既牢牢把握住了终端客户，又使得批发商和零售商形成联盟，整个销售网络越来越紧密。

问题：从快乐工作的角度分析可口可乐101系统的可行性。

分析提示：工作职责的落实与责任的明确是做好本职工作的基础。

6.4 厂商与中间商关系的再造

6.4.1 中间商类型的策划

如果生产企业决定通过中间商销售其产品，就必须对中间商的类型进行策划，即确定生产企业将产品卖给什么类型的中间商。中间商主要有三种类型，即批发商、代理商和零售商。为了策划出合理的中间商类型，生产企业首先应分析中间商的功能，然后应分析企业所需要的功能。

1）批发商

批发商的特点是通过采购活动取得产品所有权，并从进销差价中取得利润。批发商能够提供较为全面的销售功能，拥有一定面积的仓库、相当数量的固定资金和流动资金，运输能力强，有能力大批量向生产者进货，与零售商有广泛的联系，有一定的经营管理经验。

2）零售商

零售商也像批发商一样，具有通过采购活动取得产品所有权，并从批零差价中取得利润的特点。多数零售商规模较小，一般不可能像批发商那样提供较多的销售功能，并且仓库面积较小、运输能力弱、流动资金较少，因此只能采用批量采购、勤进快销的方式。零售商与消费者接触密切，能够比较客观地了解消费者对特定产品的需求情况。

3）代理商

代理商在西方国家非常普遍，在我国还很少。代理商没有产品所有权，为卖方找买方，为买方找卖方，从中抽取佣金。

代理商有多种类型，按其职能的不同大体可以分为：制造商代理（manufacturer's agent，MA）、销售代理（sales agent，SA）、采购代理（purchasing agent，PA）、经纪人（broker）和进出口代理（import agent & export agent，IA和EA）五种类型。

制造商代理通常为几个企业服务，其代理的产品往往是互相补充的，而不是互相竞争的。制造商代理利用这些来自不同企业的互补性产品，向顾客提供系统的产品服务。制造商代理的权限有限，只能在委托人指定的区域、按照委托人指定的价格和销售项目等进行销售。

销售代理通常只代表一个企业，并且负责该企业授权范围内的营销活动。由于销售代理的职责范围比较宽，因此其被授予的权限要比制造商代理的权限大得多。销售代理可以决定产品的价格、销售项目、销售区域等，并且可以在一些地方雇用其他类型的代理。

采购代理代表顾客，其一般与买方建立长期的关系，为买主采购商品，并经常为买主接收、检查、储存和运送货物。采购代理为顾客提供有用的市场信息，并帮助顾客以合适的价格买到最好的产品。

经纪人并不专职固定服务于生产者或顾客，而是谁雇用他们，他们就为谁服务，并由雇用他们的一方支付佣金。经纪人的主要作用是为买卖双方牵线搭桥并协助谈判，以促成商品所有权和控制权的交换。经纪人不存货，不涉及财务往来，不承担交易过程中的风险。由于每一次活动都独立并区别于其他销售的交易，因此经纪人经常更换其所代表的委托人，其与委托人之间没有长期契约关系。

进出口代理是专门从事进出口业务的代理商。

不同类别的代理商经营产品的规模、产品范围的深度和广度、所代表委托人的类别和数目以及对自身素质的要求和承担的任务等都是不同的，但是通过分析我们不难发现，这些代理商还是有很多共同特点的：

①代理商是独立经营的实体。

②代理商仅参与渠道活动中的某些活动，并不参与全部渠道活动。

③代理商必须具有较高的促销能力。在营销过程中，代理商的主要目的是促进交易的实现，从而获取销售佣金。

④代理商一般不具有仓储功能，在多数情况下，产品直接由生产企业运给顾客。

⑤代理商对销售的产品没有所有权，也不承担产品的风险。

⑥除寄售商外，代理商一般不参与资金流的活动，也不提供赊账销售。

⑦代理商的主要花费是推销费用，大约占全部费用的一半。

教学互动6-1

背景资料：联想集团（以下简称联想）作为国内电脑市场上的佼佼者，占据15.2%的市场份额，这与联想的渠道实力是分不开的。

传统的营销渠道主要是代理营销制。对于中国大多数厂商来说，代理营销制依旧是主流，除了直销的环境不够成熟之外，另一个重要原因是，对于一个厂家来说，若要在市场上获得较好的声誉和较高的市场份额，它的渠道必须很丰满，必须先在渠道上占据优势，否则其产品很难占领市场。

在传统营销渠道的理念中，厂家和中间商之间的关系不外乎两种：买卖关系和合作伙伴关系。第一种关系比较简单，只是单纯的交易行为，双方责、权、利的约束性不强；第二种关系则更进一步，但在许多情况下，都是不稳固的联盟关系，而且双方的关系是松散型的，缺乏一致的目标和利益，最后常常无疾而终。

为了进一步完善渠道政策和提升渠道层次，联想提出了渠道的大联想计划，把厂商和经销商的关系提升为一体化的联盟关系。其中，厂家作为原始产品的生产者和供应者，主要通过渠道来出货；代理商则是厂家的销售队伍，与厂家的生产部门、研发部门、制造部门一样，是厂家的一部分。以这种眼光来看待代理商，联想在选择代理商时会更加严格和慎重，代理商则会更有安全感和归属感。

为了保证大联想机制的健全和这一计划的不断推进，联想还建立了一系列的监督、保障机制，成立了专门的大联想顾问委员会，顾问从代理商中推选，分布在全国28个省份，都是当地的佼佼者。大联想渠道中的一些重大问题、前瞻性问题和亟待解决的问题都会在顾问委员会中讨论，由厂家和代理商一起商量和决定。除此之外，联想还在每个季度对代理商的意见进行调查，设立总经理接待日，这些都已形成制度。

目前，联想PC在全国200多个城市拥有2 000多家经销商。联想PC将进一步完善其渠道体系及保障体系，提高渠道整体的专业化水准，使各种渠道进一步细化。联想认为，直销在国内的环境还不成熟，联想应该继续发挥已有渠道的优势，同时关注直销在中国的发展。

联想还采用1+1专卖店的形式，这个专卖店依然是代理销售的一种，不是自己来做，而是发动代理商一起来做，是一种加盟方式，但是要做到“六个统一”，即统一的形象标准、统一的销售产品、统一的服务、统一的价格、统一的布局、统一的管理。

从更深的层次来讲，联想的目的就是迎接PC产业从根本上发生变革时对渠道的新的要求。

资料来源：佚名.联想电脑的渠道建设［EB/OL］.［2008-03-18］.http：//www.cena.com.cn/a/2008-03-18/12058031705817.shtml.

互动问题：联想电脑渠道建设的可行之处有哪些？

要求：同“教学互动1-1”的“要求”。

6.4.2　厂商与中间商利益关系的重新洗牌

要使产品以较快的速度、较少的费用在较短的时间内从生产领域转移到消费领域，生产者和中间商必须相互支援和合作。在每一种类型的渠道中，占主导地位的渠道成员通常是该渠道的组织者和领导者。谁是某渠道的首领，通常取决于渠道成员间的力量（包括资金信誉、管理能力等）对比。一般来说，谁的力量最强，谁就是该渠道的首领，并处于支配地位。因此，渠道首领可能是生产者，也可能是中间商。作为渠道首领的企业，要通过制定价格、融通资金、承担风险等业务活动，使所有渠道成员都有利可图。

职业道德与企业伦理6-2

陶瓷业备受渠道限制之痛

背景与情境：隐性渠道是对传统渠道的延伸，是对销售终端的拦截。我国建筑卫生陶瓷行业的市场规模约为5 000亿元人民币。传统的显性渠道，即专业市场店面模式，只占不到1/2的份额，1/2以上的销售市场集中于隐性渠道，包括装修设计公司采购、工程公司采购、房地产公司采购等。造成这一现象的原因是：凭借对装修设计和装修材料的了解，装修设计公司早已在消费者心中树立了舆论领袖的地位，甚至成为采购方的代言人。

隐性渠道中的利益分配蕴藏着种种猫腻，已经造成了供应商、设计师、消费者等利益相关方相互猜忌、指责，普遍存在的回扣问题更是不断被社会诟病，成为不能公开的“秘密”。

问题：隐性渠道对于陶瓷生产厂家和消费者而言，有何弊端？

分析提示：一个销售渠道模式好坏的标准在于其是否能以最快的速度、最好的服务质量、最经济的流通费用将商品送到消费者手中，从而实现经营者的利益。它必须具备的前提条件与核心要素是信息的透明化和各方利益分配的合理化。陶瓷业营销渠道的信息不透明，意味着企业无法确定终端客户的具体位置和市场容量，更无法针对终端客户提供有效的物流配送和售后服务，而利益分配的不合理甚至直接导致企业与终端客户之间无法形成稳定的合作体系。

1）厂商主导型与中间商主导型

（1）厂商主导型

汽车、软饮料、专利药品、电视机、照相机等，都是厂商控制的产品。为何这类产品的厂商能够成为渠道路线中的支配力量呢？金钱和实力是决定性的因素。为了成功推销这些产品，对于新产品的开发和全国性的广告宣传，企业需要投入大量资金，单是全国性的广告宣传就要花费数百万元。

（2）中间商主导型

大型零售商在近年来逐渐开始使用积极进取的推销方法。正如某家零售连锁商店的领导所做的解释：“诚然是制造商在真正开发产品，然而越来越多的情况却是连锁商和顾客在规划一些计划与市场销售的概念。”

有些产品（如家庭日用品），似乎特别适合由中间商控制其渠道。面对当地市场上迅速转变的需求，厂商实在无法轻易预测当地的需求形势，结果领导权就落在了中间商手中。中间商可以挑选想卖给顾客的产品，可以进行营业推广，甚至可以自主定价。

2）传统营销系统与垂直营销系统

传统营销系统由一群独立的制造商、批发商与零售商所组成，每个成员都各自追求自身利润的最大化，即使因此损害整个系统的整体利益也在所不惜。渠道中没有一个成员对其他成员有绝对或足够的控制力，也没有一个正式的机构来指派角色和解决冲突。

相反，垂直营销系统（vertical marketing system，VMS）的制造商、批发商和零售商结为一体，渠道中的成员有的同属于一个公司，有的具有特许权关系，有的有足够的力量使其他成员与之合作。垂直营销系统的支配者可以是制造商，也可以是批发商或零售商。垂直营销系统可以有效控制渠道成员的行为，管理渠道成员追求自身目标的过程中所发生的冲突，还可以实现规模经济，增加谈判力量，避免提供重复的服务。

从我国目前的情况来看，生产厂家的营销系统基本上属于传统营销系统。

以家庭洗涤品为例，我国家庭洗涤品的流通主要采用两种营销渠道：

①生产者→代理商→零售商→消费者。

②生产者→批发商→零售商→消费者。

第一种营销渠道是由生产者的代理商直接向零售商供货，这需要生产者根据一定的条件，在全国各大城市选择本企业产品的代理商，由代理商向该城市或该地区的零售商供货。这样既方便了零售商，又能有效避免出现假货。采取这种营销渠道的，一般是实力较强的企业，如外资企业。因为这些企业有较成熟的市场经验，比较重视对中间商的组织，并且能够在某种程度上对中间商加以控制。例如，宝洁公司（P&G）首先在中国每个大城市选定几家代理商，然后派出公司销售人员，协助代理商建立和扩大零售网。公司销售人员的具体工作是：①巡回于各零售店之间，及时掌握销售情况，避免脱销；②帮助代理商组织货源、调整库存、安排运输，保证向零售商稳定供货；③协助代理商缩短回款时间，并对代理商进行监督。厂家对代理商的控制，仅限于根据回款期的长短给予不同奖励或制裁，而在排斥竞争商品和维持再销售价格方面，没有强有力的控制措施。国内个别大型生产企业也选择了这种营销渠道，但是由于管理上的不成熟，整个渠道组织没有作为一个完整系统在运作，因此效果明显不佳。第二种营销渠道是传统的渠道模式，我国大多数公司都采用这种营销渠道。产品首先销售给各地的批发商，再由各地的批发商转售给零售商，最终到达消费者手中。然而，由于渠道成员间的关系松散，因此这种营销渠道并不稳定、风险较大，厂家难以控制产品的最终销售价格，并且使假冒产品有机可乘。

我国的生产企业之所以仍停留在传统状态，还没有建立起厂家主导型的垂直营销系统，主要原因是：

①我国企业的经营理念尚处于较低层次。一般来说，经营理念的变化过程是：产品理念→销售理念→市场理念。我国企业的经营理念从总体水平上来看，刚刚从产品理念进入销售理念层次，尚未达到市场理念的层次。所以，我国企业大多比较重视促销策略（确切地说是推销），而忽视渠道策略。此外，我国企业缺乏市场经验，市场营销技术不熟练，即便意识到渠道策略的重要性，运用起来也并不得心应手。

②我国企业缺乏相互间的信用基础。垂直营销系统要求渠道成员保持相对稳定的协作关系，而多年来一直困扰企业的三角债，使企业之间难以建立信用关系。此外，我国是从计划经济体制转入市场经济体制的，在整个流通系统还没建立起传统的专业分工秩序时，市场就已呈现出了流通的纵向竞争特征，大型生产企业和大型零售企业在“多角化经营”的方针下，开始了对批发商的争夺与瓜分，使原有的批发商失去了重建专业分工秩序的机会。这样一来，生产企业便没有现成的渠道可以利用。所以，在我国构建厂家主导型的垂直营销系统，要比在传统市场经济国家付出更高的成本。

③我国的生产企业还没有形成足以吸引流通业者合作的品牌。在同样的市场条件

下，外资企业以国际知名品牌和优厚的条件吸引着流通业者，外资企业可以充分选择合作伙伴，组成厂家主导型的垂直营销系统。我国的生产企业却不具备这些条件，加上市场条件的制约，所以难以形成对营销系统的控制。

3）从输—赢模式到赢—赢模式的转变

每种营销渠道的成员之间都存在着不同程度的合作和矛盾。一般情况下，渠道成员间的合作往往占主导地位，生产者、批发商和零售商为了相互的利益而组成一条渠道，并且通过一系列的业务活动相互满足对方的需要。同单个企业的单独活动相比，渠道成员间的合作能为各方带来更大的经济效益。可是，营销渠道中也经常存在着某些矛盾，如厂商与中间商之间的矛盾，以及各个中间商之间的矛盾等。渠道策划的目标就是要加强渠道成员之间的合作，调解渠道成员之间的矛盾。

小资料 6-1

保健品行业的渠道盲点

稳定的经销渠道是稳定市场的基本保证，更是企业长远发展的必要条件，而各方的利益组合分配则贯穿于经销渠道建设的整个过程。在众多利益方的组合中，要达到一个各方都满意的平衡点并非易事。在实际营销运作中，某一方在利益的诱惑下过分追求自己的利益而破坏平衡，不仅会扰乱经销渠道，而且会使企业陷入可怕的泥潭不能自拔。保健品行业的这种短期行为通常有以下几种类型：

1）开拓市场时——泛流型

某保健品公司采用派人在各地区设立分公司的方法来开拓市场，总部对各分公司实行指定价格、销量承包。各分公司为了实现承包销量，不管是经销商、终端，还是消费者，谁要货都发，从而造成了货物的泛流。由于开拓市场时，公司开展了铺天盖地的广告宣传进行煽情，一时间，经销商上门拿货，终端主动来进货，消费者也在分公司的窗口排起了长队，生意确显“红火”。开始时，一个中等城市的月经营额达到50多万元。可是好景不长，几个月后，经销商拒绝进货，终端相互压低价格出售，厂家货款不能顺利回笼，广告宣传缺少资金的支撑，消费者的热情骤降，产品很快处于滞销境地。

在保健品领域开拓市场时，企业常常容易误入这种货物泛流型的陷阱。一是表面的“红火”容易掩盖深层的危机。一般来讲，消费者有着求新的心理，尤其是在保健品领域，新产品具有吸引顾客的优势，加之开拓市场时煽情的广告宣传，可以很快煽出表面“红火”的市场。然而，没有良好的经销渠道作为保证，这种“红火”的背后必然是“危机”。二是承包机制易于使总部放松对分公司的管理。开拓市场时，总部为了调动分公司的积极性，常常采取承包措施，但是一个产品的营销，仅有分公司的积极性是不够的，还应该有经销商和终端的积极性。经销商和终端的积极性要靠利益去调动，仅仅靠分公司承包，让分公司员工得到利益，而没有严格的政策保证经销商和终端的利益，就不可能有畅通稳定的经销渠道，也不可能有正常的经销行为。三是一些保健品企业的策划者阅历有限。保健品市场与一般生活资料市场不同，消费者对后者的需求较为稳定，对前者的需求弹性则较大。需求弹性越大，市场可争取的潜力就越大，而丧失市场的危险性也越大。因此，经销商、终端的作用非同一般。对于那些未涉足过保健品市场的策划者来讲，其若没有与保健品经销商及终端打交道的经验，若认识不到建立稳定经销渠道的重要性，在开拓市场时是十分危险的。

2）发展市场时——分沟型

有些保健品公司在开拓市场时建立的营销渠道是成功的，即选择了合适的代理商经销自己的产品，这样能够利用原有经销商的经销渠道，快速将产品推向市场。公司的基层机构只需要花一小部分精力联络经销商即可，主要精力可以放在广告发布、产品宣传、刺激消费者的购买欲望等方面。消费者的购买欲望提高了，产品就会畅销，经销商的销售量就会增加，经销产品的积极性会更大，对产品也更有信心。如此长期坚持，可使产品的经销过程逐渐步入良性循环。然而进入市场发展阶段后，一些公司看到品牌的知名度提高了，经销商和终端主动上门进货的多了，便稳不住了，抵挡不了眼前利益的诱惑，不顾原来经销商的利益及曾经有过的承诺，随意增加经销商或直接向终端发货，将原来稳定的经销渠道随意分沟。这样做必然会带来以下恶果：

其一，冲乱价格体系。在一个地区内，一个或几个经销商按照与公司约定的价位向终端发货，终端对外零售，这样可以控制住该地区的价格体系。价格体系很重要，许多保健品公司出乱子，在市场上的表现都是从价格体系混乱开始的。一旦公司在经销渠道上随意分沟，就会破坏原有稳定的经销渠道，互相窜货、竞相压价的现象就会产生，价格体系就会混乱。

其二，挫伤经销商的积极性。违背原有的约定，随意分沟，搞乱价格体系，会使原有经销商的获利减少，经销商自然会有意见。例如，在经销渠道正常时，经销商批发一盒某保健品可获差价3元，终端销售一盒某保健品可获差价10元，经销商和终端的积极性都很高。其他经销商和终端认为有利可图，纷纷找保健品厂家进货，厂家看到有人找上门来，便来者不拒，敞门发货，将经销渠道随意分沟，很快价格体系出现了混乱。经销商批发一盒该保健品获得0.30元的价差也难以保证，终端销售一盒该保健品也仅获差价3~4元，结果一些经销商和终端拒绝经营该产品。有些终端即使在货架上摆放这种产品，也不向消费者推荐，而是主动推荐其他同类产品。

其三，增加呆死货款。一般而言，经销商手中都压有相当数额的货款，经销渠道正常时，这些货款会不断周转；若公司违约，经销商就会扣压货款，如此必然会增加公司的呆死货款。例如，某保健品公司几乎所有在开拓市场时合作过的经销商手中都有数万元至几十万元的货款难以收回，全国市场形成的呆死货款累计达数千万元。

其四，增加铺货量。每增加一个经销商，就会增加一份铺货量。在一个地区，仅一个或少数几个经销商代理时，铺货量相对来说并不大；经销渠道分沟后经销商增多，经销商就会竞相拖滞货款，提高铺货量，铺货量越大，形成呆死货款的风险就越大。同时，经销商增多以后，一些素质差、不讲信誉的经销商常常会“挟铺货”而“自重”，提出过分的要求。

其五，滋生腐败行为。经销渠道分沟后，经销商多了，渠道就容易乱，这时，难免会有些基层组织的员工“浑水摸鱼”，做一些不利于公司整体利益的事。在保健品行业曾经发生过这样的事：有的基层员工与经销商联合起来，通过低价窜货增加销量，骗取总部的销售费用和广告宣传费用；有的基层员工与经销商勾结，做假财务账目，有意扩大呆死货款金额，谋取个人利益；有的基层员工利用货款与经销商联合开办公司；有的基层员工私下向经销商许诺回扣、返利等。若问题暴露，他们就与经销商勾结，携货卷款而逃。

3）深化市场时——重渠道、轻宣传型

保健品公司的基层组织主要有两大职责：一是进行广告宣传，不断激发消费者的购买欲望；二是疏通经销渠道，保证货物正常分流和货款按时回流。在开拓市场阶段，公司很重视广告宣传，但进入深化市场阶段以后，许多公司极易陷入重渠道、轻宣传的误区。其根源在于：

一是经过开拓市场时期和发展市场时期的宣传，产品知名度已达到较高的程度，公司对产品宣传开始松懈。

二是开展广告宣传工作要比走访经销商更艰苦。例如，要不断在各处张贴宣传画，或逐家逐户发宣传小报，或进行终端包装，或到大街上拉横幅等，对于这些工作，若没有吃苦精神是无法做好的。而疏通经销渠道，只需要跑几次经销商，相对而言要轻松得多。

三是疲劳效应。一个市场从开拓、发展到进入深化时期，一般需要历经两年左右的时间，基层员工对于简单的宣传活动感到疲劳，因此会提出将广告宣传向电视广告、电台广告、报纸广告转移。在进入深化市场时期以后，员工这方面的意识会淡薄，结果导致销量明显下滑。

消费者的需求才是营销活动的源头，而消费者的需求需要不断激发，否则渠道再好也是枉然。

4）挑选合作伙伴时——关系型

建立经销渠道，要选择合作伙伴，有的保健品公司是由总部直接在各地区挑选经销商作为合作伙伴，有的保健品公司则是由派往各地区的基层组织挑选合作伙伴。总部直接挑选经销商时，原则性会强一些，经销商的信誉也好一些；派往各地区的基层组织在挑选合作伙伴时，则易挑选同乡、同学、亲戚等有关系的经销商作为合作伙伴，这对于建立正常的经销渠道是不利的。保健品公司选择经销商建立经销渠道是需要长期维持的经济行为，任何经济行为要想长期良好地维持下去，除了相互友好、支持外，更重要的是相互约束、监督、控制，越是追求长期合作，越应加强约束、监督、控制。大型保健品公司常常在各地区设立分公司或办事机构，为了避免挑选有关系的经销商作为合作伙伴，有些公司实行基层经理异地任职制。

（1）厂商赋予经销商权力

厂商在价格政策方面必须保证其价格折扣对中间商具有相当的吸引力。购销条件包括支付条件和提供一系列的保证，如规定中间商付款的期限、提供防止产品跌价的保证等。厂商应明确规定中间商的地区性权利，给予中间商在某一地区范围内的经营特权，以此鼓励中间商同厂商保持特殊的关系。厂商还要明确能向中间商提供哪些服务，如提供代客托运、质次产品退货等服务。当然，厂商也可以要求中间商提供一定的服务，如要求中间商定期通报产品的销售情况、顾客对产品的意见和建议以及产品销售趋势的分析报告等。

（2）厂商对经销商的激励

刺激和鼓励渠道成员努力工作的前提是，厂商要了解各个中间商的需要和愿望。厂商应掌握中间商的以下特点：

①中间商是一个独立的经营者，而不是厂商的雇佣者，中间商有自己的经营目标和政策。

②中间商只乐于推销顾客欢迎的产品，而不是某一特定厂商的产品。

③中间商最关心的是所有产品的销路，而不会把精力集中在某一个产品上。

④除非得到特殊的刺激，中间商一般不愿意为特定产品做销售记录。

厂商应了解中间商的特点和各种需要，然后对中间商采取有效的鼓励措施，如给中间商较高的折扣率、某些优惠条件、奖金、合作广告津贴、商品陈列津贴等。

大多数厂商认为，要取得中间商的合作，必须采用胡萝卜加大棒的政策。一方面，提供较高的折扣率、某些优惠条件、奖金、合作广告津贴、商品陈列津贴等；另一方面，采用制裁措施，如减少中间商的利润、终止关系等。这种政策的弊端是厂商根本不关心中间商的需要、问题、长处和短处，仅仅依据单一的刺激-反应模式，将众多的激励因素拼凑在一起。

同步思考6-1

背景资料：作为中国食品饮料及快消品行业的一个标杆，农夫山泉的一举一动一向受人关注。最近，关于其大幅度削减经销商数量转而推行大客户制的消息在坊间流传，围绕这一消息的讨论也很多。农夫山泉推行大客户制的时机真的成熟了吗？在大家都在强调通路精耕、区域深耕的时候，农夫山泉推行大客户制的消息让不少人愕然。但是，大客户制真的做不到对市场的精耕细作并与其背道而驰吗？这显然是一种误解。

事实上，大客户制本身也是具有不少益处的。比如，能够减少劣质经销商的数量，有利于减少管理难度和点对点的物流配送成本；有利于稳定市场价格秩序，控制冲货；有利于减少助销人员等资源的调剂难度，提高人效及产出；可以扶持优质经销商，有利于提升渠道质量等。然而，一家长期采用多渠道密集型分销的企业转而推行大客户制，也是需要满足一些条件的。

（1）即使大幅度减少经销商数量，也能做到终端渠道的可控与达标

可以预见的是，在本次渠道变革中，那些黑名单中的经销商难免接受以下两种出路：一是接受合并，由一级经销商转变为另一家受扶持的一级经销商的分销商；二是退出。前者还好说，以前运作的现代通路、传统渠道，A、B、C、D店照做，只不过在渠道层级中的地位及相应的权益降低了；但对后者而言，现有终端失控和流失的可能性就比较高。要想做到少流失，重点取决于以下几点：其一，在农夫山泉的分销系统中，建立了相对完整与更新及时的终端数据库。其二，农夫山泉的区域助销人员在分销、铺货、陈列、促销等方面干了许多事，区域市场的现状是经销商仅承担资金商、仓储配送商及结算等功能，实际上做事干活的都是农夫山泉自己的人，如果是这样的话，终端实际上就在农夫山泉自己手里，不用担心流失。其三，受扶持的大客户有能力并愿意配合农夫山泉扩大仓储能力、新增不足的配送车辆、增加业务人员及促销人员。

因为与经销商数量削减相对应的是，受扶持的大客户的任务量会加重，对其资金能力、仓储配送能力的要求也会提高。而在过去的模式下，农夫山泉不可能仅仅凭借自己的销售人员就能拜访到、维护好所有的终端，在农夫山泉自身不增加人员投入的情况下，就需要经销商加人了。在农夫山泉不做出利益让渡和回报承诺的情况下，要想让经销商加人、加车、加仓库、加资金是一件非常难的事情，这或许就是农夫山泉承诺裸价出厂并同时负责所有运作费用的原因。但是，对于一些极为强调关系的特通渠道等，仍然存在较高的流失风险。

(2) 做好了避免市场震荡的准备

一个基本的事实是，当我们将一个经销商的一个区域市场一分为二或一分为四，强调小区域深耕的时候，我们基本上见不到销售量的下跌，换来的是销售量的增长；但是如果反过来，将一个区域内的多个经销商变为一个经销商的时候，出现市场萎缩的风险就会大得多。未了避免这种风险，我们通常需要做如下准备：其一，心理上要做好未来3~6个月出货量可能下跌的准备。在推行大客户制的时候，会存在一个市场的交接及过渡期，一方面是面临出局的经销商可能不作为，另一方面是接手的经销商在资源和能力上没有准备好，因此难免存在一个震荡周期。其二，预防“不爽”的经销商的可能性报复。面临出局的经销商不作为实际上是一个并不算差的局面，更让人焦虑上火的是，这部分经销商可能会低价甩货，进行恶意报复。为此，我们在开展类似的渠道变革之前，调查经销商库存、冻结发货、评估经销商风险以及编制相关预案，就很有必要性。其三，为所扶持的大客户做好规划并保障执行。以前一个经销商一年的销售任务是250万元，而现在是500万元，或者说以前是500万元，而现在是1 000万元，受扶持的大客户的任务明显增加，需要找到宣泄的出路。在这些出路中，扩大的市场区域与可能增加的渠道类型及数量固然非常重要，但要落到实处，却需要厂家协助经销商做出更细的、能够落地的规划。比如，首先将经销商辖区划分成若干个小区域，每个小区域的增量为多少是合理与可达的；每种类型的网点单店产出是多少，老区域、老网点通过资源投入等可以增量多少，拟开发或新增多少网点可以达到多少的量；要开发并做好这些网点需要多少人员投入和配送车辆……这些规划就是完成预定销量目标的计划，规划越扎实，执行就越落地，就越有完成保障。

农夫山泉还会吃“回头草”

天下分久必合，合久必分。农夫山泉在推行大客户制后，回过头来细分市场区域，重拾小区域经销商精耕是必然的。其中的缘由主要有以下几点：

(1) 将市场维系在少数大客户身上，相对于将市场交给更多的经销商来做，被绑架的风险更高

店大欺客，商大欺厂！当一个经销商的生意在这个市场中的占比达到40%、60%、80%的时候，销售人员对待这个经销商的态度就需要好好拿捏了，因为牵一发而动全身，这些经销商对区域市场销售指标的达成影响太大；恃宠而骄，这些经销商在配合度和执行力上也同样会出现心态的变化。当一个市场由多个经销商运作转变为只由一个经销商运作的时候，经销商本身的资源与能力又会对各个应销区域及适销渠道的覆盖及精耕形成掣肘。

(2) 承担过大的销售区域、能够真正掌控终端并做到对终端进行精耕的优质经销商并不多

如果说一个经销商吃饭的家伙就是渠道，但其短板也往往出现在区域市场的渠道运作上。导致这个问题频现的因素有很多：其一，尽管现在处于一个新、老经销商交替或“接班人”上位的阶段，但仍存在大量起步于20世纪八九十年代的经销商，这些经销商的市场操作意识及模式已经定型，很难改变。反过来讲，农夫山泉在本次渠道变革中，有无明确、系统的评判标准，到底选择保留和扶持什么样的经销商就很重要了。其二，投入产出预期是经销商做出是否配合与执行区域深耕、终端精耕决定的重要评判标准。如果厂家支持不达预期，如果市场价格秩序没恢复到经销商认为的“安全线”，如果对加人、增车的投入在产出上信心不足，经销商就会缺乏动力及意愿去深耕市场。比如，对C、D类小店的开发，或者对乡镇市场的深度覆盖等。假设现在的大客户制在全国市场推行，农夫山泉原本有三四个经销商运作的一个区域市场现在就只有一个经销商负责，如果这个经销商对投入产出的预期刚好就是前面所讲的情况，那么农夫山泉的大客户制在实现区域市场的精耕细作上就会出现很大问题。其三，经销商本身是有资源及能力半径的。经销商涉足的市场区域、擅长和拥有的渠道类型及渠道资源、投入评判标准，往往会将经销商局限在某个“框框”中运作市场。经销商的不足，农夫山泉来补？农夫山泉裸价出厂并承担所有运作费用的变革政策，以及一线销售人员的配置及运作模式，是有利于打破经销商资源及能力半径的限制的，但是这同样会受到经销商们的意识及积极性的影响，况且农夫山泉自身的资源也是有限的。

(3) 经销商数量少了，并不代表市场秩序就一定好了

市场价格秩序的好坏与经销商数量的多寡之间，关系虽然直接，但并非必然。在现实环境中，销售任务的合理程度、经销商完成销售指标的路径依赖、投入与回报的算法、各自心里面的“小算盘”、生产商对批发流通渠道的依赖度……都会对市场价格秩序的好坏产生重大影响。既然现在推行的大客户制做不到区域深耕与终端精耕，根治不了市场紊乱，而且存在被经销商绑架的风险，农夫山泉为什么仍非要在大客户制上一条道走到黑呢？

事实上，农夫山泉一级经销商下面的分销商，以及在本次推行大客户制过程中将原来的一级经销商转为受扶持经销商下的分销商，也是农夫山泉未来废除大客户制、扭头发展小区域精耕型经销商的一个很好的储备与后手。

渠道反复，重在逆失顺势

任何剧情的反转都有其必然性。对农夫山泉也好，其他企业也罢，无论是区域多经销商制还是大客户制，无论怎样反复轮回，要有一个比较好的结果，都要逆失顺势。所谓逆失，就是把正在违背基本市场规律的，正在让我们失去合理的增长及利润、健康的市场秩序及可持续发展、终端可控及达标的事情扳回到正常的轨道上来。所谓顺势，就是要顺应可察的基本趋势而为。这两者都是我们开展渠道变革的基本点。

资料来源：李政权.渠道变革的关键是要逆失顺势！农夫山泉搞大客户制必将再走回头路！[EB/OL].[2016-08-12].http://www.emkt.com.cn/article/648/64822.html.

问题：农夫山泉还会吃“回头草”吗？

理解要点：结合所学知识分析渠道策略。

本章概要

内容提要

• 营销渠道是指产品的所有权和实体从生产领域流转到消费领域所经过的通道。营销渠道由所有参与使产品从生产领域向消费领域运动的组织和个人组成，主要包括生产者、批发商、零售商、代理商和储运企业等，甚至还包括消费者，它们都是渠道成员。其中，批发商、零售商和代理商通常被称为中间商。过去，人们一直认为渠道并不重要，直到国外名牌进入中国市场，直销、特许经营、总代理才开始显示出魔力。目前，一场革命正在静悄悄地发生，这就是渠道革命。

• 这场渠道革命的特点就是批发商业衰落，销售渠道越来越短。有些大型生产企业设立自己的销售公司，直接向零售商进行批发销售；同时，零售商的规模也越来越大，像连锁商店这样大规模的零售商越来越倾向于直接从制造商进货。

• 为了应对日益复杂的环境，许多生产商、批发商和零售商组成统一的营销系统，以降低交易费用。市场竞争往往表现为整个渠道系统之间的竞争。

• 垂直营销系统的支配者可以是制造商，也可以是批发商或零售商。垂直营销系统可以有效控制渠道成员的行为，管理渠道成员追求自身目标的过程中所发生的冲突，还可以实现规模经济，增加谈判力量，避免提供重复的服务。

主要概念和观念

▲主要概念

营销渠道　渠道策划的6C因素　广泛经销　选择性经销

▲ 主要观念

营销渠道的发展与变革　营销渠道长度与宽度策划　厂商与中间商渠道关系的再造

重点实务

影响营销渠道的主要因素　营销渠道长度的选择与宽度的选择　厂商与中间商利益关系的重新洗牌

基本训练

知识训练

▲ 简答题

1）什么是渠道策划的6C因素？

2）如何进行营销渠道宽度策划？

▲ 填空题

1）消费品中的便利品最适合采用（　　）。

2）为了应对日益复杂的环境，许多（　　）组成统一的营销系统，以降低交易费用。

▲ 单项选择题

1）下列中间商类型中，经纪人属于（　　）。

A．批发商　　B．零售商　　C．代理商

2）消费品中的选购品最适合采用（　　）。

A．广泛经销　　B．独家经销　　C．选择性经销

▲ 多项选择题

1）渠道宽度策划就是要对同时使用多少家零售商进行策划。决定渠道宽度的因素包括（　　）。

A．所需的投资水平

B．目标消费者的购买行为

C．市场中商家的数目

2）中间商的类型包括（　　）。

A．批发商　　B．代理商　　C．零售商

▲ 讨论题

1）国外某著名品牌香水公司要打入中国市场，请你帮助该公司的销售经理进行营销渠道长度与宽度策划。

2）请你就某休闲服装公司选择何种类型的中间商提出建议。

能力训练

▲案例分析

百事公司渠道管理

背景与情境：百事公司是全球食品和饮料行业的领导者，旗下品牌系列中有22个品牌的年零售额在10亿美元以上。其主要产品包括桂格麦片食品、纯果乐果汁、佳得乐运动饮料、菲多利休闲食品、百事可乐饮料以及其他数百种美味健康的食品和饮料。

百事公司的分销渠道概况：

(1) 为了应对不断变化的市场形势，百事公司对营销渠道进行了一系列变革。在进行渠道变革之前，百事公司是借助经销商完成全国网络覆盖的，经销商承担了所有零售终端的供货。百事公司打破了原有的渠道格局，将大卖场、超市、便利店等独立出来，作为现代渠道的重要客户，由百事公司直接负责供货。其余客户全部归类到传统渠道，仍然由经销商供货。

(2) 百事可乐在中国的分销渠道已经细分为以下22个：传统食品零售渠道；超级市场渠道；平价商场渠道；食杂店渠道；百货商店渠道；购物及服务渠道；餐馆酒楼渠道；快餐渠道；街道摊贩渠道；工矿企事业渠道；办公机构渠道；部队军营渠道；大专院校渠道；中小学校渠道；在职教育渠道；运动健身渠道，即设立在运动健身场所的出售饮料、食品、烟酒的柜台，主要为健身人员提供产品和服务，或指设立在竞赛场馆中的食品饮料柜台；娱乐场所渠道；交通窗口渠道；宾馆饭店渠道；旅游景点渠道；第三方面消费渠道，即批发商、批发市场、批发中心、商品交易所等以批发为主要业务形式的饮料销售渠道，该渠道不面向消费者，只是商品流通的中间环节；其他渠道，即各种商品展销会、食品博览会、集贸市场、各种促销活动等其他销售饮料的形式和场所。

百事公司选择渠道成员的标准，主要从以下几个方面进行考量：

(1) 渠道成员的经济能力：主要衡量渠道成员的财务状况，好的财务状况是渠道

健康运转的物质保证。

（2）渠道成员的延伸能力：主要考核渠道成员对周边区域的影响力及渗透能力，这一指标也是衡量渠道成员渠道拓展能力的标准之一。

（3）渠道成员的经营能力：主要考核渠道成员的专业性、市场覆盖能力以及稳定市场方面的能力。

（4）渠道成员的沟通能力：主要考核渠道成员对所经营品牌的认可度，以及渠道自身素质与所经营品牌形象的一致性。

（5）渠道成员的学习能力：百事公司要求其渠道成员拥有面对不断变化的市场环境快速应变的能力。

（6）渠道成员的控制能力：百事公司要求渠道成员在可控的范围内经营百事产品，双方之间相互合作。

资料来源：张晓青，周淑敏.市场营销实务［M］.北京：中国财政经济出版社，2014.

问题：百事公司的渠道管理有哪些方面值得国内快速消费品行业效仿？

分析要求：同第1章本题型的“分析要求”。

▲ 实训操练

实训项目：恒大冰泉销售渠道设计。

情境设计：将班级学生分成若干个实训小组，每组确定1个负责人。各组依照该项目的业务程序与规范要求，进行恒大冰泉销售渠道设计实训。

实训要求：利用本章关于渠道策划的相关知识，为恒大冰泉进行销售渠道设计。

实训步骤：

1）将班级学生分成若干实训小组，每组确定1个负责人。

2）各组学生结合操练项目的需要，在网络上寻找相关资料。

3）各组学生结合该项目的内容、业务程序与规范要求，分析对比不同饮用水生产企业销售渠道的异同。

4）各组学生设计自己认为最合理的恒大冰泉销售渠道。

5）各组学生记录本次实训的成功经验、存在问题及解决办法，在此基础上撰写《恒大冰泉销售渠道设计实训报告》。

6）在班级讨论交流、相互点评与修订各组的《恒大冰泉销售渠道设计实训报告》。

7）在校园网的本课程平台上展出经过修订并附有教师点评的各组《恒大冰泉销售渠道设计实训报告》，供学生相互借鉴。

✩ 善恶研判

资生堂渠道管控失灵

背景与情境：日本的化妆品产业在第二次世界大战后发展十分迅猛，1967年便仅次于美国跃居世界第二位。由于日本的化妆品产业主要由零散的小企业构成，因此化妆品流通渠道极其复杂。其中，资生堂开发的化妆品取得了极大的成功，其在日本化妆品市场的占有率达到1/3，从而在日本化妆品产业中确立了主导地位。

自1997年进入中国以来，资生堂旗下的大众化妆品牌Za在学生、新入职场的上班族等年轻女性群体中拥有相当高的知名度。但是资生堂Za品牌官网真假难辨。记者在搜索引擎中搜索“Za”字样发现，搜索界面前两页，有3家号称“Za官网”并以“Za”字样为域名的网站。除了其中一家被电脑安全软件认定为风险网站外，其余两家皆能正常进入。进入其中一家“Za官网”，该网站名为“Za-i VIP商城”，在商品分类下拉菜单中，出售Za旗下的多款化妆品套装，点击购买商品页面，每件商品都配有单独的二维码，扫描二维码后被提醒下载“Za商城”App。据了解，该款“Za商城”App的开发者为“WeiWei Cai”，开发版本记录显示，该App3.0版本上线时间为2016年9月21日；同时，名为“WeiWei Cai”的开发者还开发了“百雀羚商城”App、“韩后”App及“欧诗漫商城”App等。另一个名为“Za”的官网的设计则较为粗糙，网站上方导航栏分别标明产品购买入口、会员中心、客户留言等专区，其中，客户留言专区中显示了大量的客户购买评价。不过，点击该网站页面底部的消费者维权服务站、网上警察报警平台、支付宝等网站链接时，无法自动跳转至相关页面，右键单击该页面甚至可以将图片另行保存。

上述在电脑界面显示存在风险的网站，在手机移动端却能正常打开。移动端页面整洁明亮，在线售卖的产品齐全，每款产品都明确标注销量，且大部分产品都有上百个评价。记者向该网站在线客服人员询问该网站是否受到Za官方授权，该客服没有进行正面回应，只表示该网站为Za商城。官网真假难辨，资生堂对旗下品牌监管缺失成为关注焦点。

线上销售渠道已成为美妆品牌销售的重要渠道，官网遭遇山寨，官方将部分责任归咎于政府监管不严，这样的说法是有失偏颇的。虽然从品牌认知度上来讲，山寨网站的出现说明了Za的市场反应不错，但从另一个方面来看，这更多体现了资生堂对于线上渠道的监管不到位，这种不到位的监管会让消费者承担巨大的风险，对消费者而言是不公平的，对整个资生堂而言是重大的负面影响。

资料来源：孙麒翔，吴晓勤.资生堂渠道管控失灵［N］.北京商报，2016-12-20.

问题：

1）本案例中存在哪些职业道德问题？

2）资生堂的线上销售渠道有何问题？

3）通过网上或图书馆调研等途径收集你做善恶研判所依据的行业道德规范。

研判要求：同第1章本题型的“研判要求”。

第7章
促销策划

▶ 学习目标

通过本章的学习，你应该达到以下目标：

职业知识：学习和把握促销策划的含义、内容及工作程序，掌握人员促销策划、广告促销策划、营业推广策划和公关促销策划等理论与实务知识；能用其指导或规范本章“基本训练”中“知识训练”相关题型的认知活动或技能活动，正确解答相关问题。

职业能力：能够运用本章知识研究相关案例，培养在特定业务情境中分析问题与决策设计的能力；通过搜集、整理与综合“营业推广策划”的前沿知识，撰写、讨论与交流《“营业推广策划”最新文献综述》，培养“促销策划”中“自主学习”的通用能力。

职业道德：能够结合“促销策划”的教学内容，依照职业道德与企业伦理的规范或标准，分析“北京中友百货的促销手段分析”和“如此促销，道德吗”等案例中企业与从业人员促销策划工作相关行为的善恶，强化职业道德素养。

引例　小老板卖豆腐

背景与情境：在一个菜市场，有几家卖豆制品的摊点，可总是只有A店主的生意火爆，大家宁可排队等也不到旁边的店里买同样的东西。是A店的价格比旁边店铺的价格便宜许多吗？不是，他卖的价格和别人都是一样的。是他卖的产品的质量比别人好很多吗？也不是，质量都差不多，很多东西估计和别人在同一个地方进货。是他有什么特别的促销手段吗？更不是，小本生意不可能有这么大的利润。只有一个非常简单的原因：这个店主无论顾客买什么东西，都主动少收1角钱。例如，豆腐1元/斤，顾客挑了块豆腐，店主把豆腐放到电子秤上一称，显示1.7元，店主就会说："就收1.6元吧。"少收1角钱让他获得了顾客的信赖，他的生意也越来越红火。

这一案例表明：对于现代企业而言，仅仅开发出优秀的产品，为其制定有吸引力的价格，建立畅通的销售渠道，已经远远不够，企业必须与现有的和潜在的消费者进行沟通，承担起沟通者和促销者的角色。在买方市场格局中，促销更是任重而道远。企业需要通过促销来刺激顾客的需求，并为企业未来的发展培养和壮大市场。现今的大多数企业对于是否要进行沟通与促销的问题已经比较明确，关键在于沟通的对象、内容、频度的确定，以及方法的配合和经费的分配。也就是说，企业开展促销活动，需要进行精心谋划，以达到成功沟通与推动销售的目的。本章将系统阐述促销策划的基本原理和方法。

7.1　促销策划概述

为了进行有效的沟通，企业需要建立自己的销售队伍，并不断增强其实力；需要设计并发布有效的广告，引导消费；需要设计营业推广方案，激励顾客；需要通过公关活动进行产品宣传并塑造公司形象；需要设计制作企业网页并建立产品数据库，进行网络营销。企业可以自己来做这些事，也可以在辅助商的协助下来完成这些工作。无论怎样，企业的沟通和促销都需要事先进行策划。可以说，成功的销售始于成功的促销策划。

7.1.1　促销与促销组合

促销是指企业应用各种方式和手段，向消费者传递企业及商品信息，以实现双向沟通，使消费者对企业及其商品产生兴趣、好感与信任，进而做出购买决策的活动。促销的本质是沟通信息，作用在于赢得信任、诱导需求、促进购买与消费。在市场营销组合中，促销是一个重要的组成部分，而且随着买方市场的形成，促销在市场营销组合中的地位越来越重要。对任何一个企业来说，促销的方式都不是孤立存在的，它必须与其他营销策略和手段紧密结合，才能真正实现自己的价值。也就是说，促销的作用只有在营销组合中才能充分表现出来。因此，企业在进行促销策划时，必须以市场营销组合理论为指导思想。

促销组合是指企业在促销活动中，为了实现以最低的促销费用达到更好的整体促销效果，对人员推销、广告、公共关系和营业推广等促销方式进行综合运用所形成的有机整体。在企业的营销实践中，促销组合表现为一定时期内的促销预算在各种促销方式上的分摊。不同的企业，由于行业特点不同、业务性质各异、经营范围不同、顾客类型有别，因此其促销预算在各种促销方式上的分摊具有很大的不同。

7.1.2 促销策划的内容

促销策划就是在对各种促销方式进行综合运用时具有创造性的谋划与设计。它包含两个层面上的工作：

1）整体促销策划

这是对企业整个促销工作的谋划和设计，即人员促销、广告促销、营业推广和公关促销如何实现最佳配合，包括主次配合、进程配合、手段配合、内容配合、主题配合、策略配合、目标配合等。策划的目的是使企业形成整体促销合力，在有限的促销预算下实现最好的促销效果。

2）单一促销策划

这是对企业在一定时期内针对确定的市场采用特定的促销方式进行的单项促销活动的谋划和设计，如公关促销策划、广告促销策划、营业推广策划和人员促销策划。单一促销策划是整体促销策划的基础，具有相对的独立性和完整性。

7.1.3 促销策划的程序

促销策划具有较强的操作性，为了实现预期目标，企业必须遵循基本的运作程序。促销策划的程序包括：

1）促销市场调查

促销活动的有效性是建立在科学调查的基础上的，只有准确了解促销市场的基本态势和公众的消费模式，才能策划出有效的促销方案。可以说，市场调查是促销活动成功的前提条件。促销市场调查通常可以从两个方面进行：

（1）促销市场总体调查

调查目的是从总体上把握促销市场的基本格局，使企业在策划时能树立全局观念。尤其要明确竞争者，明确企业自身的竞争地位和差别优势。调查内容主要包括市场环境信息、公众信息及商品信息。

（2）消费者行为调查

根据消费者行为决策的过程，这一调查的重点应放在不同消费者在消费过程中心理活动的特点上，如不同社会阶层的消费者的心理、不同年龄的消费者的心理、不同性别的消费者的心理、不同职业的消费者的心理、不同民族的消费者的心理等。

2）促销目标决策

明确的促销目标是促销策划的方向，决定了促销策划其他环节的工作。企业的促销目标可以从不同的方面来确定：

（1）根据不同的促销对象确定促销目标

企业的促销对象通常可以分为消费者、中间商和销售人员三类。促销对象不同，促销目标也各有不同。

①对消费者的促销目标表现为：提高商品的认知度，激发购买欲望；实施购买行为，提高购买频率；培养消费偏好，强化品牌忠诚度；淡季购买与接受新品；成为推介者；反馈信息。

②对中间商的促销目标表现为：密切其与厂商的关系，培养忠诚度；提高交易量，增加库存；提高卖场陈列和展示效果；推广新品，共担风险；联合促销，共同投入。

③对销售人员的促销目标表现为：培养品牌忠诚度，提高销售的主动性；激发工作热情，提高销售业绩。

（2）根据产品所处生命周期阶段确定促销目标

产品生命周期可以划分为投入期、成长期、成熟期和衰退期四个阶段。产品处于不同的阶段，面临的市场形势不同，其促销目标也不尽相同。按照商品所处生命周期的不同，促销目标可以分为：投入期的促销目标；成长期的促销目标；成熟期的促销目标；衰退期的促销目标。

（3）根据不同的销售季节确定促销目标

由于供需在时间上的矛盾，因此商品销售有淡、旺季之分。于是，在不同的销售季节，促销目标也有所不同，具体可分为：淡季的促销目标、旺季前的促销目标、旺季的促销目标、旺季后的促销目标和节假日的促销目标。

3）促销市场定位

促销市场定位主要解决促销的时机、地区、对象和内容的问题。

（1）促销时机

促销时机直接影响着促销活动的效果。如果促销时机选择得好，则可以充分调动公众的消费欲望，促销就越容易取得成功。

（2）促销地区

确定促销地区时，应考虑商品特性、商业文化和社会经济发展水平。例如，时尚新品上市，应选择经济发达、消费超前的大中城市作为促销地区；高科技产品则应选择现代化的经济文化中心作为促销地区等。

（3）促销对象

选择正确的促销对象，是确保促销活动成功的关键。依据促销对象来确定促销的内容和方法，可以提高促销活动的针对性。

（4）促销内容

制订整体促销方案，就是解决用什么方式、方法和途径影响顾客的问题。这是促销策划的核心工作。

4）确定促销工具

促销工具是企业借以影响顾客、引导顾客的中介物，主要包括两个方面的内容：一是确定促销工具的种类，从众多宣传媒体中选择若干种作为促销活动的工具；二是根据整合传播、组合促销的原理，在促销活动中优化组合各种促销工具，以较小的促销成本实现最好的促销效果。

5）拟定促销媒体

为了吸引广大公众、有效传达产品信息、提高促销效果，在促销策划过程中，企业历来非常重视对促销媒体的选择。不同的促销媒体具有不同的影响力和宣传效果，使用成本也不同，企业应对此做出选择。

6）确定促销预算

对于企业来说，促销费用是一种投入，需要遵循最基本的投资原则，即投资最小化和获利最大化。从实际操作的角度来看，促销活动需要经费的保证，这就需要企业进行科学的促销预算。

7）撰写促销策划书

为了便于促销活动的实施与推广，企业应该及时把促销策划的结论形成系统的书面文字，即撰写促销策划书（详细内容将在第8章中介绍）。

同步思考7-1

背景资料： 2002年，健力宝公司以3 100万元巨资砸向央视，强势推出健康的休闲饮料——“第5季”。“没料，就不要耍酷！”——奥美为“第5季”策划了这一“精彩广告”。但是2002年的实绩表明，“第5季”的市场效果不仅远远逊色于百事可乐推出的百事青柠、可口可乐推出的酷儿果汁，也大大逊色于统一集团推出的鲜橙多、苹果多等。当“第5季”声势浩大的广告全面铺开时，旺季的饮料市场却不见“第5季”产品的踪影，更不见配套的口感试验等。从饮品本身来看，“口味”与“时尚”是消费者选择“第5季”的重要因素。反观“第5季”，与其他饮料相比，其全无独特之处，强势的广告让“第5季”悬浮在空气之中，无法落地。

问题：“第5季”为何有精彩的广告，却没有骄人的业绩？

理解要点：“第5季”的广告很成功，但人员促销、营业推广等促销活动未能跟上，缺乏有效的促销组合策划。

7.2 人员促销策划

人员促销策划是指为了实现企业的促销目标，在进行充分调查分析的基础上，对整体人员促销活动的战略、策略和技术进行的创造性的谋划和设计。它是营销策划的思想和原理在人员促销过程中的具体运用。

在各种促销方式中，人员促销以其自身的特点和优势在企业的整体促销中占有重要地位。它不仅能够帮助企业直接扩大销售业绩和增加销售收益，还能实现企业与顾客的沟通，改善企业与社会公众的关系。

值得关注的是，现代人员促销同传统的人员推销相比已经有了质的飞跃，其关键就在于对人员促销方式的策划上。人员促销策划开拓了人员促销的思维空间和活动空间，使企业的人员促销不仅仅局限在传统的“推销”上，而是具有更多的创新思维和创新行为；人员促销策划使企业的人员促销融合了更多的理性成分，吸纳了更多前人和他人的经验和智慧，避免了促销人员在促销过程中由于受个人能力和经验的限制而导致的局限性；人员促销策划使人员促销具有预见性和计划性，大大提高了销售成功的可能性。

7.2.1 确定人员促销目标，明确人员促销对象

不同的企业，或企业在不同的时期，人员促销目标是不相同的，如推广新产品、提高销售业绩、改善与巩固顾客关系等。促销目标决定了人员促销的对象和采用的具体方

法，是人员促销策划的前提。例如，以推广新产品为促销目标，则应选择新产品的早期使用者作为促销对象，采用产品演示、试用、品尝以及派送赠品等促销方式。

7.2.2　确定人员促销的组织形式

通常采用的促销组织形式有：

1）一个推销人员对单个顾客

一个推销人员直接同顾客面谈或通过电话、传真、电子邮件等方式与顾客联系和交谈，以促成交易。

2）推销人员对采购小组

推销人员对买方的采购小组推介产品，争取订单。

3）推销小组对采购小组

企业派出推销小组（通常由营销经理、促销员、技术人员和财务人员等组成）向买方的采购小组推介产品，争取订单。

（1）订货会

企业组织季度或年度订货会，吸引各地客户参会，展示产品，接收订单。推销人员在会议上与客户沟通信息、洽谈业务。

（2）研讨会或鉴定会

企业召开新技术研讨会或技术成果鉴定会，让客户了解本企业的最新技术成果或科研成果，以及由此开发出的新产品，进行新产品的推广和销售。

（3）展销会或交易会

企业参加由地方政府或行业协会举办的展销会或交易会，派出推销人员进行展台陈列和布置，并广泛接触客户、开展业务洽谈。

以上这些都是常用的人员促销方式。企业可根据实际情况，针对特定的促销任务和促销对象，选择最合适的方法。

7.2.3　组织推销队伍

人员促销的主体是推销人员。推销人员的数量和质量与企业人员促销活动的效果具有直接的关系，同时也影响着企业的促销成本。所以，企业应慎重对待推销队伍的组织问题。在组织推销队伍时，通常采用以下几种形式：

1）综合型推销队伍

企业在一个大区域市场内向许多不同类型的顾客推销不同的商品时，通常建立综合型销售队伍。企业可以根据需要，按地区－产品、地区－客户、产品－客户组建销售队伍，或者按地区－产品－客户组建销售队伍。一个推销人员可能要对多个地区经理、产品经理负责，在这种组织结构下，企业对销售队伍的管理相对复杂，有时还会出现推销人员从个人利益出发选择的推销重点与企业的促销重点不一致的情况。

2）地区结构型推销队伍

企业委派一个销售人员或一个销售小组负责一个地区，作为该区域市场经销本公司全部产品的唯一代表。该种结构模式的优点是：

①可以明确推销人员或推销小组的责任。企业容易对该地区的推销努力和促销效果做出评价，并对不同地区之间的销售业绩做出对比。

②明确的地区责任会激励推销人员扩大地区销售业绩，促使推销人员注重与顾客保持长久的关系以及与当地公众进行良好的沟通，有利于区域市场的拓展和保持。

采用这一结构模式时，还有以下两个技术性问题需要解决：

(1) 区域市场大小的划分

通常的做法是，依据同等销售潜力或相等工作量原则划分区域市场。按同等销售潜力划分区域市场，有利于企业合理衡量、评价推销人员的工作实绩，同时也给推销人员提供了获得相同收入的机会，便于进行销售竞赛。按相等工作量划分区域市场的原因是，尽管有时候区域间的销售潜力相同，但由于顾客的密度不同，因此会造成销售量的差异。按相等工作量划分区域市场，可以使每个推销人员都能全力从事所辖区域内的推销工作。

(2) 区域市场形状的确定

企业通常按照省、市、县等行政区域来划分区域市场。在具体划分时，企业还要考虑到自然界线、区域的相邻性和交通的便利性等因素。区域市场的形状会影响销售成本的多少、销售覆盖的难易程度，以及销售代表对工作的满意度，因此企业必须合理划分区域市场的形状。

3) 产品结构型推销队伍

有的企业产品的类别多、技术含量高，推销人员难以全部掌握本企业所有产品的性能，这时，企业可以采用按产品结构组建推销队伍的方法。

4) 顾客结构型推销队伍

当企业的产品销售同时面对不同的客户类型时，企业就可以按顾客结构组建推销队伍。顾客结构按企业的业务性质可以分为中间商、生产用户、家庭或个人用户，也可以分为一般客户和大客户，还可以分为老客户和新客户。按顾客结构组建推销队伍的好处就在于推销人员熟悉顾客的特定需求，能够提高顾客需求的满足度和对客服务的质量；不足之处是，在同一区域市场上，需要不同的销售人员来开展业务，或者是一个销售人员要面对地域更广的市场，从而增加了销售成本。所以，顾客结构型推销队伍适用于不同类型的客户密度都很高的情况，或者绝对利润较高的高附加值产品的推销。

7.2.4 选拔推销人员

优秀的推销队伍是企业销售成功的重要条件，而要使推销队伍的组建和运作获得成功，关键在于选拔优秀的推销人员。普通的推销人员与优秀的推销人员在业务水平上存在巨大的差异。国外相关资料表明：为数27%的优秀推销人员实现了52%的销售额。由于推销人员的流动性较大，而且企业对推销人员的素质要求也在不断提高，因此招聘和选拔推销人员就成为企业的一项经常性工作。企业在开展这项工作时，应熟悉推销人员选拔的标准和程序。

1) 推销人员的素质

企业在招聘和选拔推销人员时依据的标准是推销人员必须具备的素质和品格。推销人员应具备的素质可以归纳为以下几个方面：

(1) 具有正确的价值观念

推销人员的活动过程和活动结果关系到社会利益、企业利益和顾客利益的实现。因此，推销人员只有具备了正确的价值观念，才能保证社会利益、企业利益和顾客利益的顺利实现。正确的价值观念如图7-1所示。

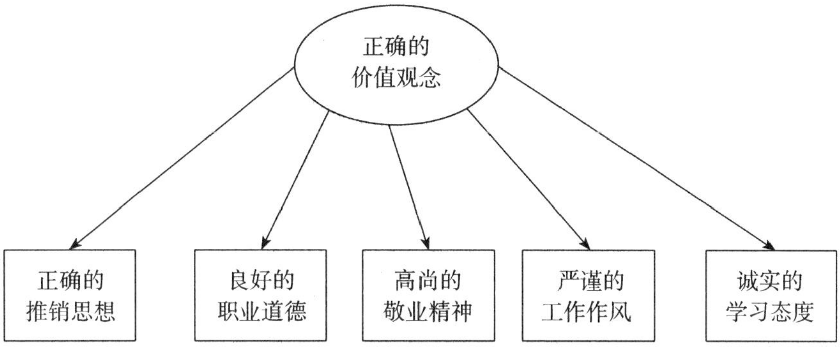

图7-1　正确的价值观念

（2）具备合理的知识结构

随着市场的拓展和竞争的日益加剧，企业对推销人员的专业知识和社会知识的要求也会越来越高。在国外，著名的推销人员都具有丰富的知识，如日本丰田汽车公司的推销人员不仅懂得汽车的性能，还会操作和维修。所以，一名合格的推销人员必须具有“T”型知识结构，即所谓的一专多能。合理的知识结构如图7-2所示。

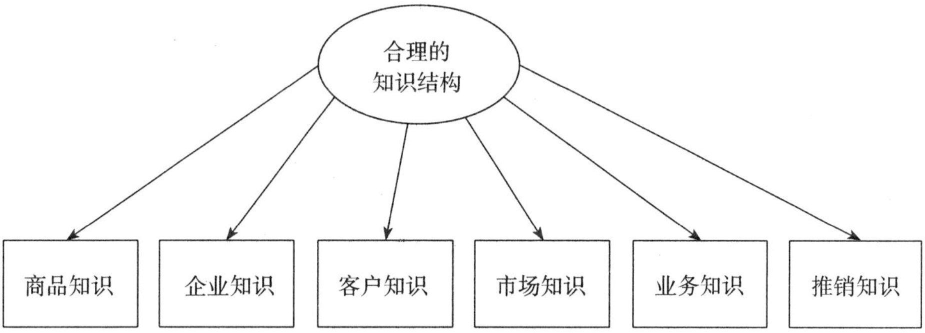

图7-2　合理的知识结构

（3）具有良好的心理素质

推销人员的心理素质即推销人员的意志品质。良好的心理素质如图7-3所示。

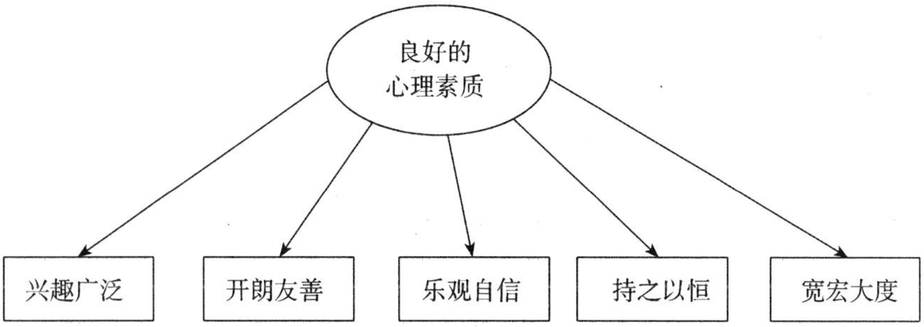

图7-3　良好的心理素质

（4）拥有健康的体魄

这是由推销工作的艰苦性所决定的。在推销过程中，推销人员只有精力充沛、充满活力，才会具有感染力。

（5）具有良好的仪表和风度

推销人员的仪表和风度不仅代表着推销人员的学识和修养，也代表着推销人员所服务的企业和所推销的产品的形象。推销人员首先要推销自己，以礼貌、热情、整洁、自信、大方的形象唤起顾客的愉快心情，获得顾客的信任和支持，然后才能推销产品。

2）推销人员选拔的程序

推销人员选拔的程序可以归纳为以下几个环节：

（1）确定人才来源

推销人员的来源可以是本企业的职工，也可以是其他企业的推销人员、大中专院校毕业生及其他社会人员。企业可以通过大众媒体发布招聘广告，也可以通过人才交流市场、职业介绍所发布招聘信息。

（2）接受应聘材料

企业应事先设计员工应聘登记表，表中应列明企业希望了解的应聘者个人资料、求职理由、个人意向、工作经历及长远目标等内容。同时，企业应认真审阅应聘材料，并对符合条件者发出通知。

（3）组织面试

面试班子通常由人事经理、业务部门主管和推销专家组成。面试的目的是了解应聘人员的基本品格、语言表达能力、处事能力、适应能力以及仪表仪容等。

（4）进行测试

企业可以从知识和能力两个方面对应聘者进行测试。知识测试主要检查应聘者在推销方面的知识水平，而能力测试主要测定应聘者的智力、反应能力和控制能力。测试可以采用书面形式进行，也可以采用谈话、事件处理等方式进行。

（5）正式录用

企业根据应聘者的书面材料和测试表现，经过核实、查证后，就可以决定是否录用。

许多国际知名的大公司，如IBM公司、百事可乐公司、宝洁公司等，对选拔推销人员都有一套自己的程序和标准，从而大大提高了推销人员的素质，降低了推销人员的流动率。

7.2.5 培训推销人员

由于顾客面临的购买选择很多，并且新技术、新产品层出不穷，因此顾客希望推销人员具有丰富的产品知识和市场知识，能够提供诚实、有效、可信的购买建议。同时，企业由于面对着更多的竞争者和更有力的竞争产品，也希望派出更专业的推销人员。在新录用的推销人员中，无论是有工作经验的人员，还是没有工作经验的新人，企业都需要对其进行上岗前的培训。新录用的推销人员未经培训或只经过简单的培训就匆匆上岗，不仅销售业绩不会理想，而且还会影响企业的形象和声誉。因为他们没有掌握有关企业和企业产品的基本知识，不清楚顾客的内在需要和欲望，甚至连目标顾客都不能识别，更不可能事先制订推销方案，按照专业化的程序和规范进行推销。

对推销人员的培训内容包括：

1）企业的基本情况

企业的基本情况包括企业的发展历史和现状，如企业成立时间、企业规模、生产规模、历任负责人、财务状况、组织机构和职责、销售历史、产品结构和企业的市场地位等。

2）企业的产品知识

企业的产品知识包括产品的制造工艺、用途及理化性能，以及产品的使用和维修知识。

3）企业的客户知识

企业的客户知识包括企业目标顾客的购买动机、购买特点和购买习惯等。

4）企业面临的市场情况和竞争情况

这包括企业所面临的市场结构及竞争形势，竞争对手及其基本情况和营销策略。

5）推销技巧和方法

通过这方面的培训，推销人员应能够对企业产品的推销要点、推销说明做出归纳，能够对企业产品进行规范化介绍和演示。

6）推销程序和工作职责

这包括推销前的准备工作，推销方案的制订，时间、费用的合理分配，顾客接近、业务洽谈、成交、回访，以及顾客访问报告的撰写等。

企业对推销人员的培训是一项长期的工作，上岗前的培训只是一个开端。通常，企业每年都要安排一定的时间对在岗推销人员进行业务培训，对于一些高新技术企业来说，这一点尤为重要。例如，IBM公司规定，新录用的销售人员前两年不能独立工作，而要参加各种培训，在岗销售人员每年要用15%的时间参加额外的培训。

7.3 广告促销策划

广告是企业市场营销活动的有机组成部分，是企业参与市场竞争的重要手段，也是企业促销组合的构成要素。所谓**广告促销策划**，是指企业为了实现既定促销目标，在市场调查的基础上，依据整体营销战略，对广告促销战略、策略和活动所进行的谋划和设计。广告促销策划既要依据企业营销策划的总体目标展开活动，又要以是否达到企业营销策划的总体目标为最终评价标准。为了提高广告的促销力和竞争力，实现广告促销的目的，企业必须重视广告促销的整体策划。

7.3.1 广告促销策划的内容

广告促销策划是一个系统的、动态的决策过程，这一过程体现了科学性与艺术性的有机统一。广告促销策划的内容主要包括：

①广告促销调查，包括消费者调查、产品调查、广告环境调查、广告媒体调查、广告效果调查等。

②广告促销战略策划，包括广告促销战略目标、战略重点、战略方针、战略步骤与

战略配合等方面的策划。

③广告促销策略策划，包括广告促销市场定位策略、广告促销信息策略、广告促销媒体策略、广告促销传播与实施策略等方面的策划。

④广告促销创意策划，包括广告促销主题创意、广告定位创意、情感诉求创意、品牌形象创意等方面的策划。

⑤广告促销预算，包括广告促销调查预算、广告促销策划预算、广告设计制作预算、广告促销实施预算、广告促销评估预算等。

7.3.2 广告促销调查

广告促销调查是对广告促销活动本身以及与广告促销活动有关的市场营销因素、广告传播环境因素等进行的调查研究，目的是为广告促销策划提供依据。

广告促销调查主要包括以下几个项目：

1）消费者调查

其主要内容包括：

①消费者基本情况调查，包括消费者的数量、分布情况、年龄、性别、职业、文化程度、经济收入、家庭情况、风俗习惯、社会地位等方面的调查。

②消费者需求动机调查，包括消费需求及其影响因素、消费心理因素等方面的调查。

③消费者消费行为调查，包括购买方式和使用方式调查。

2）产品调查

其主要内容包括：

①产品生产情况调查，包括产品的生产历史、生产工艺过程、生产技术、生产设备、生产管理、质量管理、原材料使用等方面的调查。

②产品系统调查，包括产品要素、产品配套、产品市场适应性等方面的调查。

3）广告环境调查

广告环境调查主要包括企业内部环境调查和企业外部环境调查。广告环境既是广告促销策划的依据，也是广告促销策划的制约因素。

7.3.3 广告促销战略策划

广告促销战略是指为了实现企业营销战略目标，在广告促销调查的基础上，根据广告活动规律而进行的对广告促销活动具有根本性、全局性和较长时期指导意义的重大决策。广告促销战略策划是广告促销策划的关键，决定了整个广告促销活动的成败。成功的广告促销策划首先来自正确的广告促销战略策划。

1）广告促销战略目标

广告促销战略目标是广告促销战略的核心，也是广告促销的依据，更是广告促销要实现的最终目的。广告促销战略目标的确定主要依据企业营销战略目标、企业形象战略目标和广告促销调查结果进行。

2）广告促销战略重点

广告促销战略重点规定了企业广告促销活动的工作重点。它既是广告促销调查的重点和广告促销策划的重点，也是广告促销实施与评估的重点。广告促销战略应着重考虑以下两个方面：

①广告类型重点的选择，如公关广告或商品广告的选择等。

②广告要素重点的选择，如广告促销重点地域的选择、广告促销诉求重点对象的选择、广告促销重点内容的选择、广告促销重点时间的选择、广告促销重点预算投向的选择、广告促销重点媒体的选择等。

3）广告促销战略配合

广告促销战略配合是指企业广告促销战略与企业其他相关战略互相配合与支持，以形成一种更好的广告宣传效果和整体促销效果，如广告促销战略与企业整体营销战略的配合、广告促销战略与企业营销组合策略的配合，以及企业在不同时间、不同区域市场对不同产品所实施的广告促销战略的配合。

7.3.4　广告促销策略策划

广告促销策略是指在广告促销战略的指导下，开展广告促销活动的方式、思路、点子和方法，也称为广告促销战术。

1）广告促销市场定位策略

广告促销市场定位策略具体包括广告促销对象（即目标顾客）定位策略、广告促销地域尤其是广告重点宣传区域定位策略，以及目标顾客心理（消费心理和信息接受心理，如健康、安全、实惠、风度、友谊、无后顾之忧等）定位策略。

2）广告促销信息策略

广告促销信息策略主要确定向目标顾客传递的信息内容。只有广告信息内容正确，目标顾客才会接受并产生有效的反应。

广告促销信息策略具体包括：

（1）产品定位策略

这是指根据消费者所重视的产品的主要属性，确定产品符合消费者需求的鲜明特点、优点、利益和个性。企业可以从产品的概念、功效、品质、价格、品牌、服务、造型、包装等方面考虑产品定位策略。

（2）产品生命周期策略

在产品生命周期的不同阶段，广告传播的目标不同，宣传内容的重点也不同。

（3）差异化策略

这一策略可以充分显示企业和产品的特点、个性。

（4）品牌形象策略

企业在广告促销过程中，应通过树立、传达和强化产品的品牌形象吸引消费者，培养消费者的品牌忠诚度。

3）广告促销媒体策略

广告促销媒体策略是根据广告促销内容、广告促销对象的特点，以及广告促销目标的要求和企业的经济实力，对促销媒体进行最佳选择与组合，以实现理想的广告传播与促销效果。它所要解决的根本问题是用什么媒体将既定的广告宣传信息（内容）传播给特定的广告促销对象。

广告促销媒体策略具体包括：

（1）单一媒体选择策略

单一媒体的选择是多种媒体组合的基础，选择时通常考虑以下因素：①普及率，即媒体接触人数的多少。②一致性，即媒体传播对象与广告促销对象的重合性。③吸引性，即媒体的影响力、权威性、美誉度、吸引力的综合表现。④时效性，即广告要求发布时间与实际发布时间的一致性。一致性越高，时效性越好。⑤可获得性。⑥可保存性。⑦经济性，即使用该媒体发布广告的费用高低，一般以“每百万人广告费”来表示。

（2）多种媒体组合策略

为了加强广告整体传播与促销的效果，企业需要选择多种广告促销媒体来传播广告信息，并对多种媒体进行有机组合，如利用多种媒体对同一促销对象进行重复刺激或互补刺激，也可以组合运用多种媒体实现信息重复和互补的立体传递。

4）广告促销传播与实施策略

这一策略要解决的问题是如何将广告促销对象、广告信息和广告媒体三大要素有机结合起来，实施企业的广告促销行为。

广告促销传播与实施策略具体包括：

（1）广告促销要素组合方式策略

有效的组合方式能够实现最佳的广告宣传与促销效果。广告促销要素的组合应配合企业的目标市场营销战略来确定，如实施无差别市场广告促销策略、差别市场广告促销策略、集中市场广告促销策略等。

（2）广告促销诉求形式策略

广告促销诉求形式是指表达广告促销内容的提示方式、启示方式，目的在于说服广告促销对象接受广告信息。广告的效果不仅取决于广告的内容，而且取决于广告的表达方式及相应的风格、语调、措辞和版面。广告的效果有时候还会受到社会经济发展水平、意识形态、商业文化等因素的影响。常用的诉求形式有：生活片段、生活方式、浪漫情节的幻想、气氛或形象、音乐、拟人化、技术经验、科学证据、人物作证。

（3）广告促销时间策略

广告促销时间策略是指选择最佳的广告发布时序、时机、时限、频率和时点。广告的信息传达有很强的时间性，企业应重视广告促销时间的选择与安排。

教学互动7-1

背景资料：

1）POP广告简介

POP广告是许多广告形式中的一种，POP是英文“point of purchase”的缩写，意为“购买点”。POP广告的概念有广义和狭义两种：广义的POP广告包括在商业空间、购买场所、零售商店的周围、内部以及在商品陈设的地方所设置的所有广告物。例如，商店的牌匾，店面的装潢和橱窗，店外悬挂的条幅，商店内部的装饰、陈设、服务指示，店内发放的广告刊物，进行的广告表演，以及广播、电子广告牌等。狭义的POP广告仅指在购买场所和零售店内部设置的展销专柜以及在商品周围悬挂、摆放与陈设的可以促进商品销售的广告媒体。

POP广告起源于美国的超级市场和自助商店里的店头广告。1939年，美国POP广告协会正式成立，POP广告获得了正式的地位。20世纪30年代以后，POP广告在超级市场、连锁店等自助式商店频繁出观，于是逐渐为商界所重视。20世纪60年代以后，超级市场这种自助销售方式由美国逐渐扩展到世界各地，POP广告也随之走向世界各地。

POP广告只是一个称谓，但是就其形式来看，在我国古代，酒店外面挂的酒葫芦、酒旗，饭店外面挂的幌子，客栈外面悬挂的幡帜，或者药店门口挂的药葫芦、膏药等，都可以说是POP广告的鼻祖。

2）POP广告的功能

（1）新产品告知的功能

几乎大部分POP广告都属于新产品的告知广告。当新产品出售时，配合其他大众宣传媒体，在销售场所使用POP广告进行促销活动，可以吸引消费者的注意，刺激消费者产生购买欲望。

（2）唤起消费者潜在购买意识的功能

尽管各厂商已经利用了各种大众宣传媒体，对本企业或本企业的产品进行了广泛的宣传，但是消费者在步入商店时，已经将其他大众宣传媒体的广告内容所遗忘，此刻利用POP广告在现场展示，可以唤起消费者的潜在购买意识，使消费者重新忆起商品，促成购买行动。

（3）取代售货员的功能

POP广告有“无声的售货员”和“最忠实的推销员”的美名。POP广告经常使用的环境是超市，而超市采用自选购买方式。在超市中，当消费者面对诸多商品而无从下手时，摆放在商品周围的一则杰出的POP广告，可以忠实地、不断地向消费者提供商品信息，可以起到吸引消费者并促使其做出购买行为的作用。

（4）创造销售气氛的功能

POP广告强烈的色彩、美丽的图案、突出的造型、幽默的动作、准确而生动的广告语言，可以创造极强的销售气氛，吸引消费者的注意。在夏天，化妆品公司用被太阳晒成褐色皮肤的健美女郎躺卧在海边的图片做成POP，悬挂在店铺内，可以使消费者产生强烈的季节感，意识到自己也需要到海边去放松一下，但更需要携带化妆品公司的护肤产品以保护肌肤。

（5）提升企业形象的功能

现在，国内的一些企业不仅注重提高产品的知名度，也很注重企业形象的宣传。POP广告同其他广告一样，可以起到树立和提升企业形象，进而保持与消费者的良好关系的作用。

3）POP广告的分类

POP广告的种类繁多，分类方法各异。从使用功能来看，POP广告大致可以分为以下四类：

①悬挂式POP广告。

②商品的价目卡、展示卡式POP广告。

③与商品结合式POP广告。

④大型台架式POP广告。

4）POP广告的传播组合

（1）店面POP

店面POP是店铺的“面部表情”，包括招牌、橱窗、标志物等。它常常以商品实物或象征物传达零售店的个性特色以及季节感等。

（2）地面POP

地面POP是利用店内有效的视觉空间设置的商品陈列台、展示架、立体形象板、商品资料台等。它大致与顾客视线水平，是吸引顾客注意力的焦点。

（3）壁面POP

壁面POP是利用墙壁、玻璃门窗、柜台等可应用的立面粘贴的商品海报、传单等。它以壁面美化、商品告知为主要功能，重视提高装饰效果和渲染气氛。

（4）悬挂POP

悬挂POP是从天花板垂吊下来的展示，如商品标志旗、服务承诺语、吉祥物、吊旗等。悬挂POP高度适中，在微风下拂动，具有动感，从各个角度来看，都能直接吸引顾客的注意。

（5）货架POP

货架POP是利用商品货架的有效空隙设置的小巧的POP，如价目卡、商品宣传册、精致传单、小吉祥物等。近距离阅读，可以“强制”顾客接收商品信息。

（6）指示POP

箭形标志具有引发注意、指示方向、诱导等含义，如区隔商品销售区域的指示牌。指示POP还有服务咨询台、导购图示等，以方便顾客购买为主要目的。

（7）视听POP

在店内视野较为开阔的领域放置大型彩色屏幕，播放商品广告、店面形象广告、本店商品介绍等，或者利用店内广播系统传达商品信息，都属于视听POP。视听POP以动态画面和听觉吸引顾客的注意力。

全方位的POP广告为销售现场营造出了系统完整的立体服务氛围，能够有效刺激顾客的潜在购买欲，引发顾客最终做出购买行为。

5）POP广告的制作

POP广告的制作相对较为简单，制成后有很大的视觉冲击力，可以实现商家预期的目的。因此，大部分POP广告是用马克笔和各种颜色的专用纸制作的。

POP广告的制作方法很多，材料种类不胜枚举，但以手绘POP最具机动性、经济性、亲和性。手绘POP的优点包括：引人注目；容易阅读；一看便知诉求重点；具有美感；具有个性；具有统一感和协调感。

POP广告的制作必须具备以下三个基本点：

（1）醒目

为了使POP广告醒目，制作者应该从用纸的大小和颜色上想办法。卖场中陈列着各种大小不同、颜色各异的商品，在这个五光十色的环境中，如果将全部POP广告都统一使用白纸制作，当然不会引起顾客的特别注意。使用不同颜色的纸制作POP广告，一定会收到不同的效果。

顾客对不同的颜色有不同的感觉，黄色给顾客一种价格便宜的感觉，淡粉色和橘黄色的效果也不错。与冷色系相比，顾客更喜欢暖色系。

此外，POP广告的面积应该根据商品的大小、书写的内容而发生变化。对于成堆摆放的特价商品，应该采用大型POP广告；对于货架摆放的小型商品，在制作POP广告时要注意用纸的大小，不要将商品全部挡住。不同大小的POP广告都要准备。

（2）简洁

POP广告不可能无限放大。此时，如何将想要宣传的内容全部表达出来就是一个问题。虽然传达给顾客的信息越详细越好，但是如果将很多内容用很小的字写在POP广告上，顾客一旦看不清，就根本不会去看。出于这样的考虑，制作者应该尽量将商品的特点总结成条目，并且至多三条。POP广告是吸引顾客注意商品的手段，将商品的特点总结成条目，便于顾客阅读，也便于顾客了解商品。

书写POP广告用的笔，应该控制在三种颜色以内。如果字体颜色太多，反而会令顾客眼花缭乱，不容易看清。

（3）易懂

介绍商品的语言要便于顾客理解，不能含混晦涩。

POP广告是在一般广告形式的基础上发展起来的一种新型的商业广告形式。与一般的广告相比，其特点主要体现在广告展示和陈列的方式、地点和时间三个方面。这一点从POP广告的概念即可看出。

互动问题：谈谈你对POP广告效果的看法。

要求：同“教学互动1-1”的“要求”。

7.3.5 广告促销创意策划

如果说在广告调查的基础上进行的广告促销战略策划和广告促销策略策划更多地体现了广告促销策划的科学性，那么广告促销创意策划则更多地体现了广告促销策划的艺术性。广告促销的成功与否，仅仅依靠周密的、科学的程序化运作是远远不够的，还必须具有独具匠心的创意。在广告促销创意策划中，企业应坚持以广告主题为核心、以新颖独特为中心、以形象生动为特色的原则，使广告传达的信息内容和传达信息的方式能够有效吸引消费者的注意，激发消费者的兴趣，进而获得消费者的认同并赢得其信任，使消费者产生强烈的购买欲望，引导消费者做出购买行为。

广告促销创意策划主要包括以下方面：

1）广告促销主题创意策划

广告促销主题是广告的中心思想，是广告的核心和灵魂。任何一则广告，都必须有鲜明的主题，这样才能使广告促销对象在接触广告后，很容易理解和接受广告信息，并且正确领会广告的意图。广告促销主题也是进行广告促销创意的依据和目标，正确地策划广告促销主题是广告创作的关键。

广告促销主题创意策划的要点如下：

①充分体现广告促销战略和策略；

②突出促销功能；

③针对广告促销对象的心理需求；

④具有较高的审美价值。

表7-1对广告促销对象的心理需求与广告促销主题进行了举例说明。

表7-1 **广告促销对象的心理需求与广告促销主题**

企业及其产品	广告促销对象的心理需求	广告促销主题
福建长富牛奶	获得新鲜、营养、有益健康的奶制品	24小时保鲜快送——“新鲜看得见”
新肤螨灵霜	拥有健康美丽的皮肤	光润健康每一天
养生堂朵而胶囊	获得健康和美丽	以内养外，补血养颜
阿尔卑斯奶糖	获得浪漫与甜蜜的生活	见证甜蜜每一刻

2）其他广告促销创意策划

广告促销创意就是表现广告促销主题的构思。通过构思，创造一种意象、意境，以充分表达广告促销的主题。在长期的广告促销实践中，人们总结出了一些具有普遍指导意义的创意模式，值得我们借鉴，现介绍如下：

（1）独特销售主张模式

以产品独有的特点，作为创意表现的诉求主题，再将该主题转化为消费者关心和追求的利益，如“潘婷”洗发水强调“洗发、润发二合一功效”等。

（2）情景模式

对生活情景进行提炼和再现，使消费者在广告情景的引导下，产生移情作用，以激发认同或模仿，如“王老吉”电视广告中“幸福家庭，每日相伴”的画面。

（3）证言模式

通过使用过该商品的消费者的现身说法，为商品的效果作证。作为证人的模特儿的形象应与广告促销对象属于同一群体。

（4）名人模式

通过具有知名度并富有公众号召力和影响力的名人来推荐产品，或介绍产品特色，以此引起消费者的趋同行为。当然，选定的名人必须与促销品具有内在的联系，如“好迪”洗发水选择李玟来推介产品。

（5）比较模式

将自己的产品与同类型产品或竞争品牌产品进行比较。

（6）叙述模式

采用平铺直叙的方式，描述产品的特点或相关活动，使消费者了解、认知该产品。这是一般商品促销广告中最常用的创意模式，如药品广告说明药品的功效和适应症，家用电器广告说明电器的功能、特性等。

（7）示范模式

将产品操作或功能的要点，通过广告进行示范解说，做出简单明了的表达。

(8) 拟人模式

以拟人化的戏剧情节展示和表现促销主题。例如，在“来福灵”除虫剂的电视广告中，蔬菜、瓜果和害虫都会跳舞，“来福灵”除虫剂则变成一队瓶状战士，杀灭害虫，还放声高歌：“胜利的来福灵！胜利的来福灵！”

(9) 反诉求模式

以消费者心理诉求的反面作为广告的重点，引起消费者的共鸣和警示，通常选择消费者最在意、最担心的问题切入。

7.3.6 广告促销预算

广告促销预算是对企业在一定时期内广告活动经费的一种估算。这种估算既包括对广告经费总额的估算，也包括在各项广告活动中经费的使用计划。广告预算是企业整体促销预算的一个组成部分。

1) 广告促销预算的具体项目

①市场调查研究费用；

②广告设计制作费用；

③广告媒体使用租金；

④机动费用。

2) 广告促销预算的确定方法

(1) 销售比例法

销售比例法是指根据企业已经完成的销售额或预计完成的销售额按一定比例确定广告预算的方法。在不同的行业和不同的企业，该比例有不同的标准，一般取2%~5%。销售额可以采用上一年已实现的销售额，也可以采用当年预计完成或确定需要完成的销售额。

(2) 毛利比例法

毛利比例法是一种以毛利为基数按比例确定广告预算的方法。它与销售比例法类似，但它更多地考虑企业利润及经济效益。毛利可以采用上一年已达到的毛利，也可以采用当年预计的毛利或两者的平均值。

(3) 竞争对抗法

竞争对抗法是一种根据主要竞争对手的广告费用来确定自身广告预算的方法。如果企业采取“针锋相对式”的竞争战略，那么在广告促销预算上也可以采用这一方法，以与竞争对手相抗衡。

(4) 市场占有率法

市场占有率法是指根据企业已达到或预期达到的市场占有率与竞争对手市场占有率之比来确定广告预算的方法。计算公式如下：

$$\frac{\text{企业已达到或预期达到的市场占有率}}{\text{竞争对手市场占有率}}=\frac{\text{企业广告预算}}{\text{竞争对手广告支出}} \tag{7.1}$$

则：

$$\text{企业广告预算}=\frac{\text{企业已达到或预期达到的市场占有率}}{\text{竞争对手市场占有率}}\times\text{竞争对手广告支出} \tag{7.2}$$

（5）目标达成法

目标达成法是指根据企业的市场战略、形象战略和营销目标，确定广告促销目标，再根据为实现广告促销目标所确定的广告促销战略、策略进行广告促销预算的方法。这种方法能够根据市场营销的需要决定广告促销预算，较为科学。

（6）支出可能法

支出可能法是指根据企业的财务状况、可能投入多少广告促销经费来确定广告预算的方法，它适用于经济实力一般的中小型企业。

（7）任意增减法

任意增减法是指以上年或前期广告促销费用作为基数，根据财力和市场需要进行增减，以此确定广告预算的方法。

同步案例7-1

创维酷开冠名《挑战麦克风》改变生活

背景与情境：2008—2009年，创维酷开冠名湖南卫视娱乐节目《挑战麦克风》。借着节目的热播，创维酷开TV营造全家娱乐的新氛围的设计理念开始受到市场追捧。同时，创维还通过《挑战麦克风》节目充分展现了酷开TV具备的酷K、酷影、酷乐等娱乐功能及先进技术。2008年，创维酷开稳拿液晶电视市场销量冠军。

问题：

（1）创维酷开冠名《挑战麦克风》节目为何能够成功？

（2）本案例给你什么启示？这种促销模式可以复制吗？

分析提示：创维广告促销策略的成功可以归结为以下三点：一是湖南卫视《挑战麦克风》节目的高收视率有利于创维迅速推广新品、扩大影响力、抢占市场份额。二是创维酷开TV具有K歌功能和内置MR.MIC评分系统，产品定位和产品精神与《挑战麦克风》节目的性质十分吻合。三是创维通过《挑战麦克风》节目充分展现了酷开TV具备的酷K、酷影、酷乐等娱乐功能，可以为顾客提供一个家庭娱乐中心，让全家人一起在家轻松挑战麦克风、看大片、听音乐，共享娱乐生活，从而迎合了现代人渴望全家快乐的需求，推广了健康的生活方式，这也是其成功的关键。

7.4 营业推广策划

在各种促销方式中，花样繁多的营业推广方式成为企业刺激需求、促进销售、争夺市场的重要武器。营业推广是企业促销组合中的一项重要内容，许多企业热衷于运用这种短、平、快的营销手段，来达到看得见的销售增长。

7.4.1 营业推广策划的内容和程序

所谓**营业推广策划**，是指根据企业的营销战略和促销要求，对企业在一定时期内要开展的营业推广行动方案、推广目标、时机把握、经费预算以及过程控制，进行全面、细致的安排和规划，以实现理想的促销效果。

很多企业由此获得了丰厚的回报，但也有不少企业马失前蹄，非但没有达到预期促销效果，反而造成了重大损失。究其原因主要有两个：一是有些企业未能掌握营业推广策划的一般规则，组织者和策划者对营业推广活动的特点、规律及实施技巧缺乏准确把握；二是营业推广作为一种促销行为，是信息双向沟通的过程，活动效果不仅取决于活动本身完美与否，而且取决于活动作用的对象所做出的反应。因此，在策划一项具体的营业推广活动之前，系统、全面地了解营业推广策划的内容和程序是非常必要的。

营业推广策划的内容和程序如图7-4所示。

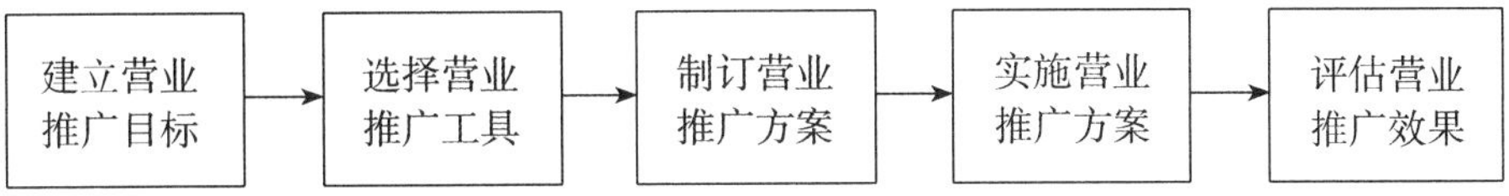

图7-4　营业推广策划的内容和程序

7.4.2　建立营业推广目标

企业的营业推广目标应与企业在该时期的市场营销总目标及促销目标相结合；同时，由于促销对象不同，营业推广的目标也不相同。

1）企业在不同时期的营业推广目标

企业在经营的不同时期，开展营业推广活动的具体目标是不同的，这可以从两个不同的角度来区分。

（1）产品生命周期不同阶段的营业推广目标（见表7-2）。

表7-2　**产品生命周期不同阶段的营业推广目标**

所处阶段	营业推广目标
投入期	缩短产品与顾客之间的距离，吸引目标顾客试用、认知新产品
成长期	鼓励重复购买，刺激潜在购买者，增强中间商的接受程度
成熟期	刺激大量购买，吸引竞争品牌的顾客，保持原有的市场占有率
衰退期	大量销售，处理积压库存

（2）销售淡、旺季的营业推广目标（见表7-3）。

表7-3　**销售淡、旺季的营业推广目标**

所处季节	营业推广目标
淡季	维持顾客对产品的兴趣，刺激需求，减轻淡季的库存压力
旺季前	影响顾客的购买决策，争取竞争品牌的使用者
旺季	鼓励重复购买和大量购买，鼓励顾客接受品牌延伸的新产品
旺季后	出售旺季剩余货品，以回笼资金、降低积压风险

2）针对不同对象的营业推广目标

（1）针对消费者的营业推广目标

①鼓励现有消费者，以实现以下目标：A.继续购买本品牌产品；B.把延时性购买变为即时性购买；C.鼓励大批量购买；D.接受由本品牌延伸的新产品。

②争取潜在客户，培养新的客户群。

③从品牌竞争者手中夺走品牌转换者。

（2）针对中间商的营业推广目标

①改善销售渠道，包括：A.维持和巩固现有的销售渠道及货架陈列；B.争取让中间商存放额外的开架样品和不定期的促销样品；C.鼓励中间商销售完整的产品系列。

②维持较高的存货水平，包括：A.诱导中间商储存更多的本品牌产品；B.鼓励中间商储存本品牌的延伸产品和相关产品。

③建立品牌忠诚度，包括：A.排除竞争者促销措施的影响；B.吸引新的中间商。

④激励推销本品牌产品的积极性，包括：A.特别的展示和陈列；B.布置有吸引力的卖场广告；C.对本品牌的产品进行不定期的降价销售。

（3）针对销售人员的营业推广目标

①鼓励销售新产品或新品种；

②鼓励寻找更多的潜在顾客；

③刺激淡季销售。

7.4.3 选择营业推广工具

企业为了实现营业推广目标，必须选择恰当的营业推广工具。在选择时，企业应充分考虑下列因素：

1）营业推广目标

这是选择营业推广工具时要考虑的首要因素。不同的营业推广工具适用于实现不同的促销目标，两者的对应关系见表7-4。

表7-4 **营业推广工具选择中的目标因素**

营业推广目标 \ 营业推广工具		POP广告	优惠券	样品赠送	价格折扣	竞赛	赠品	酬谢包装
短期效果	争取试用	*	*	*	*	*		
	改变购买习惯	*			*			*
	增加购买量		*		*		*	*
	刺激潜在消费者	*	*	*		*		*
	吸引中间商				*	*		
长期效果	提升广告形象					*		
	巩固品牌形象					*	*	

2）产品生命周期

在产品生命周期的不同阶段，企业营销工作的重点不同，营业推广目标也不一样，应选择的营业推广工具也不同，具体见表7-5。

表7-5　**营业推广工具选择中的产品生命周期因素**

所处阶段	营业推广工具		
	对销售人员	对中间商	对消费者
投入期	培训、推销手册、销售竞赛	企业刊物、新产品发布会、派员指导	POP、现场演示、示范、样品派送、宣传小册子、广告派送
成长期	销售竞赛	价格折扣、派员协助	POP、产品展示会、示范表演、附赠品
成熟期	加强培训、新的销售用具和资料	价格折扣、销售竞赛	附赠品、竞赛抽奖、成立消费者组织、分期付款
衰退期	以折扣、降价等方式处理库存，减少促销投入		

3）产品种类

产品按销售后的用途不同可分为生产资料和消费品两类，消费品又可按购买习惯分为日用品、选购品和特殊品三类。对于这些不同类别的产品，由于促销对象及促销目标不同，因此企业应选用的营业推广工具也不同。

4）企业的竞争地位

不同的竞争格局和企业所处的竞争地位，也会影响企业对营业推广工具的选择。处于竞争优势的企业，更多考虑选用能够产生长期效果的工具（如消费者教育、消费者组织等），而较少采用即效性的方法，这有利于为企业建立一支忠诚的顾客队伍；处于竞争劣势的企业应以为消费者和中间商提供更多的实惠为原则，在营业推广工具的选择上也要体现差异化的策略思想。

5）企业在销售渠道中扮演的角色

企业在销售渠道中扮演的角色不同，其营销任务和促销目标也不同。制造商营业推广的对象是中间商和企业销售人员；批发商营业推广的对象是企业销售人员和零售商；零售商营业推广的对象则是广大的消费者。不同的营业推广对象，适用的营业推广工具不同，具体见表7-6。

表7-6　**不同营业推广对象适用的营业推广工具**

营业推广对象	营业推广工具
消费者	样品赠送、优惠券、竞赛抽奖、免费赠品、附加赠送、演示与示范、POP、价格折扣等
中间商	交易折扣、销售竞赛、贸易展览、企业刊物、派员协助等
企业销售人员	业务培训、推销手册、销售竞赛、销售奖金、销售会议等

6）竞争者的促销行为

企业需要对竞争者的促销行为做出反应，有时可以跟进，有时可以模仿，有时需要回避，有时需要创新，应对策略取决于企业与竞争对手的力量对比及企业的竞争战略。

7）营业推广费用的预算

各种营业推广工具及促销媒体的使用成本不同，考虑到实施的可行性，企业在选用营业推广工具时，一定要考虑一定时期内企业的经济实力和促销费用的预算。

7.4.4 制订营业推广方案

在营业推广策划中，确定营业推广目标和选择营业推广工具是重要环节，但企业还需要为营业推广活动的实施制订具体的行动方案。企业需要针对以下几个方面进行策划：

1）确定营业推广的范围

这包括两个方面的问题：

（1）产品范围

营业推广活动是针对整个产品系列还是仅针对某一项产品进行？是针对目前市场上正在销售的商品，还是针对特别设计包装的产品？

（2）市场范围

一次营业推广活动是在所有的销售地区同时开展，还是只在某一特定的市场区域开展？在确定这一问题时，应主要考虑企业的财务支出能力、企业推销队伍的力量和不同地区的销售状况。

2）确定营业推广诱因量的大小

诱因量是指活动期间运用某种营业推广工具提供给消费者的利益的大小，它直接关系到企业的促销成本。诱因量的大小和促销效果有着密切的关系。当诱因量很小时，消费者的反应也很小，促销效果几乎为零；当诱因量增大时，消费者的反应也会随之增大。但是消费者的反应与诱因量并不是按比例增长的，当诱因量超过一定量时，促销效果会呈递减趋势。因此，企业需要考虑两者的变化关系，以确定一个最佳诱因量。确定的方法有两种：一是依据经验积累做出判断；二是通过小范围的试验来确定。

3）确定传播媒介

确定传播媒介即确定通过何种媒介将销售促进的信息传递给消费者。不同的媒介有不同的促销对象和促销成本，促销效果也不一样。例如，优惠券可以邮寄、由推销人员发送、作为报纸杂志的附页发送，也可随商品包装分送，企业需要从几种方式中做出选择。

4）确定参与条件

确定参与条件即确定参与促销活动对象的资格。例如，优惠券对购买额达到一定量的消费者发放；免费赠品对集齐一定包装的消费者发放；样品赠送给符合特定条件的对象等。

5）确定营业推广活动的时间

营业推广活动时间的确定包括三个方面的内容：

（1）举行活动的时机

企业要考虑选择什么时机能够提高促销效果。

（2）活动持续的时间

活动持续的时间太短，信息传达面有限，可能会使许多目标顾客来不及接收促销的信息；促销活动持续的时间过长，又会使消费者的兴趣下降，甚至会使消费者对产品的品质与品牌产生怀疑。最佳的活动持续时间应该是产品平均购买周期的长度。

（3）举办活动的频率

科学确定促销活动的频率，通常要考虑销售促进的目标、竞争者的促销表现、消费者的购买习惯和反应、活动本身持续的时间和效果、促销的整体计划等因素。

6）编制营业推广费用预算

营业推广费用通常包括两项：一是管理费用，包括印刷费、邮寄费、对推销人员的教育和培训费等；二是诱因成本，如赠品费、优惠或减价的成本、兑奖成本等。对活动策划者来说，编制预算的目的是保证该项营业推广活动所需费用的落实，以及找到促销成本和促销收益的收支平衡点。这样，活动策划者就能够做到心中有数，从而加强对整个促销活动过程的控制，保证最低销售量的实现。

最低销售量的计算公式为：

$$\text{最低销售量}=\frac{\text{非促销期间的正常销售量}\times\text{正常边际利润}}{\text{促销期间的边际利润}} \tag{7.3}$$

例如，某品牌产品在非促销期间的边际利润为3元，每天的正常销售量为1 000袋，如果在促销期间每袋的促销费用为1.2元，那么每天需达到什么样的销售水平才能补偿促销活动的成本？

根据公式（7.3）计算如下：

$$\text{最低销售量}=\frac{1\,000\times 3}{3-1.2}=1\,667\text{（袋）}$$

所以，促销期间的销售量至少要达到1 667袋，才能补偿该次促销活动的成本。

7）确定其他条款

为了保证营业推广活动顺利进行，企业还应制定除以上内容以外的一些条款，如奖品兑换的具体时间、优惠券的有效期限、竞争活动的游戏规则、中间商的付款期限等。

8）形成营业推广企划案

营业推广活动的策划者在对以上各项内容做出决策后，还要按一定的格式将其文案化，形成企划案。营业推广企划案是企业组织营业推广活动的行动纲领，是执行者的行动准绳，也是管理者检查评估的依据。

7.4.5　实施与评估营业推广

营业推广方案形成以后，企业就要组织实施，并对执行结果进行评估。

1）实施前的准备工作

实施前的准备工作包括：①商品供应的准备；②促销人员的准备；③零售网点的协作准备；④资料的积累与收集，包括企业自身和竞争对手组织相关活动的资料等；⑤有关活动规则的确定；⑥奖券、奖品（赠品）的准备；⑦管理工作与辅助支援工作，如公证与项目审批等；⑧活动日程安排；⑨必要的应急计划。

2）实施前的检验、预试

由于营业推广活动不仅要花费可观的费用，而且是一项公开的社会性活动，因此，营业推广活动一旦出现失误，不仅会使企业蒙受财务损失，还会造成严重的负面影响，损害企业的品牌形象。所以，为了确保营业推广方案的科学性、效益性和可行性，企业在营业推广方案正式实施之前，必须首先对其进行检验、预试。检验和预试的内容主要包括：营业推广工具的选择是否有效？创意能否为目标顾客所理解？整体促销内容和形式是否违反法律和政策的规定？

针对消费者，企业可采用征询意见法和对比试验法对营业推广方案进行检验、预试。征询意见法是指通过采用集中征求意见和随机采访的方式，广泛征求市场上的消费者对各种促销活动的反应，从而筛选出更具吸引力的营业推广方案。对比试验法是指在有限的地区范围内，选择一些有代表性的消费者，将其分为两组，分别进行不同的试验，比较其购买行为，以检验营业推广方案的优劣。企业可以进行实施与不实施营业推广方案的比较，也可以就不同的营业推广工具进行比较，还可以就提供大小不同的诱因量进行比较，然后根据试验结果进一步完善营业推广方案。

针对中间商，企业可采用征询意见法和深入访问法对营业推广方案进行检验、预试。这类检验、预试不仅可以帮助企业改善和修正营业推广方案，而且可以预先与中间商进行沟通，取得中间商对营业推广方案的充分理解和支持。

3）评估营业推广效果的方法

①比较活动前、后销售量的变化幅度。

②直接观察消费者对促销活动的反应，如消费者参加竞赛和抽奖的人数、赠品的偿付情况等。

③对消费者进行抽样调查。

职业道德与企业伦理7-1

北京中友百货的促销手段分析

背景与情境：

1）北京中友百货简介

北京中友百货（以下或称中友）位于繁华的北京西单商业区内，南面就是北京的交通要道东西长安街和北京市重点建设项目文化广场，可谓是“黄金宝地”。西单商业区每天的客流量可达70万～80万人次，50年国庆重点项目——西单文化广场及中银大厦的完成，再加上原有的图书大厦，给商圈带来了无限商机。

中友百货来自中国台湾。中友百货于1992年4月在中国台湾台中市开设了第一家店，并享誉台湾商界。中友百货曾荣获全台湾消费者满意度第一名并连续创下台湾中部商业零售业销售额第一名的佳绩，其所特有的LOGO“世纪之眼”，在台湾非常受欢迎。

北京中友百货主要经营食品、日用百货、化妆品、男女服饰系列用品、鞋帽、儿童系列用品、健身器材、体育用品、家电、办公自动化用品、家居用品、书籍、通照器材等，经营品种达10万种，年销售额达5亿元人民币。其目标顾客是中高档消费者，主要经营中高档商品，以国内名品为主、国际名品为辅。

2）北京中友百货的多重促销

（1）服务促销

服务促销是北京中友百货的主要促销手段。人性化的经营管理一向是中友的经营目标。在开店之初，中友就制定了“以服务为第一”的宗旨，将服务品质与商品视为同等重要，要对所有的顾客负责，同时还设立了处理顾客投诉及退换货的部门，使顾客购物更有保障。

全生活服务中心是北京中友百货的特色服务。在这里，顾客可以真正享受到全生活、多视角的服务，中友尽量满足顾客提出的一切生活需求。为了达到这一承诺，中友建立了一系列服务设施和项目，主要有：

◆速食餐厅·饮料供应。

麦当劳、肯德基、吉野家、泡沫红茶/B1；星巴克咖啡/1F；俏佳人健康水果吧/3F；网络咖啡吧/5F。

地下一层西侧入口处，24小时营业，提供各类生活便利用品和“超值贴心服务”，设有传真、复印、打字服务。

◆服务台（一楼西侧大厅）。

咨询服务：免费寄物、播音寻人、点歌服务、遗失物及拾获物处理、迷失儿童协寻、顾客咨询、婴儿车及轮椅租借、免费停车、计程车服务、代售电话卡、列车时刻表、北京交通图、旅游图、邮票、信封。

◆其他服务设施。

顾客咨询服务站/B1F、2F～6F；中友卡、顾客服务中心/6F；兑奖咨询专线：66018899转2622、2620；顾客休息区/B1F、2F～6F、客梯间通道内。

◆可使用各式信用卡。

日本JCB卡、招商银行一卡通、工商银行牡丹卡、建设银行龙卡、中国银行长城卡、农业银行金穗卡、交通银行太平洋卡、浦发银行东方卡、华夏银行华夏卡、美国运通卡、VISA卡、万事达卡、大来卡。

◆停车设备。

地下二层备有大型停车场，设有118个车位，购物方便称心，持中友卡可免费停车1小时。当日购物满100元，可免费停车1小时。

（2）营业推广

营业推广也是北京中友百货促销的主要手段之一，包括折扣优惠、降价销售、优惠卡等。具体手段和活动如下：

◆中友贵宾卡。

顾客凭此卡除在店内享受购物折扣外，还可积分并获得礼品回馈，享受如优惠租车等一系列特享优惠，集众多优惠于一身，真正体现了中友卡的超值之处。

◆长城储蓄值纪念卡。

该卡是中国银行为庆祝新中国成立50周年而发行的一套储值纪念卡，并委托中友独家销售使用，具有极高的使用和收藏价值，是中友的重点促销项目。

◆为庆祝中友的新鲜亮相，2000年9月22日至9月24日，中友举办了“满100送40”的活动。

◆2000年6月9日至6月25日，商场六层特卖场举办“绝代风华”国际设计师服饰特卖会；同场举办万件T恤特卖会。

◆2001年2月22日，中友百货冬靴、冬装5折起特卖。

◆在21世纪的第一个情人节，中友百货举办了“来中友百货，大声说出自己的爱”活动。

2001年2月9日至2月28日，中友为一年中这个最浪漫的日子精心准备了最浪漫的“节日”。在20天的档期里，中友为购物的人们准备了四重意外惊喜：

第一重惊喜：2～5层各馆已经有部分春装全面上市，让时尚的人们把握2001年春夏流行时尚的脉动。

第二重惊喜：“春日抢鲜酬谢会”。凡当日在商场消费累计金额满800元的消费者，可持小票到6层赠奖中心兑换刮刮卡1张，消费累计金额满1 600元可兑换2张，依此类推。中奖顾客当场兑换奖品。届时，将会有10名幸运者获得价值5 000元的奖品，20名幸运者获得价值100元的奖品，1 750名消费者获得价值50～500元不等的礼品。另外，2月9日至14日，中友卡卡友消费满500元，即可获得意外的实惠。

第三重惊喜：“大礼”情人对对碰。凡当日消费累计金额满200元的顾客，可持销售小票至地下一层游戏区进行沙弧球游戏一次，在游戏中过关斩将者有机会赢得5 000元的购物券。

第四重惊喜：“甜蜜圈套”。为所有有情人设下一个“甜蜜圈套”：情人节期间，商场将以花车的形式，举办世界著名品牌的巧克力、糖果以及鲜花的特卖会。相信琳琅满目的商品会使不少正在为情人节送礼发愁的人茅塞顿开。

另外，中友还为情人节准备了众多近乎公益性的活动，如情人留言板、情人点歌卡、真人模特表演等。

◆2001年2月25日至3月5日，北京中友百货举办冬季名品优惠展销。

（3）广告促销

北京中友百货比较重视广告促销，经常在电视、报纸、网络等媒体上登载有关中友的营销活动，宣传中友的服务理念，并取得了一定的效果。

问题：分析该案例给我们的启示。

分析提示：这些措施、方法与职业道德和企业伦理是否有矛盾？

7.5 公关促销策划

良好的公共关系是企业开展促销活动的基础，它可以帮助企业了解消费者的需求，进而对消费者的行为迅速做出反应。公关活动本身也具有积极的促销作用，将公关与促销活动进行有机结合，就形成了公关促销的全新观念。当今社会，很多企业已经认识到了公关促销的重要性并进行了积极的运用。

7.5.1 公关促销与公关促销策划

公关促销是指企业将公关与促销有机结合成为一个整体，通过各种传播媒介，以充分可靠的事实和切入人心的生动方式，同社会公众进行沟通，以增进企业同社会公众的相互了解和理解，树立企业的良好形象，激发社会公众对企业的好感与信任，从而为企业创造一个良好的外部环境，有效扩大销售和提高盈利。

公关促销策划是指为了实现促销目标，企业在对社会公众进行系统分析的基础上，对公关活动的整体战略和策略做出的运筹规划。公关促销策划通常包括以下几个步骤：

1）搜集公关信息

在公关促销策划过程中，企业应搜集的信息主要包括政府决策信息、新闻媒体信息、立法信息、产品形象信息、竞争对手信息、消费者信息、市场信息、企业组织形象信息和流通形象信息等几个方面。企业的公关部门可以根据企业的性质和服务对象，对信息进行分类搜集。

2）公关促销目标策划

公关促销目标就是公关活动要达到的理想境地和标准，它是一个复合的目标系统，主要包括以下内容：①创造知名度；②提高信誉度；③与公众保持经常化的信息沟通与交流；④监测社会环境及舆论变化的趋势，根据这种趋势及时调整组织的政策与行动；⑤激励销售人员和经销商；⑥节约促销成本。公关促销目标是决定公关促销内容和手段的前提，企业必须首先对此做出决策。

3）公关促销对象策划

公关促销对象是指公关促销活动指向的特定公众，主要依据公关促销目标确定。针对不同的公关促销对象，策划者应采用不同的公关促销策略。

4）公关促销策略策划

公关促销策略是指为了实现组织的公关促销目标而采取的对策，如宣传性公关策略、交际性公关策略、服务性公关策略等。

5）公关促销媒体策划

企业应根据公关促销对象接收信息的习惯，有的放矢地选择不同的促销媒体，以保证企业的新闻传播达到良好的效果。一般来说，公关促销活动可选择的媒体有印刷媒体、电子媒体、户外媒体和其他媒体。

6）公关促销时机策划

见机行事，能使公关促销活动事半功倍。适于进行公关促销活动的时机通常有以下几种：①企业创办或开业之际；②企业推出新产品和新的服务项目之际；③企业更名或与其他企业合并之际；④企业发展很快需要提高声誉之际；⑤企业的经营管理出现失误或遭到公众误解之际；⑥企业遭遇突发性危机事件之际。

7）公关促销决策与公关促销效果评估

公关促销决策就是对公关促销活动方案进行优化、论证，它是公关促销策划成功的关键。方案的优化主要从以下三个方面来考虑：①增强方案的目的性；②增加方案的可行性；③降低方案的实施成本。方案的论证包括以下几个方面：①对目标进行分析；②对限制性因素进行分析；③对潜在问题进行分析；④对预期结果进行综合效益评价。

公关促销效果的评估主要是检查原定的公关促销目标是否达到、公关促销预算的执行情况、存在的问题及改进措施等。

7.5.2 公关促销策划的模式

1）宣传型公关促销策划

这一公关促销模式主要运用大众传播媒介的内部沟通方法开展宣传工作，以树立企业良好的形象。其主要做法是：利用各种媒介和交流方式进行传播，让各类公众充分了解企业、认同企业，进而形成有利于企业发展的社会舆论，使企业获得更多的支持者与合作者，达到促进企业发展、扩大销售的目的。这一模式的特点是：主导性强，时效性强，传播面广，推广企业形象效果快。

同步思考7-2

背景资料：英国著名的食品批发商立普顿在某年圣诞节到来前，为使其代理的奶酪畅销，在每50块奶酪中选一块装进一枚金币，同时用气球在空中散发传单大造声势。于是，成千上万的消费者涌进销售立普顿奶酪的代销店，立普顿奶酪顿时成了市场中的抢手货。立普顿的行为引起了同行的抗议和警察的干涉，但立普顿以退为进，在各经销店前张贴通告："亲爱的顾客，感谢大家对立普顿奶酪的厚爱。发现奶酪中有金币者，请将金币送回。"通告一贴出，消费者在"奶酪中有金币"的声浪中，购买反而更加踊跃。当警方再度干预时，立普顿又在报上刊登广告，提示顾客要注意奶酪中的金币，应小心谨慎、避免危险。这则广告表面上是应付警方，实际上是一次更有效的促销。同行在"立普顿奶酪中有金币"这一强大促销攻势中毫无招架之力。

问题："立普顿奶酪中有金币"这样的促销方式是否合理？

理解要点：从企业促销策划的可行性和消费者方面进行分析。

2）交际型公关促销策划

这一公关促销模式是通过人与人的直接接触，进行感情上的联络，形成有利于企业发展的人际环境，从而促进销售。其具体方法是进行团体交往和个人交往。团体交往包括召开各种招待会、座谈会、工作午餐会、宴会、茶话会等；个人交往包括交谈、拜访、祝贺、信件往来等。

业务链接7-1

乔·吉拉德的贺卡

汽车推销员乔·吉拉德在其从事汽车销售业务的11年中，卖出的汽车比谁都多。他成功的奥秘在于"每月都要送出1.3万张以上的贺卡"。顾客只要在他手中买过一辆车，就再也不会忘记他，因为这些顾客每月都会收到一封信或贺卡。一种特殊的沟通方式就这样形成了。乔·吉拉德每月送出的1.3万张贺卡真正体现了他对顾客的关心。

3）服务型公关促销策划

这是一种以提供优质服务为主要手段的公关促销模式。其目的是以实际行动来获取社会公众的了解和好评，树立企业良好的形象。其最显著的特征是有实在的行动，能给消费者带来实际的利益和好处。

4）社会型公关促销策划

这是指通过举办各种社会性、公益性、赞助性活动来塑造企业形象的公关促销模式。其目的是通过积极的社会活动，扩大企业的社会影响力，提高企业的社会声誉，赢得公众的支持。其活动形式主要有三种：一是以企业的重要活动为中心开展的公关活动；二是以赞助福利事业为中心开展的公关活动；三是资助大众传播媒介举办各种活动。

5）征询型公关促销策划

这是一种以采集社会信息为主要手段的公关促销模式。其目的是通过舆论调查、民意测验等工作，了解社会舆论，从而为企业的经营管理决策提供咨询，使企业行为尽可能地与社会的整体利益、市场的发展趋势以及公众意志统一起来。具体的活动形式有访问重要用户、建立信访制度、设立监督电话、处理举报和投诉、对消费者实施有奖调查等。

本章概要

内容提要

● 企业在促销活动中，为了实现以最低的促销费用达到更好的整体促销效果，对人员推销、广告、公共关系和营业推广等促销方式进行综合运用所形成的有机整体。

● 促销策划就是在对各种促销方式进行综合运用时具有创造性的谋划与设计。它包含两个层面上的工作：一是整体促销策划，即对企业整个促销工作的谋划和设计；二是单一促销策划，即对企业在一定时期内针对确定的市场采用特定的促销方式进行的单项促销活动的谋划和设计。

● 促销策划的程序包括：促销市场调查；促销目标决策；促销市场定位；确定促销工具；拟定促销媒体；确定促销预算；撰写促销策划书。

● 人员促销策划是指为了实现企业的促销目标，在进行充分调查分析的基础上，对整体人员促销活动的战略、策略和技术进行的创造性的谋划和设计。

● 广告促销策划是指企业为了实现既定促销目标，在市场调查的基础上，依据整体营销战略，对广告促销战略、策略和活动所进行的谋划和设计。

● 营业推广策划是指根据企业的营销战略和促销要求，对企业在一定时期内要开展的营业推广行动方案、推广目标、时机把握、经费预算以及过程控制，进行全面、细致的安排和规划，以实现理想的促销效果。

● 公关促销策划是指为了实现促销目标，企业在对社会公众进行系统分析的基础上，对公关活动的整体战略和策略做出的运筹规划。

主要概念和观念

▲ 主要概念

促销　促销组合　促销策划　人员促销策划　广告促销策划　营业推广策划　公关促销策划

▲ 主要观念

人员促销策划　广告促销策划　营业推广策划　公关促销策划

重点实务

人员促销策划的主要内容　广告促销策划的主要内容　营业推广策划的主要内容　公关促销策划的主要内容

基本训练

知识训练

▲ 简答题

1）简述如何进行现代人员促销策划。

2）简述公关促销策划的模式。

▲ 填空题

1）（　　）的本质是沟通信息，作用在于赢得信任、诱导需求、促进购买与消费。

2）促销组合是指企业在促销活动中，为了实现以最低的促销费用达到更好的整体促销效果，对（　　）等促销方式进行综合运用所形成的有机整体。

▲ 单项选择题

1）下列营业推广工具中，针对消费者的有（　　）。

A.样品赠送　　B.销售会议

C.贸易展览　　D.发放优惠券

E.竞赛抽奖

2）在广告促销创意中，企业应坚持以（　　）为核心、以新颖独特为中心、以形象生动为特色的原则。

A.广告主题　　B.广告创意

C.广告形式　　D.广告策划

▲ 多项选择题

1）促销目标定位主要解决促销的（　　）问题。

A.时间　　B.空间

C.对象　　D.内容

2）营业推广范围包括（　　）。

A.产品范围　　B.市场范围

C.销售区域　　D.市场属性

▲ 讨论题

1）就某新上市的果汁饮料进行广告促销策划。

2）就某新款笔记本电脑进行营业推广策划。

能力训练

▲ 案例分析

雪佛兰“买一送一”

背景与情境：美国雪佛兰汽车厂积压了一批1986年生产的托罗纳多轿车，这批积压轿车导致汽车厂资金周转不灵、库存费用增大，甚至处于倒闭的边缘。该厂管理层检讨了企业管理方面的问题后，决定“买一送一”，即凡是买走一辆托罗纳多轿车的人，即可开走一辆南方牌轿车，这使得原本“门前冷落车马稀”的营销部门一下子变得门庭若市，积压轿车被一售而空。

问题：这种促销方式为何能够奏效？会有什么后果？

分析要求：同第1章本题型的“分析要求”。

▲　自主学习

自主学习-IV

【训练步骤】

1）将班级同学组成若干“自主学习”训练团队，每队确定1个负责人。

2）各团队根据训练项目的需要进行角色分工。

3）通过院资料室、校图书馆和互联网，查阅“文献综述格式、范文及书写规范要求”和近三年关于“营业推广策划”的学术文献资料。

4）综合和整理“营业推广策划”最新学术文献资料，依照“文献综述格式、范文及书写规范要求”，撰写《“营业推广策划”最新文献综述》。

5）在班级交流各团队的《“营业推广策划”最新文献综述》。

6）在校园网的本课程平台上展出经过修订并附有教师点评的各组《“营业推广策划”最新文献综述》，供学生相互借鉴。

☆　善恶研判

如此促销，道德吗？

背景与情境：孙子百日宴本是一件高兴的事，我们宴请了许多亲朋好友，席间大家举杯祝贺。突然，一位陌生小伙子手执照相机对着饭桌上的酒“咔”“咔”地拍了起来。我们都很吃惊，问他为何拍照，他说他是酒厂促销员，拍几张照片搞搞宣传，别无他意。对此，我们谁也没有在意。

可气的是，这个陌生小伙子竟然还把我们剩余没喝的酒打开了盖子，而且服务生也没有阻拦。当时人多，大家搞不清他的真实身份。好在被打开的酒数量不多，我们也不愿意为此影响愉快的心情，此事也就算了。

谁知后面还有更让人气愤的事呢！

酒席过后，我和老伴儿先行回家，儿子和儿媳去酒店前台结账，并将此事告诉了酒店的管理人员。他们听后貌似很愤怒，说是一定告诉厂家处理此事，然后也同意为我们退酒，包括已经被开瓶却没有喝的酒，还让儿子留下电话，理由是如需我们出面作证，方便联系。但是，在酒的价格上却按高价而不是按之前答应的优惠价结账。儿子和儿媳当然不同意，质问他们为何不讲信用。酒店方面态度强硬，坚持如果按优惠价结账，那么开过瓶的酒就不给退；如果想退掉开过瓶的酒，就必须按高价结账。双方理论半天未果，儿子和儿媳只好作罢。其实，儿子和儿媳这样做并不是退让，而是浪费不起精力和时间。

儿子和儿媳回来后讲了此事，我们方知被愚弄了。这种卑劣的促销手段，相信酒店方面也不是第一次使用了。为了盈利，就可以失诚、失信、失德、失义吗？这让我想起了一句话：从南京到北京，买家没有卖家精。如此促销，道德吗？

问题：

1）本案例中存在哪些职业道德问题？

2）试对上述问题做出你的善恶研判。

3）通过网上或图书馆调研等途径收集你做善恶研判所依据的行业道德规范。

4）本案例对消费者有哪些启示?

研判要求：同第1章本题型的“研判要求”。

第8章
营销策划书

学习目标

通过本章的学习，你应该达到以下目标：

职业知识：学习和把握编写营销策划书的理论与实务知识；能用其指导或规范本章“基本训练”中“知识训练”相关题型的认知活动或技能活动，正确解答相关问题。

职业能力：能够运用本章知识研究相关案例，培养在特定业务情境中分析问题与决策设计的能力；通过“为××水果超市撰写一份营销策划书”的实训操练，训练学生的专业操作技能。

职业道德：能够结合“营销策划书”的教学内容，依照职业道德与企业伦理的规范或标准，分析“立邦漆：从龙柱上滑落”案例中企业与从业人员营销策划书编写过程中相关行为的善恶，强化职业道德素养。

引例　通用公司市场营销策划书大纲

背景与情境：

1）执行概要和要领

商标：（略）。

定价：（略）。

重要促销手段：（略）。

目标市场：（略）。

2）营销状况

市场状况：市场规模、广告宣传、市场价格、利润空间等。

产品状况：目前市场上产品的品种、特点、价格、包装等。

竞争状况：目前市场上的主要竞争对手及其基本情况。

分销状况：销售渠道等。

宏观环境状况：消费群体及其需求状况。

3）SWOT分析

优势：销售、经济、技术、管理、政策等方面的优势。

劣势：销售、经济、技术、管理、政策（如行业管制等政策限制）等方面的劣势。

机会：市场机会与把握情况。

威胁：市场竞争中的最大威胁与风险因素。

4）目标

财务目标：公司未来3年或5年的销售收入预测（融资成功情况略）。

营销目标：目标销售成本率和毛利率。

5）营销战略

目标市场：（略）。

定位：（略）。

产品线：（略）。

定价：产品销售成本的构成及销售价格制定的依据等。

分销：分销渠道（包括代理渠道等）。

销售队伍：组建与激励机制等情况。

服务：售后服务。

广告：广告形式。

促销：促销方式。

R&D：产品完善与新产品开发举措。

市场调研：主要市场调研手段与举措。

6）行动方案

营销活动（时间）安排。

7）预计利润表及其他重要的财务规划表

（略）。

8）风险控制

风险来源与控制方法。

营销策划书，也称企划案，是对营销策划方案的书面反映。撰写营销策划书是市场营销策划的最后一个步骤。一般来说，策划书没有一成不变的格式。根据产品或营销活动的不同要求，营销策划书的内容与编制格式也有所不同，但是从营销策划活动的一般规律来看，其中有些要素是共同的。本章将以一些共同的要素为基础，系统阐述营销策划书的基本内容和写作技巧。

8.1 营销策划书概述

营销策划的构思基本完成后，接下来的工作就是将营销策划的内容和实施步骤条理化、文字化，也就是撰写营销策划书。

有了一流的营销策划，还要形成一流的营销策划书，否则优秀的营销策划就得不到完整的反映，或者会使营销策划的内容难以被人理解。营销策划的最终成果将在营销策划书中体现出来，因此营销策划书的撰写具有重要意义。

8.1.1 营销策划书的作用

营销策划书既是艰苦的营销策划工作的最后一环，也是下一步开展营销活动的具体行动指南。

任何一种营销策划，通过阅读营销策划书的内容，都可以了解策划者的意图与观点。营销策划书的作用可以归结为以下三个方面：

①能够准确、完整地反映营销策划的内容。营销策划书是营销策划的书面反映形式。因此，营销策划书的内容是否能准确传达策划者的真实意图，就显得非常重要。从整个策划过程来看，好的营销策划书是达到营销策划目的的第一步，是营销策划成功的关键。

②能够充分、有效地说服决策者。营销策划书的文字表述可以使企业决策者信服并认同营销策划的内容，说服企业决策者采纳营销策划中的意见，并按营销策划的内容去实施。

③为营销活动的执行和控制提供了依据。

因此，如何通过营销策划书的文字表述魅力以及视觉效果去打动及说服企业决策者，就自然而然地成了策划者所追求的目标。

8.1.2 营销策划书撰写的原则

为了提高营销策划书撰写的准确性与科学性，应首先把握以下几个主要原则：

1）逻辑思维原则

营销策划的目的在于解决企业营销中的问题，策划者应按照逻辑性思维来撰写策划书。首先，设定情况，交代策划背景，分析产品的市场现状，把营销策划的目的全盘托出；其次，进行具体策划内容的详细阐述；最后，明确提出方案实施的对策。

2）重点突出原则

要注意突出重点，抓住企业营销中要解决的核心问题进行深入分析。

3）可操作性原则

营销策划书主要用于指导营销活动，其内容涉及营销活动中每个人的工作及各环节关系的处理，因此，营销策划书应具有可操作性。不能操作的营销策划书，创意再好也没有任何价值。

4）创意新颖原则

营销策划书应做到创意新、内容新、表现手法新，给人以全新的感受。

8.2 营销策划书的结构与内容

一般情况下，营销策划书的结构与营销策划的构成要素应保持一致，这样可以提高营销策划书的制作效率。营销策划书的基本结构见表8-1。

表8-1 营销策划书的基本结构

结构	要素
1.封面	策划书的脸
2.前言	前景交代
3.目录	一目了然
4.概要提示	要点提示
5.环境分析	策划的依据和基础
6.机会分析	提出问题
7.营销目标	明确任务
8.战略及行动方案	对症下药
9.营销费用	计算准确
10.行动方案控制	容易实施
11.结束语	前后呼应
12.附录	提高可信度

1）封面

很多人都认为营销策划书的关键在于内容，封面如何似乎无关紧要，其实这是错误的，给一份营销策划书配上一个美观的封面是绝对不能忽略的。封面是营销策划书的脸，正如一本杂志的封面设计一样，阅读者首先看到的是封面，因而封面具有强烈的视觉效果，能够给人留下深刻的第一印象，对策划内容的形象定位具有辅助作用。封面的设计原则是醒目、整洁，切忌花哨，字体、字号、颜色则应根据视觉效果具体考虑。策划书的封面可提供以下信息：策划书及客户名称、策划机构或策划人名称、策划完成日期及策划适用时间段等。

封面制作的要点如下：

(1）标出策划委托方

如果是受委托的营销策划，那么在策划书的封面要把委托方的名称列出来，如

《××公司××策划书》。

（2）取一个简明扼要的标题

题目要准确又不累赘，使人一目了然。有时为了突出策划的主题或者表达策划的目的，可以加一个副标题或小标题。

（3）标注日期

日期一般以正式提交日为准。因为营销策划具有一定的时间性，在不同的时间段，市场的状况不同，营销执行的效果也不一样。

（4）标明策划者

一般在封面的最下方要标出策划者。如果策划者是公司，则应列出企业全称。

2）前言

前言一方面是对策划内容的高度概括性表述，另一方面在于引起阅读者的注意和兴趣。当阅读者看过前言后，要使其产生急于看正文的强烈欲望。

前言的篇幅较短，字数应控制在1 000字以内，以不超过1页为宜。其内容主要包括以下几个方面：

①简单交代接受营销策划委托的情况。例如，A营销策划公司接受B公司的委托，承担B公司20××年度营销策划工作。

②进行策划的原因，即把该营销策划的重要性和必要性表达清楚，这样才能吸引阅读者进一步阅读正文。

③策划过程和策划实施后要达到的理想状态的简要说明。

3）目录

目录是为了方便阅读者对营销策划书的阅读，使阅读者对营销策划书的结构一目了然。一般来说，营销策划书的目录是必须要有的，但如果营销策划书的内容比较少，目录也可以和前言同列。

需要注意的是，目录中所标页数与实际页数必须一致，否则会损害营销策划书的形象。

4）概要提示

概要提示是对营销策划书的总结性陈述，目的是使阅读者对营销策划的内容有一个非常清晰的概念，便于阅读者理解策划者的意图与观点。

概要提示的撰写同样要做到简明扼要，篇幅不能过长，但概要提示并不是简单地把策划内容予以列举。

有的概要提示放在营销策划书正文前，这样可以使策划书正文的撰写有条不紊地进行，从而有效防止正文内容离题或无中心化；有的概要提示放在营销策划书正文结束后，这种方法简单易行，只要将策划内容归纳提炼就行。

5）环境分析

营销策划以环境分析为出发点，环境分析是营销策划的依据与基础。环境分析包括外部环境与内部环境两个方面。

环境分析应遵循明了性和准确性原则，明了性是指列举的数据和事实要有条理，使人能够抓住重点；准确性是指分析要符合客观实际，不能有太多的主观分析。

“知己知彼，百战不殆”。这部分内容需要策划者对市场比较了解。环境分析的主要内容包括：

（1）对当前市场状况及市场前景进行分析

这主要分析以下内容：

①产品的市场性、现实市场及潜在市场状况。

②产品目前所处生命周期的阶段、企业营销的侧重点、相应营销策略的效果，以及需求变化对产品市场的影响等。

③消费者的接受性，这一内容需要策划者凭借已掌握的资料分析产品市场的发展前景。

（2）对产品市场的影响因素进行分析

这主要分析影响产品的不可控因素，如宏观环境、政治环境、居民经济条件、消费者收入水平、消费结构的变化、消费心理等。此外，对于一些受科技发展影响较大的产品，如计算机、家用电器等，还需要考虑技术发展趋势的影响。

6）机会分析

机会分析是在环境分析的基础上归纳出企业的机会与威胁、优势与劣势，然后找出企业存在的真正问题与潜力，从而为后面的方案制订打下基础。在一些篇幅较小或营销策划内容单一的营销策划书中，环境分析与机会分析往往合二为一。

分析市场机会是营销策划的关键，只要找准了市场机会，策划就成功了一半。

机会分析主要包括以下两个部分：

（1）针对产品营销现状分析存在的问题

一般来说，营销中存在的具体问题表现为多个方面，主要有：

①企业知名度不高、形象不佳，影响产品销售。

②产品质量不过关、功能不全，被消费者冷落。

③产品包装太差，不能激发消费者的购买兴趣。

④产品价格定位不当。

⑤销售渠道不畅或渠道选择有误，使销售受阻。

⑥促销方式不合适，消费者不了解企业产品。

⑦服务质量太差，令消费者不满。

⑧售后保证缺乏，消费者购后顾虑多。

（2）针对产品特点分析优、劣势

从问题中找劣势予以克服，从优势中找机会，挖掘市场潜力。在分析各目标市场特点的基础上进行市场细分，对不同的消费需求尽量予以满足，抓住主要消费群体作为营销重点，找出与竞争对手的差距，把握及利用好市场机会。

7）营销目标

营销目标是企业要实现的具体目标，即营销策划方案执行期间应达到的目标，包括总销售量、预计毛利、市场占有率等。

8）战略及行动方案

这是营销策划书中最主要的部分。在撰写这部分内容时，策划者必须非常清楚地提出营销宗旨、营销战略及具体行动方案。与治病一样，在制定营销战略及行动方案时，“对症下药”及“因人制宜”是两条最基本的原则。这里应特别注意的是，避免人为提高营销目标以及制订出很难操作的行动方案，可操作性是衡量这部分内容的主要标准。

在制订营销策划方案的同时，策划者还必须制定出一个时间表作为补充，以使行动方案更具可操作性。此举还可以提高策划书的可信度。

（1）营销宗旨

企业一般应注重以下几个方面：

①以强有力的广告宣传攻势顺利开拓市场，为产品准确定位，突出产品特色，采取差异化营销策略。

②针对产品的主要消费群体开展营销。

③建立起点广面宽的销售渠道，不断扩大销售区域等。

（2）产品策略

在机会分析的基础上，提出合理的产品策略，以达到最佳效果。

①产品定位。产品市场定位的关键是在顾客心中找到一个合理空间，抓住机会使产品迅速启动市场。

②产品质量功能方案。产品质量是产品的市场生命。企业应有完善的质量保证体系。

③产品品牌。要使产品具有一定的知名度、美誉度，成为消费者心中的知名品牌，就必须具有强烈的创牌意识。

④产品包装。包装作为产品给消费者的第一印象，必须能够迎合消费者，因此应采取使消费者满意的包装策略。

⑤产品服务。要注意产品服务方式、服务质量的改善和提高。

（3）价格策略

价格策略可以从以下几个方面入手：

①合理的批零差价，调动批发商、中间商的积极性。

②适当的数量折扣，鼓励多购。

③以成本为基础，以同类产品的价格为参考，使产品价格更具竞争力。若企业以产品价格作为营销优势，则更应注重价格策略的制定。

（4）销售渠道

考虑产品目前销售渠道的状况以及对销售渠道的拓展有何计划，采取一些实惠的政策，鼓励中间商的销售积极性。

（5）广告宣传

①广告宣传的原则：

A.服从企业整体营销宣传策略，树立产品形象，同时注重树立企业形象。

B.在一定时期内应推出一致的广告宣传。广告宣传商品的个性不宜变来变去，否则消费者会不认识商品，老主顾也会觉得陌生。

C.选择多样化的广告宣传媒体，同时注重抓宣传效果好的方式。

D.不定期配合阶段性的促销活动，掌握适当的时机，及时、灵活地进行，如重大节假日等。

②实施步骤：

A.前期推出产品形象广告。

B.适时推出诚征代理商广告。

C.节假日、重大活动前推出促销广告。

D.把握时机进行公关活动，接触消费者。

E.积极利用新闻媒介，善于创造或利用新闻事件提高企业产品的知名度。

（6）具体行动方案

根据策划期内各时间段的特点，推出各项具体行动方案。行动方案要细致、周密，操作性强又不乏灵活性，还要考虑费用支出情况，一切量力而行，尽量以较低的费用取得良好的效果。尤其应该注意季节性产品淡、旺季营销的侧重点，抓住旺季营销的优势。

9）营销费用

营销费用的测算要有理有据、简单明了，其原则是以较少的投入获得最优的效果。营销费用测算表（见表8-2）记载的是整个营销方案推进过程中的费用投入，包括营销过程中的总费用、阶段费用、项目费用等。对于一些具体项目，如电台广告、报纸广告等的费用最好列出具体价目表。如果价目表的内容过多，则可作为附录列在策划书的最后。此外，不同的项目费用要明确区分，以做到醒目易读。

表8-2 **营销费用测算表**

项目		时间	地点	金额	说明
广告促销	电视广告				
	广播电台广告				
	报纸广告				
	杂志广告				
	街头广告牌				
	店堂广告				
营业推广	产品展示会				
	样品赠送				
	抽奖				
	优惠券				
人员促销	推销人员工资				
	推销人员培训				
	推销人员奖励				
	交通费				

10）行动方案控制

作为营销策划方案的补充部分，行动方案控制应明确对方案实施过程的管理方法。在营销策划方案的执行过程中，可能会出现与现实情况不相适应的地方，必须随时根据市场的反馈及时对行动方案进行调整。

需要注意的是，方案的实施与控制是否应该算作营销策划的内容，这在实践中有两种不同的看法：一种观点认为，策划方案完成并得到企业批准，营销策划即告完成；另一种观点认为，策划方案完成后，方案的实施与控制也是营销策划的内容。但不管持哪种观点，客观的事实是，策划方案的实施与控制往往少不了策划专家的参与和指导，除非所策划的问题比较简单，方案实施过程中不涉及技术性问题或不会碰到意外困难。而这种假设情况一般比较少见，尤其是当企业委托专家进行营销策划时。

评估是对方案实施效果的评估。如果执行效果理想，达到了预期目的，则要注意总结经验，以利再战。如果执行效果不理想，甚至差距很大，则要客观分析效果不理想的原因：是方案制订的问题，如目标过高、措施不当，还是客观市场环境变化带来了不可克服的障碍，或是方案执行不力、实施时机选择不当等，要找出原因，有针对性地解决问题。这无论是对策划方还是企业方来说，都是十分必要的。评估不仅有利于不断提高策划水平，而且有利于增强企业驾驭市场营销活动的能力。

11）结束语

结束语与前言呼应，使策划书有一个圆满的结束，主要是重复一下主要观点并突出要点。

12）附录

附录是策划案的附件，附录的内容对策划案起着补充说明的作用，显示了策划者负责任的态度，便于策划案实施者了解有关问题的来龙去脉。在突出重点的基础上，凡是有助于阅读者理解营销策划书的内容，以及增强阅读者对营销策划书的信任的资料，都可以考虑列入附录，如引用的权威数据资料、消费者问卷的样本、座谈会记录等。此外，附录应标明顺序，以便查找。

另外，由于企业的产品不同，营销目标不同，因此营销策划书的各项内容在编制上可以有详略取舍。

8.3　营销策划书的撰写技巧

可信性、可操作性以及较强的说服力是营销策划书的生命，也是营销策划书追求的目标，因此在撰写营销策划书时，我们应掌握一定的技巧。

1）合理使用理论依据

为了提高营销策划内容的可信性，更好地说服阅读者，策划者应为自己的观点寻找理论依据，这是一个事半功倍的有效办法，但要防止纯粹的理论堆砌。

2）适当举例说明

在营销策划书中，加入适当的成功与失败的例子，既可以充实内容，又能增强说服力，以此来证明自己的观点。在具体使用时，一般以多举成功例子为宜，策划者可以选择国外先进的经验与做法，以印证自己的观点，效果非常明显。

3）充分利用数字说明问题

营销策划书主要用于指导企业营销实践，因此必须保证其可靠程度。营销策划书的内容应有根有据，任何一个论点最好都有依据，而数字就是最好的依据。在营销策划书中，利用各种绝对数和相对数进行比较对照是绝对不可少的，同时，各种数字的出处必须可靠。

4）运用图表帮助理解

图表具有很强的直观效果，并且比较美观，有助于阅读者理解策划的内容，用图表进行比较分析、概括归纳、辅助说明等非常有效。

5）合理设计版面

营销策划书视觉效果的优劣在一定程度上影响着策划效果的发挥。有效利用版面也是撰写营销策划书的技巧之一。版面设计的内容包括打印的字体、字的大小、字与字的空隙、行与行的间隔、黑体字的采用以及插图和颜色等。合理设计版面可以使策划书重点突出、层次分明、严谨而不失活泼。

6）注意细节，消灭差错

细节往往会被人忽视，但是对营销策划书来说，细节却十分重要：一是如果策划书中出现错字、漏字，就会影响阅读者对策划者的印象。二是企业的名称、专业术语不得有误。三是一些英文单词的差错率往往是很高的，在检查时要特别注意。如果出现差错，阅读者往往会认为是撰写者本身的知识水平不高所致，从而会影响阅读者对策划内容的信任度。四是纸张的好坏、打印的质量等也会对策划书本身产生影响。

教学互动8-1

互动问题：为什么很多营销策划书都会出现这样或那样的差错？

要求：同“教学互动1-1”的“要求”。

8.4 营销策划书范例及评析

8.4.1 营销策划书范例

下面是青岛海信电视连锁店的营销策划书，通过该策划书，我们可以全方位了解海信彩电的营销策略。

青岛海信电视连锁店营销策划书

前言

交互式数字电视机、智能且超节能的家用电器、简单易用的网络服务，这些看似遥不可及的未来生活场景，如今已成为我们现实生活的一部分。现在的电视机市场已经进入了一个新的阶段，随着我国LED电视领域的节能环保技术和3D网络电视产业的发展，再加上2010年政府的家电下乡、以旧换新优惠补贴政策的实施，国家再度明确和重申了未来中国家电企业的战略发展方向。因此，青岛海信电视连锁店需要在各地市场建立一批相对成熟的家电经销网络和服务网络。

青岛海信电视连锁店应把握住这一难得的彩电产业升级的历史机遇，依靠技术创新带动产业升级，推动本连锁店的快速发展。本策划从影响本行业的经济和社会形势出发，细致分析了影响本连锁店发展的各种外部环境因素，同时结合对本连锁店自身资源优劣势的分析，确定了产品在青岛市场的定位，从而制订出了针对本连锁店实际情况的营销方案，以提高本连锁店的竞争能力，树立海信电视品牌的良好形象，扩大海信电视在青岛市场的占有率。

第一部分　青岛海信电视连锁店市场背景分析

目前，海信电视已具备了大尺寸液晶模组、LED背光模组和液晶电视的一体化、规模化生产的能力，掌握了LED液晶电视的核心技术，具有了与国际一流企业同台竞技的水平和能力。以LED液晶电视为突破口，海信电视已经在中国彩电业建立了从点到面、从技术到产品、从市场到新商业模式的系统竞争力，走在了中国消费电子行业的前列，并成为中国企业自主创新、战略转型的标杆，成为这一轮市场技术变革中的最大赢家。

在上游产业链领域的成功突破以及高端新产品的推出，为青岛海信电视连锁店赢得了占领青岛市场的主动权。2010年3月，海信推出了蓝擎T29系列19英寸到55英寸共13款LED背光源液晶电视，该系列产品融合了互联网、3D显示等多项新技术。从2009年11月份以来，海信已经稳居国内LED液晶电视市场的霸主地位。在国际市场上，海信推出的LED互联网电视、3D电视等百余款高端绿色旗舰产品备受欢迎。青岛海信电视连锁店将在青岛电视市场上占有品牌优势。

第二部分　青岛海信电视连锁店SWOT分析

一、连锁店产品优势分析

天极传媒以天极数据平台发布的2010年4月液晶电视产品用户点击行为统计数据为分析样本，对青岛液晶电视市场的品牌实力变化及关注比例进行了实时追踪分析，客观、及时地反映了青岛液晶电视市场5 000～10 000元价格段品牌的竞争格局（如图8-1所示），排在前五名的依次是海信、创维、索尼、夏普、TCL，其中海信品牌人气比例达到22.72%。

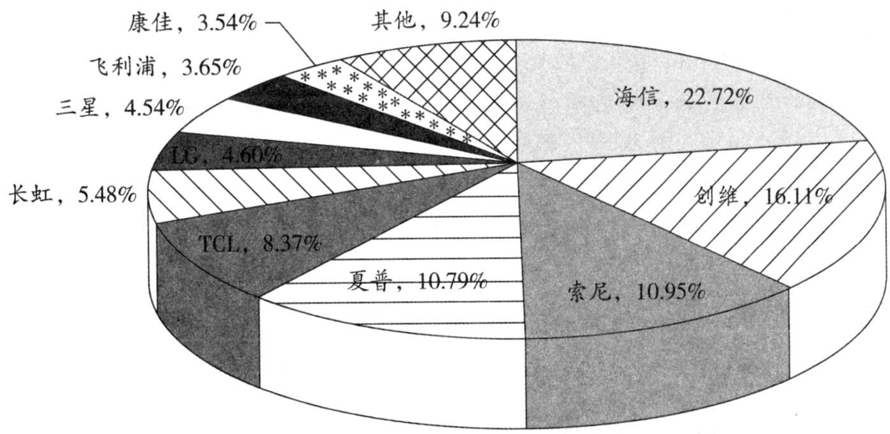

图8-1　2010年4月青岛液晶电视市场5 000～10 000元价格段品牌的竞争格局

二、连锁店竞争状况分析

目前，市面上国产液晶电视品牌大概有10多种，主要包括海信、创维、TCL、康佳、长虹、海尔、厦华等。现对长虹、创维、康佳三大国产液晶电视品牌逐一进行分析：

1.长虹液晶电视

长虹876系列是旗舰级产品900系列的姐妹机型，是长虹TV2.0的最新产品，号称国内首家支持HDRM高清解码格式的网络高清数字娱乐电视。其具有网络高清引擎，能对网络上最常见的高清RMVB格式进行解码，并通过电视的USB接口播放。

2.创维液晶电视

创维采用韩国技术的IPS硬屏，效果很好，展现出的画面没有水纹，不失真、角度大、响应速度快，而且性价比高。创维的酷开系列液晶电视整合了多种网络娱乐功能，可提供收看网络电视、随时聆听音乐、在家KTV等新技术服务，迎合了消费者的需求。

3.康佳液晶电视

康佳不仅拥有国家级的技术开发中心和博士后工作站，还构建了“中央研究院—产品开发中心—专业设计所”三级研发体系，以及以产品线管理和产品集成研发为核心的KPD体制，具有强大的电子信息技术开发实力。

三、连锁店市场机遇分析

世界杯的举行对全球电视机的销售量起到了正面刺激作用。2010年第一季度全球电视机出货量达到5 500万台，同比增长50%。其中，液晶电视出货量超过了4 000万台，同比增长50%。2010年1月至5月，我国液晶电视市场销售量为702.5万台，同比增长41.89%；销售额为318.9亿元，同比增长33.42%。

近年来，液晶电视技术的飞速发展，也带动了相关产品一步步走向成熟。青岛海信电视连锁店要高速发展，就必须抓住新的发展机遇，加大科技创新，提高技术含量，加强自主研发能力，制定有效的推广策略，对液晶电视行业的国家标准进行统一规划。

四、连锁店威胁分析

平板电视价格下降是一个全球的趋势。2010年第一季度国际液晶电视和等离子电视的价格比2009年同期分别下降了22%和33%。从整个彩电产业链来看，我国的彩电制造商处于一种被动和相对弱势的地位，产品表现出了低差异化和低利润贡献率的特点，各个厂商的产品营销策略选项不多，基本上是以价格刺激为主要手段。等离子电视和背投电视将维持相对弱势状态。彩电核心技术的缺失制约着整个行业的发展，这对青岛海信电视连锁店的发展极其不利。

第三部分　青岛海信电视连锁店营销策略

一、连锁店产品策略

结合目标消费群体的消费心理和行为特点，连锁店将进行新产品推广和完善海信电视售后服务制度。

1.海信蓝擎LED液晶电视新品介绍

海信推出的蓝擎LED液晶电视新品T29系列，拥有55、47、42、32、26、24英寸六个尺寸，相比2009年9月推出的T18/T28系列，T29系列最重要的改进在于增加了多视窗操作系统、网络后台内容，提升了USB流媒体播放能力。Widget多任务操作系统支持多窗口、多任务并行工作，用户可以多个任务同时工作，与之前相比，在外观、功能、性能、网络娱乐、接口技术上都提高了很多。最前沿的3D电视和最热门的LED电视相结合的产品线配置，将为海信电视连锁店的销售提供保障。

2.青岛海信电视连锁店完善的售后服务

所有产品都免费送货上门、免费安装，保障售后服务质量。保修期为三年，有国家质量认证，市场服务优异，并在全省率先推出“先行赔付”制度，严格把握产品质量，完全解决消费者的后顾之忧。

二、连锁店定价策略

根据多年的销售经验，我们制定了以下几条定价策略：

1.撇脂定价策略

这种定价策略主要针对的是高端消费者，主要推荐LED绿色环保系列和3D网络系列产品，产品价格定在20 000元以上，能够满足高端消费者的需求。

2.满意定价策略

这种定价策略主要针对的是普通消费者，主要推荐刚刚上市的中档且款式新颖的产品，产品价格定在2 800～5 000元，消费者可以享受政府的家电下乡和以旧换新政策。

3.渗透定价策略

这种定价策略主要针对的是中高端消费者，主要推荐LCD系列和LED绿色环保系列产品，产品价格定在5 000～8 000元，消费者可以享受政府的家电下乡和以旧换新政策。

三、连锁店渠道策略

青岛海信电视连锁店具有完善的销售渠道。下面将从规模优势、渠道建设和信息化建设三个方面进行分析：

1.规模优势

青岛海信电视连锁店对价格战并不避讳，但必须满足盈利的前提，所以不会把价格定得很低。可以利用规模较大、能从上游面板厂商拿到比竞争对手更为优惠的价格来获取利润。

2.渠道建设

青岛海信电视连锁店的渠道建设可谓步步为营，目前已有渠道达到200多个，且健康率较高。

3.信息化建设

青岛海信电视连锁店拥有快速响应的信息化数据库SAP，能够与渠道商实现信息对接，每天都有最新的销售信息发送到连锁店。每天17：30以前，遍布在全国各大卖场的海信专卖区都会把当天的销售数据、型号、销售额上报，青岛海信电视连锁店负责销售的领导当天都会收到最新信息。

四、连锁店促销策略

青岛海信电视连锁店以广告媒体传播为主，适度结合公关宣传，整合各种营业推广手段开展主题促销活动。

1.广告媒体传播

广告以电视、报纸、户外与车身四种形式为主，交叉互动，互为补充，在近期主要扩大影响力和提高知名度。现阶段主要利用电视广告进行强势推广宣传，通过对青岛媒体收视率与受众的分析，以QDTV-1、QDTV-2两个频道为主，在全天各个时段播出广告，初期采用30秒或40秒的广告，后期可考虑采用10秒的专题广告。计划以月为单位，后期投放计划根据前期广告投放效果进行合理调整、科学安排。

由于每逢节假日，消费者都有比较充裕的时间购物，一般都会出现消费高潮，因此在每个节假日的前夕做一定的报纸广告，在青岛地区进行比较全面的宣传，可以加强广告宣传力度。

2.公关宣传

主动与媒体联系，在报纸媒体的家居类专栏上发布新闻，将近期电视市场中具有新闻价值的信息传递给普通读者，以增强信息的权威性。

3.活动促销

定期举办“新款电视推广新闻发布会”，吸引舆论的注意。每年举办一到两次电视博览会，介绍家居艺术、流行趋势等，同时结合节假日，开展促销优惠活动，让利给消费者，以促进销售。

4.DM宣传

整合市场内的电视产品资源，将某一固定时间段内的电视新产品信息、促销信息和家居资讯集结成册，选择市场较大的居民点和公众场所直接进行投放。

第四部分　青岛海信电视连锁店收入与费用分析

1.广告资金分配

电视广告投入每天2 000元，预计投入8万元；报纸广告投入3万元；网上广告投入3万元；宣传画册投入2万元。预计广告总投入16万元。

2.盈利分析

青岛海信电视连锁店不同型号产品的盈利分析见表8-3。

表8-3　青岛海信电视连锁店不同型号产品的盈利分析

系列名称	型号	购进成本（元）	出售价格（元）	销售利润率（%）
海信LED系列	LED32K11	3 000	3 399	11.7
海信TLM系列	TLM37V66K	2 500	2 999	16.6
海信LED系列	LED47T29GP3D	7 899	8 799	10.2
海信LED系列	LED55T28GPN	10 099	12 999	22.3

3.生产成本分析

从生产成本的角度分析，在彩电显示屏的管理上努力实现零库存，这样可以提高存货周转率，减少资金占用，节约连锁店原材料的运输和包装费用，这部分成本占总成本的5%～6%，实现后连锁店的毛利率将会上升3个百分点。

4.市场占有率分析

到2012年，青岛海信电视连锁店总销量将超过90万台，省内市场占有率将达到13%，继续保持省内零售量和零售额第一的位置。

第五部分　青岛海信电视连锁店的前景预测

随着平板电视产业进入稳定快速发展时期，以及产业结构特性、面板供需关系和消费趋势变化等因素的相互作用，青岛海信电视连锁店未来前景预测如下：

第一，在青岛电视市场，海信电视依然占据消费主流。随着液晶显示技术的不断突破，等离子电视在大尺寸上的优势将逐渐丧失，但是等离子电视依然拥有色彩柔和等鲜明的技术特色，在一定时期内仍然拥有一定的消费人群。

第二，青岛海信电视连锁店的产业链配套将更加完善。作为本土连锁店，我们对居民的消费习惯、消费心理和生活文化有着更加深刻的理解，在营销手段上更富有弹性，在液晶电视市场上占有优势地位，连锁店的长期发展相对乐观。

第三，海信电视品牌的认知度超过80%，美誉度大大提高，继续位列山东彩电市场的第一位。海信电视继续成为电视市场消费者的首选品牌。

青岛海信电视连锁店选择了"自主品牌"和"核心市场"两大市场开发战略，形成了自主品牌规模与利润双增长、利润增长高于规模增长的良好局面。本策划书将海信电视LED绿色环保系列和3D网络系列产品作为重点进行推广，将更好地满足青岛当地消费者的需求。

今后，青岛海信电视连锁店将遵循"用心经营、诚信服务"的宗旨，树立以市场为导向、以客户为中心的经营理念，恪守"求实、诚信、拼搏、创新"的精神，更好地为广大消费者服务。

资料来源：佚名.青岛海信电视连锁店营销策划书［EB/OL］.［2014-01-10］. https：//wenku.baidu.com/view/1a1db9d4b9f3f90f76c61b1b.html.

8.4.2　范例评析

这是青岛海信电视连锁店就如何把握彩电产业升级的历史机遇、依靠技术创新带动产业升级、推动自身快速发展而撰写的营销策划书。该策划书从影响彩电行业的经济和社会形势出发，细致分析了影响青岛海信电视连锁店发展的各种外部环境因素，同时结合对自身资源优劣势的分析，确定了其在青岛市场的产品定位，从而制订出了符合实际情况的营销策划方案。

策划书的前言简单明了，首先讲述了当前的背景和发展机遇，即我国LED电视领域的节能环保技术和3D网络电视产业的发展，以及2010年政府的家电下乡、以旧换新优惠补贴政策的实施等，明确了未来我国家电企业的战略发展方向。然后，提出在这样一个大背景下，青岛海信电视连锁店应把握住这一难得的历史机遇，推动本连锁店的销售，以提高本连锁店的竞争能力，树立海信电视品牌的良好形象，扩大海信电视在青岛市场的占有率。

策划书的第一、二部分对青岛海信电视连锁店的市场背景进行了分析，并对自身进行了SWOT分析，明晰了发展的优势、竞争情况、市场机遇以及存在的威胁。这两部分内容为后面营销方案的提出打下了基础。

第三部分是对具体的营销战略与行动方案的策划，包括产品策略、定价策略、渠道策略、促销策略。这部分内容为青岛海信电视连锁店的营销活动确定了方向和实施细则，具有很强的可操作性。

第四部分对本次营销策划的收入与费用进行了分析。

第五部分对青岛海信电视连锁店的前景进行了预测。

本章概要

内容提要

- 有了一流的营销策划，还要形成一流的营销策划书，否则优秀的营销策划就得不到完整的反映，或者会使营销策划的内容难以被人理解。
- 营销策划书的作用可以归结为以下三个方面：一是能够准确、完整地反映营销策划的内容；二是能够充分、有效地说服决策者；三是为营销活动的执行和控制提供了依据。
- 营销策划书的内容包括以下几个方面：①封面；②前言；③目录；④概要提示；⑤环境分析；⑥机会分析；⑦营销目标；⑧战略及行动方案；⑨营销费用；⑩行动方案控制；⑪结束语；⑫附录。

主要概念和观念

▲ 主要概念

营销策划书

▲ 主要观念

营销策划书的结构与内容　营销策划书的撰写技巧

重点实务

营销策划书的撰写

基本训练

知识训练

▲ 简答题

1）简述营销策划书的基本结构。

2）简述营销策划书的撰写技巧。

▲ 填空题

（　　）以及较强的说服力是营销策划书的生命，也是营销策划书追求的目标。

▲ 多项选择题

1）营销策划书撰写的原则有（　　）。

A．逻辑思维原则　B．重点突出原测　C．可操作性原则　D．创意新颖原则

2）营销策划书追求的目标有（　　）。

A．可信性　B．可操作性　C．较强的说服力　D．艺术性

3）营销策划书的战略和行动方案部分应当（　　）。

A．为激励营销人员提出尽可能高的营销目标

B．避免人为提高营销目标

C．制订切实可行的方案

D．以可操作性为主要标准

▲　讨论题

1）任选一家企业的营销策划书，对各部分内容进行评价。

2）举例说明可操作性是衡量战略及行动方案的主要标准。

能力训练

▲　案例分析

周庄主题公园营销策划书目录

一、周庄镇现状和基础研究

（一）城镇自然条件与地理环境

（二）城镇历史沿革

（三）城镇传统风貌

（四）周庄镇区保护规划

二、周庄镇房地产市场（主要是商业物业市场）综览

（一）房地产市场（主要是商业物业市场）现状及发展动态分析

（二）商业物业未来供需情况预测

三、本项目投资判断及保值增值潜力分析

（一）本项目综合环境价值评估

（二）本项目保值增值潜力分析

四、本项目定位及经营主题可行性评估

（一）项目定位及经营主题

（二）项目定位的重要依据及主题要点

问题：运用本章“营销策划书”相关知识，分析评价该目录的构成。

分析要求：同第1章本题型的“分析要求”。

▲　实训操练

实训项目：为××水果超市撰写一份营销策划书。

情境设计：将班级学生分成若干个实训小组，每组确定1个负责人。各组依照该项目的业务程序与规范要求，撰写一份营销策划书。

实训要求：利用本章关于营销策划书撰写的相关知识，撰写《××水果超市营销策划书》。

实训步骤：

1）将班级学生分成若干实训小组，每组确定1个负责人。

2）各组学生根据操练项目构建营销策划书的框架。

3）各组学生对资料进行整理、分类，按照策划书的框架一一列入。

4）各组学生进行版面设计。

5）各组学生提交《××水果超市营销策划书》。

6）在班级讨论交流、相互点评与修订各组的《××水果超市营销策划书》。

7）在校园网的本课程平台上展出经过修订并附有教师点评的各组《××水果超市营销策划书》，供学生相互借鉴。

善恶研判

立邦漆：从龙柱上滑落

背景与情境：2004年第9期的《国际广告》杂志发表了一篇题为《7+的创意，持续的激情》的文章，同时配发了一则立邦漆广告作品——《龙篇》，画面上有一个中国古典式的亭子，亭子的两根立柱各盘着一条龙。左侧立柱色彩黯淡，但龙紧紧攀附在柱子上；右立柱色彩光鲜，龙却跌落到地上。令广告主和广告公司始料不及的是，这则广告在中国掀起了自2003年年底"丰田霸道"风波之后的又一起轩然大波。网友和媒体纷纷谴责这则广告，认为象征着中国的"龙"这一形象从漆有立邦漆的中国特色的红柱子上滑落，其中隐含的暗示，令中国人在感情上无法接受。显然，广告公司在制作这则广告的时候，忽略了广告与文化之间的联系，引发了民族情感上的反弹，最终给广告主带来了恶劣的影响。

问题：

1）本案例中存在哪些职业道德问题？

2）试对上述问题做出你的善恶研判。

3）通过网上或图书馆调研等途径收集你做善恶研判所依据的行业道德规范。

4）谈谈本案例对生产企业的启示。

研判要求：同第1章本题型的"研判要求"。

第9章
市场营销策划方案的实施与控制

学习目标

通过本章的学习，你应该达到以下目标：

职业知识：学习和把握市场营销策划方案的实施与控制的理论与实务知识；能用其指导或规范本章“基本训练”中“知识训练”各题型的认知活动或技能活动，正确解答相关问题。

职业能力：能够运用本章知识研究相关案例，培养在特定业务情境中分析问题与决策设计能力；通过搜集、整理与综合“市场营销策划方案的控制”的前沿知识，撰写、讨论与交流《“市场营销策划方案的控制”最新文献综述》，培养“市场营销策划方案的实施与控制”中“自主学习”的通用能力。

职业道德：能够结合“市场营销策划方案的实施与控制”的教学内容，依照行业规范或标准，分析“计划与控制”案例中企业与从业人员市场营销策划方案的实施与控制工作相关行为的善恶，强化职业道德素养。

引例 物以稀为贵

背景与情境：中国有句古话叫作“物以稀为贵”，稀少的才是珍贵的。一个在西亚工作的朋友回来说，在沙特阿拉伯石油非常便宜，你可以扔下10元钱，汽油随便加，但水比汽油贵很多。这令中国很多因汽油涨价而苦恼的私家车主羡慕不已。

这几年冬虫夏草的价格暴涨，有的甚至达到了每斤17万元，超过了黄金的价格。原因不仅是其具有独特的功效，最主要的是其产量较低，其他地方很难生长。在西宁工作的一位朋友讲，20世纪80年代以前，冬虫夏草每斤100元都没有人买。

中国是世界上最大的产茶国，但价格最高的茶叶还是龙井、大红袍，据说前几年大红袍老树的茶叶拍卖到一两30万元，主要原因是很难买到。

劳斯莱斯汽车一直标榜的是手工制作，每年只生产3 000多辆。你若想购买劳斯莱斯汽车，不但要有钱，还要有身份。一辆顶级配置的劳斯莱斯汽车卖几千万元一点儿也不奇怪，因为稀少和独特。

资料来源：佚名.世界上最大的谎言，竞争成了最成功的广告语［EB/OL］.［2017-02-12］. http：//www.360doc.com/content/17/0212/16/8795310_628470771.shtml.

这一案例表明：市场营销策划方案的制订和实施是一个动态变化的过程，不是一成不变的，需要根据市场需求、市场环境等因素的变化而不断改善。

9.1 市场营销策划方案的实施

市场营销策划方案的实施是指将市场营销策划方案转化为行动和任务的部署过程，并保证这种过程顺利完成，以实现营销策划所制定的目标。一个好的营销方案，如果不付诸实施，就会成为一纸空谈；如果实施不当，也难以达到预定目标，甚至会以失败告终。

市场营销策划方案的实施是一项艰巨而复杂的工程，管理者在实施方案时，必须面对自身的实际状况，精心研究方案实施过程中的不足，把握市场营销活动的动态，力争使方案圆满成功。美国的一项调查资料表明，90%的被调查人员认为，他们制订的战略和战术策划方案之所以没有成功，是因为没有得到有效的实施。管理者常常难以判断营销策划方案具体实施中的问题，营销失败的原因可能是实施方案本身存在不足，也可能是正确的方案没有得到有效的执行。

9.1.1 影响市场营销策划方案实施的因素

正确的市场营销策划方案为什么不能带来出色的业绩？导致市场营销策划方案实施不力的原因很多，但主要有以下几个方面：

1）市场营销策划方案脱离实际

企业的市场营销策划方案通常由企业的市场营销策划人员或由企业聘请的专家制订，而方案的实施则依赖于市场营销管理人员。这两类人员之间往往缺少必要的协调与沟通，从而导致了下列问题的产生：

①营销策划人员只考虑总体战略而忽视实施中的细节，结果使策划方案过于笼统和流于形式。

②营销策划人员不熟悉方案实施过程中的具体情况，所制订的方案脱离实际。

③营销策划人员与市场营销管理人员之间没有就策划事项充分交流意见，导致市场营销管理人员在实施营销策划方案的过程中困难重重，因为他们并不十分清楚所实施方案的内容和意图。

④脱离实际的营销方案导致营销策划人员和市场营销管理人员之间关系对立，互不理解和信任。

现在，许多企业已经认识到，市场营销策划方案的制订不能仅依靠专业策划人员，还需要一线市场营销人员的参与，这样做有利于市场营销策划方案的实施，因为一线市场营销人员了解市场的实际状况，掌握市场信息。

2）长期目标任务与短期目标任务相矛盾

长、短期目标的设定是市场营销策划的基础。市场营销策划方案通常着眼于企业的长期目标，涉及企业今后3~5年的经营活动。为了实现营销总目标，必须把总目标分解成若干个具体目标，但对于实施这些具体目标的市场营销人员来说，企业通常是根据他们的短期工作绩效，如销售量指标、市场占有率指标和利润率指标等，对他们进行评估和奖罚。所以，市场营销人员通常采取短期行为。对美国某大公司的调查表明，这种情况非常普遍。例如，某公司市场营销人员只注重眼前效益和个人奖金，而置新产品开发战略于不顾，将公司的主要资源全部投入现有的成熟产品上，结果导致公司的长期产品开发战略半途夭折。目前，许多公司都在寻求和采取适当措施，努力克服这种长、短期目标之间的矛盾，以实现两者的最佳协调。

3）思想观念的惰性

企业的新市场营销策划方案如果与企业的传统和习惯相悖，就会遭到抵制。新、旧方案的差异越大，实施新方案可能遇到的阻力和困难就越大。要想实施与旧方案截然不同的新方案，企业必须打破传统的组织机构和固有的供销关系，进行一系列改革，从而为新方案的实施扫清障碍。比如，为了实施给老产品开辟新销路的市场拓展方案，就必须建立一个新的营销机构。

4）实施方案不具体明确，缺乏系统性

大量事实表明，许多市场营销策划方案之所以以失败告终，是因为市场营销策划人员制订的方案不具体明确。相当多的企业面临的共同困境是：缺乏一个能使企业内部各部门协调一致、共同作战的系统的、具体的实施方案。

企业高层决策者和管理人员对企业的营销活动进行策划和管理时，不应有丝毫“想当然”的心理，他们必须制订系统的实施方案，规定和协调各部门的行为活动，编制详细周密的项目实施时间表，明确各部门经理应承担的责任。只有这样，企业市场营销策划方案的实施才会有保障。

9.1.2　企业市场营销策划方案实施的基本模式

企业市场营销策划方案实施的模式基本上有五种，即指令性模式、转化性模式、合作性模式、文化性模式和增长性模式。现对各种模式介绍如下：

1）指令性模式

这种模式的特点是突出领导者在市场营销策划方案实施中的重要作用，领导者凭借权威发布各项指令，以推动市场营销策划方案的实施。实施这种模式的前提条件是：企业在方案实施之前，就已对市场营销状况进行了大量分析，领导者拥有相当大的权力和相当可靠的信息。这种模式的不足在于会受到信息准确性和方案实施难易程度等诸多条件的制约。

2）转化性模式

这种模式的特点是重点考虑怎样运用组织结构、激励手段和控制系统来促进方案的实施。在这种模式中，领导者起着设计者的作用，负责协调方案的实施，主要运用行为科学方法把企业纳入方案实施的轨道。转化性模式是对指令性模式的补充与完善，能够使方案的实施更加科学而有效。这种模式的不足在于并没有解决指令性模式存在的诸如难以取得可靠信息和方案实施缺少动力等问题，甚至可能会产生新的问题。因此，环境因素存在较高不确定性的企业应尽量少使用这种模式。

3）合作性模式

这种模式的特点是将方案的决策范围扩大到企业的高层管理人员，高层管理人员的积极性被充分调动，而领导者仅扮演协调者的角色。从总体上看，这种模式的优点是：领导者接近一线管理人员，获得的信息准确性高，制订的营销策划方案是集体智慧的结晶，从而大大提高了方案实施成功的可能性。因此，这种模式更适合处于复杂而又缺乏稳定性环境的企业采用。值得注意的是，合作性模式并不是企业全体员工共同参与决策活动，而是不同观念、不同目的的参与者协商的产物。所以，其结果有可能以牺牲经济合理性为代价。

4）文化性模式

这种模式的特点是在整个企业中宣传一种适当的文化，使市场营销策划方案得以实施。这种模式将合作性模式中的参与成分深入到组织中较低的层次，消除了营销策划方案制订者与执行者之间的隔阂。领导者在这种模式中起着组织指导的作用，主要任务是通过宣传企业文化来指导企业组织成员，鼓励企业所有员工根据企业使命制定自己的工作程序。文化性模式的参与者涉及企业各层次的员工，使企业的组织者与参与者同舟共济，这样不仅大大降低了方案实施的风险，而且提高了方案执行的速度，实现了企业的平稳发展。需要注意的是，这种模式以企业所有员工都具有相当文化程度为前提，这在实际中较难办到；这种模式过分强调企业文化，有可能会掩盖企业中存在的某些问题，从而妨碍问题的解决；这种模式耗费人力、物力和财力，若企业高层领导者不愿放弃控制权，将会使该模式流于形式。所以，文化性模式也存在局限性。

5）增长性模式

这种模式的特点是强调营销策划方案是自下而上（从基层经营单位到最高决策层）产生的，而不是自上而下推行的。这种模式要求领导者有能力用所设置的组织制度来刺激革新，能够正确选择可行的营销策划方案。增长性模式比较注重领导负责和集体决策相结合，从而保证了营销策划方案的成功实施。当然，为了减少集体决策风险，企业应制定相应的措施，以避免方案实施失败。例如，建立规划参谋小组，确保方案制订和实施的正确性；又如，强调某一特定主题或重点来确定营销策划方案的思路，规定营销策划方案的评价标准，使营销策划方案的制订方法合理、科学等。

以上五种营销策划方案实施模式的侧重点各不相同，企业应根据自己的营销策划方案和实际条件选择运用合适的实施模式。

9.1.3 市场营销策划方案实施的技能

为了贯彻实施营销策划方案，企业必须掌握一套能够有效实施营销策划方案的技能，这些技能主要包括诊断技能、分配技能、监控技能、组织技能和相互配合技能等，现分述如下：

1）诊断技能

诊断技能是指发现和揭示企业市场营销策划方案实施过程中存在的问题和难点，并提出相应对策的能力。在企业市场营销策划方案实施的过程中，营销经理应与营销人员紧密配合，及时发现营销活动中存在的主要问题，弄清产生问题的原因，并有针对性地提出改进措施，修正营销策划方案。诊断对于了解企业内部情况、有效实施市场营销策划方案具有重要作用。

2）分配技能

分配技能是指营销经理在各种功能、政策和规划之间安排时间、经费和人力的能力。例如，营销经理决定在贸易展销上花多少费用（功能方面），或者对“边际”产品给予何种程度的质量担保（政策方面）等，都属于分配技能问题。

3）监控技能

监控技能是指建立和管理对营销活动结果进行反馈的控制系统的能力。营销经理应该利用营销情报系统，不断搜集企业内外部环境信息，及时、有效地处理各种因环境变化而产生的问题，使得企业的营销策划方案顺利实施。

4）组织技能

组织技能是指对营销人员之间为实现企业目标而应具有的关系进行组织和安排的能力。营销经理必须将集中化程度和正规化程度掌握在与控制系统相适应的限度内，并充分认识非正式营销机构的地位和作用。非正式营销机构与正式营销机构的相互配合，将对企业营销方案的实施效果产生重要影响。

5）相互配合技能

相互配合技能是指营销经理借助其他力量完成自己工作的能力。营销经理不仅要动员企业自己的员工有效实施营销策划方案，而且要有较强的组织能力和社交能力，充分利用外部力量（如市场调研公司、广告代理公司、中间商等）最终实现自己的营销目标。例如，处理在同一个渠道内出现的矛盾和冲突，就需要营销经理具有较高的相互配合技能。

9.1.4 市场营销策划方案实施的程序

市场营销策划方案实施的程序如下：

1）制订行动方案

企业为了有效实施市场营销策划方案，必须制订详细而具体的行动方案。在行动方案中，企业应明确市场营销策划方案实施的关键性任务，并将实施这些任务的责任落实到执行小组或个人身上。此外，行动方案中还应列示具体的时间表，制定出行动的确切时间。

2）组建有效的组织机构

有效的组织机构在营销策划方案实施的过程中起着决定性作用。企业应将方案实施的任务分配给具体的部门和人员，并明确规定职权界限和信息交流方式，以协调企业内部的各项决策和行动。企业的组织机构要因市场营销策划方案的不同而异，也就是说，组织机构必须与企业的市场营销策划方案一致，必须与企业自身特点和营销环境相适应。

组织机构具有两大职能：一是在实施营销策划方案的过程中提供明确的分工，将全部工作任务分解成便于管理的若干部分，再将它们分配给各有关部门和人员；二是充分发挥组织协调作用，并通过企业正式的组织联系和信息沟通网络，协调各部门和人员的行为活动。

同步思考9-1

问题：有效的组织机构具有哪些特点？

理解要点：

（1）高度的非正式沟通

卓越的企业本身就是一个巨大的、不拘形式的、开放的信息沟通和交流系统，它允许并鼓励员工进行各种非正式的沟通与交流。

（2）组织的分权化管理

为了鼓励创新，卓越的企业往往由许多小型的具有自主权的分支机构组成，必要时还可以成立专题工作组和项目中心等临时性组织。

（3）精兵简政

大部分成功的美国公司不采用复杂的“矩阵式”组织，而是采用简单的按产品、地理分布或职能等一维变量设立的组织结构。这种简单的、分权式的组织结构具有高度的灵活性，能够更好地适应不断变化的环境。

3）设计决策和报酬制度

为了实施市场营销策划方案，企业还必须设计相应的决策制度和报酬制度，这些制度直接关系到策划方案实施的成败。假如企业以短期的经营利润为衡量标准的话，那么管理人员的行为活动必定趋向短期目标，对于实现长期目标，他们不会有努力的积极性和主动性。

4）开发人力资源

企业的市场营销策划方案最终是由企业内部的工作人员来实施的，所以人力资源开发至关重要。人力资源开发涉及企业员工的考核、选拔、安置、培训和奖罚等问题。在考核和录用管理人员时，要注意量才而用，做到人尽其才；为了调动员工的积极性和主动性，必须建立较完善的奖惩制度和工资、福利分配制度。此外，企业还应根据自身的特点和性质，合理分配不同层次和不同岗位上的员工人数，使企业的行政管理人员、业务管理人员和一线职工之间的比例恰当，以减少管理费用和提高工作绩效。

应当指出的是，不同的战略目标要求具有不同性格和能力的管理人员来实施。例如，“拓展型”战略目标要求具有冒险和创业精神的、有一定组织和社交能力的管理人员来实施；“维持型”战略目标要求管理人员必须具备组织和管理等方面的能力，力争保持企业在市场中的销售指标；“紧缩型”战略目标则要求能够精打细算的管理者来实施。

5）塑造企业文化和管理风格

企业文化是指处于一定经济社会文化背景下的企业，在长期发展过程中逐步形成和发展起来的日趋稳定的、独特的价值观，以及以此为核心而形成的行为规范、道德准则、群体意识、风俗习惯等。企业文化对管理人员的行为具有重要影响，当企业文化形成并得到加强时，它会到处蔓延并影响管理人员所做的一切，通过左右管理人员的知觉、思想和感觉影响管理人员的决策。企业文化要素包括企业环境、价值观念、模范人物、仪式、文化网五个方面。企业环境是形成企业文化的外部条件，它既包括一个国家、民族的传统文化，也包括政府的经济政策以及资源、运输、竞争等环境因素。价值观念是企业职工共同的行为准则和基本信念，是企业文化的灵魂和核心。仪式是指为树立和强化共同的价值观，有计划进行的各种例行活动，如各种庆典活动等。文化网是指传播共同价值观和宣传介绍模范人物形象的各种非正式渠道。总之，企业文化是企业在所处的环境中逐渐形成的共同价值标准和基本信念，它通过模范人物塑造和体现，通过正式和非正式组织加以树立、强化和传播。塑造企业文化是实现企业长期目标不可忽视的重要环节。

管理风格与企业文化紧密关联，有些管理人员的管理风格属于“专权型”，有的则属于“参与型”等。管理风格取决于企业的战略目标、组织结构、人员和环境等因素。

企业文化和管理风格一旦形成，在一定时期内就具有相对的稳定性和延续性。因此，市场营销策划方案通常是根据企业文化和管理风格的要求来制订的，企业原有的文化和风格不宜轻易变更。

总之，市场营销策划方案的实施是一个整体过程，为了有效实施市场营销策划方案，企业的行动方案、组织结构、决策和报酬制度、人力资源、企业文化和管理风格五大要素必须协调一致、相互配合。

9.2　市场营销策划方案的控制

市场营销策划方案的控制，是市场营销管理过程中的重要步骤。控制市场营销策划方案的根本目的在于保证市场营销活动的过程和实际绩效与计划目标及方案内容相一致，最终保证市场营销策划目标的实现。市场营销策划方案在实施的过程中，经常会发生许多意外，而且营销策划方案本身也会产生一些偏差，所以企业必须连续不断地对各项市场营销策划方案进行信息反馈和调控，纠正可能出现的差错，以确保营销策划方案的顺利实施，实现企业营销活动的预期目标。

9.2.1　市场营销策划方案控制的含义及作用

市场营销策划方案的控制是指市场营销管理人员为了监督与考核企业营销活动过程的每个环节，确保其按照企业的预期目标运行而实施的一整套规范化约束行为的工作程序或工作制度。

市场营销策划方案的控制既不是对市场营销活动未来目标的设计，也不是对营销活动结果的考评，而是对营销活动现状的把握，即控制对象是现实的营销活动过程本身。其特点是市场营销策划方案的控制与市场营销活动的开展同时、同步进行。从一定意义上讲，市场营销策划方案的控制，实际上就是对企业市场营销活动过程实施的同步管理，是由系列调控行为组成的动态过程。

市场营销策划方案的控制有利于企业市场营销策划方案得以顺利执行，是实现企业市场营销目标的必要保证；有利于企业面对不确定的未来环境不断调整营销行动方案；有利于企业及时发现方案实施中存在的问题，找到最佳管理方法，充分挖掘企业潜力；有利于监控和激励市场营销人员努力工作。

9.2.2 市场营销策划方案有效控制的要求

要使市场营销策划方案的控制工作真正发挥作用，并取得预期的成效，企业在设计系列调控措施时应特别注意满足下列几个要求：

1）营销控制系统应切合市场营销主管人员的具体情况

控制系统和营销信息是为了协助市场营销主管人员行使其控制职能的。假如所设计的营销控制系统不为市场营销主管人员所理解、信任和使用，就失去了设计营销控制系统的意义。因此，营销控制系统必须符合每个市场营销主管人员的情况及个性，使他们理解、信任营销控制系统，并自觉运用。

2）营销控制应确立客观标准

市场营销管理难免存在主观因素，但市场营销主管人员对下级工作的评价不应仅凭主观来决定。如果能够定期检查过去拟定的计量规范和标准，并使之符合现时的要求，那么控制实际施行的市场营销策划方案就不会很难。所以，有效的营销控制工作要求有客观的、准确的和适当的标准。

3）营销控制应具有灵活性

营销控制的灵活性要求制订多种应对变化的营销策划方案，留有一定的后备力量，并采取多种灵活的控制方式和方法来达到控制目的。因为人们虽然努力探索未来、预测未来，但未来的不可预测性始终是客观存在的。尽管营销策划人员努力追求预测的准确性及对实际业绩评价和差异分析的准确性，但不准确性总会存在。如果营销控制不具有弹性，营销策划方案在实施时就难免被动。

4）营销控制应讲求经济效益

营销控制是一项需要投入大量的人力、物力和财力的活动，其耗费之大是企业对许多应予以控制的问题没有加以控制的主要原因之一。营销策划方案是否需要进行控制，控制到何种程度等，都涉及费用问题。因此，企业必须考虑营销控制的经济效益，把营销控制所需要的费用与营销控制所产生的效果进行比较，只有有利可图时，才能进行营销控制。可以断言，如果营销控制技术和方法能够以最小的费用或其他代价来探查和阐明营销策划方案产生偏离的实际原因或潜在原因，那么它就是有效的。

营销控制的经济效益是相对而言的，它取决于营销管理人员是否将营销控制应用于他们认为重要的工作上。

5）营销控制应有纠正措施

一个完善的、有效的营销控制系统，除了能够揭示哪些环节出了差错、应由谁承担责任外，还应具备适当的纠偏措施和策略，否则这个系统就名存实亡。因此，企业只有通过适当的计划工作、组织工作、人员编配工作、指导与领导工作等，来纠正营销策划方案中已显示的或所发生的偏离方案的事项，才能有效实施营销控制。

6）营销控制要具有全局观点

在企业的营销组织结构中，各个部门及成员都在为实现企业个别的或局部的目标而忙碌着。许多营销主管人员在进行营销控制时，往往仅考虑本部门的利益，不能从企业大局出发，也不重视企业的营销总目标。因此，称职的营销主管人员在进行营销控制时，必须从企业的整体利益出发，注重企业的团队精神，努力将各个局部的目标统一起来，以实现企业的营销总目标。

教学互动9-1

互动问题：在实施营销策划方案的过程中，如果企业各部门之间产生利益冲突，应如何协调？

要求：同“教学互动1-1”的“要求”。

7）营销控制应面向未来

一个真正有效的营销控制系统应该能够预测未来，能够及时发现营销策划方案与实际营销活动可能出现的偏差，并能快速调整方案，使营销活动正常开展，千万不可等到营销策划方案实施过程中出现了问题才去解决。

9.2.3 市场营销策划方案控制的步骤

企业的市场营销总目标一旦确定，其成功与否就取决于企业市场营销活动的运行状况。为了对市场营销活动的过程进行有效监控，企业有必要建立和确定科学的市场营销控制制度。市场营销策划方案控制的步骤如图9-1所示。

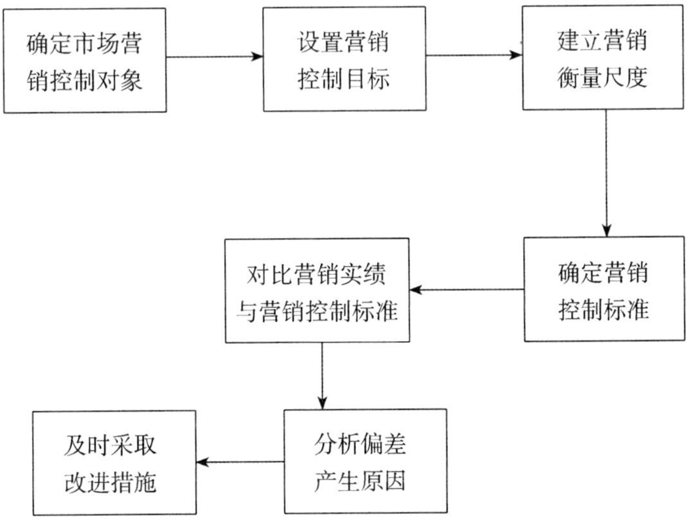

图9-1 市场营销方案控制的步骤

第一步，确定市场营销控制对象。一般来说，营销控制的范围广、内容多，需要获得的信息也多，但任何控制活动本身都需要支付费用，因此，营销管理人员在确定控制内容、控制范围、控制费用额度时，应注意使控制成本低于控制活动所能带来的营销效益。

最常见的营销控制内容有营销收入、营销成本和营销利润，但对于市场调查、消费者服务、新产品开发和广告促销等活动，也应加强控制和评价的力度。

第二步，设置营销控制目标，即确定所要达到的预期营销目标。这是将营销控制与策划方案结合起来的重要环节。许多企业的营销控制目标就是营销策划方案中设定的目标，如利润、销售量、市场占有率、营销费用、新产品增长率，以及为实现营销总目标而规定的战术目标等。

第三步，建立营销衡量尺度。在很多情况下，企业的营销目标决定了企业营销控制的衡量尺度，但有时候问题比较复杂，如营销人员的工作效率可用一年内新增加的客户数及平均访问频率来度量，广告的效果可用熟悉和了解广告内容的消费者人数占全部消费者人数的比例来衡量等。由此可见，如果企业有若干管理目标，则营销控制的衡量尺度也会有多种。

第四步，确定营销控制标准，即以某种衡量尺度来反映控制对象的预期活动范围或可接受的活动范围，也就是对营销衡量标准加以定量化。例如，规定每个营销人员全年应增加30个新客户；某项新产品在投放市场6个月后应达到3%的市场占有率等。营销控制标准一般应允许有一个浮动幅度，如新产品的市场占有率在2.8%左右是可以接受的。企业在确定营销控制标准时可参照市场同类行业的标准，并尽可能吸收企业内部各方面的意见，以使营销控制标准更切合实际，更具有激励作用。

第五步，对比营销实绩与营销控制标准，即将实际营销工作绩效与预先制定的营销控制标准进行对比，掌握对比中出现的差距。对比的频率取决于营销控制对象的变动情况。

第六步，分析偏差产生原因。将营销实绩与营销控制标准进行对比，若产生偏差，则说明营销实绩与营销控制标准不符，需要寻找偏差产生的原因，为修正营销策划方案提供依据。一般而言，偏差的产生可能有两种情况：一是营销策划方案本身有缺陷，确认这种偏差通常较难；二是营销策划方案实施过程中出现的问题，这种偏差比较容易分析。有时，这两类情况交叉在一起，使得分析偏差的工作成为营销控制过程中的一大难点。在分析偏差产生的原因时，要全面、仔细地分析资料，从多个角度研究问题，抓住关键问题，千万不可把问题简单化，以偏概全。例如，某推销员对客户访问的次数未达到控制标准，原因可能是旅途中花费时间太多，这就需要改进访问路线图或改进访问方式，但也有可能是定额过高，这就需要降低定额，以保证每次访问的质量。具体分析时，还要进行调查了解，以确保分析的正确性。

第七步，及时采取改进措施。根据分析结果，企业应及时采取不同类别状态下的改进措施：

①如果分析结果表明营销控制标准脱离实际，则应对控制标准进行修订，从而真实反映市场营销活动。

②如果分析结果表明营销控制标准是合理的、正确的，而营销策划方案在实施过程中出现了问题，那就有必要在具体营销活动过程中寻找原因，迅速采取相应的补救措施，以提高工作效率。

在市场营销控制过程中，受企业营销目标和营销环境等多种因素的影响，企业应采取的营销控制方式、方法不一定相同，所以上述营销控制的步骤不是唯一的，企业应根据自身的实际情况进行取舍。

9.2.4　市场营销策划方案控制的方法

市场营销策划方案的控制是一个复杂的过程，策划者在设计这一过程时，可以采取各种各样的方法。一般来说，营销策划方案控制的方法可分为年度计划控制、盈利能力控制、效率控制和营销战略控制四种基本方法，它们各有侧重，且相互补充，构成了企业的营销控制系统。各种控制方法的比较见表9-1。

表9-1　**各种控制方法的比较**

控制方法	主要负责人	控制目的	具体方法
年度计划控制	中高层主管人员	检查方案目标是否达成	销售分析法、市场占有率分析法、市场营销费用与销售额比值分析法、财务分析法、顾客态度分析法
盈利能力控制	营销主管人员	检查企业的盈利点和亏损点	盈利能力分析、最佳调控措施的选择
效率控制	职能管理部门营销主管人员	评价企业营销费用支出的效率	销售人员效率分析、广告促销活动效率分析、营业推广活动效率分析、分销活动效率分析
营销战略控制	高层主管人员和营销审计人员	检查企业是否最大限度地利用了市场机会	市场营销审计

1）年度计划控制

年度计划控制是指企业中高层主管人员在本年度内采取控制措施，检查实际绩效与方案的偏差，并采取必要的修正措施，以确保市场营销策划方案顺利实现的方法。年度计划控制的目的在于保证企业实现其在年度方案中所制定的销售目标、利润目标以及其他目标，控制的中心是目标管理。一般情况下，年度计划控制的程序如图9-2所示。

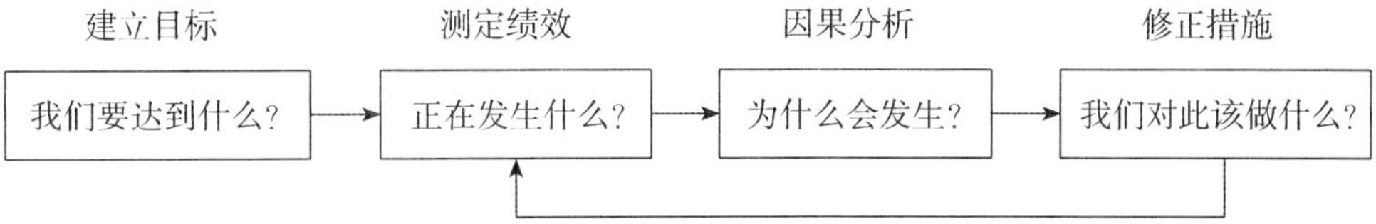

图9-2　年度计划控制的程序

年度计划控制适用于企业的每一个层次。企业高层管理部门控制的是整个企业的年度销售目标和利润目标，这些目标又可以分解成各个基层管理部门或各个地区的子目标，形成各部门或各地区具体控制的各个局部目标，层层分解，职责分明。年度计划控制的主要目的在于：促使年度计划产生连续不断的推动力；使控制结果成为年终绩效考评的依据；发掘企业潜在的问题并及时解决；使高层管理人员有效监督各部门的工作。

年度计划控制通常从以下几个方面检查方案执行情况：

（1）销售分析法

销售分析法是指测量和评价经理人员制定的销售目标与实际销售之间的差距，找出产生问题的原因。这种方法具体又可分为两种：

①销售差异分析法。这种方法用于确定各种营销因素对销售额的不同影响程度。

同步业务9-1

某企业年度计划要求销售50 000件产品，单价为20元，即销售额为1 000 000元。到了年终，实际以每件18元销售了40 000件产品，即销售额为720 000元。实际销售额比计划销售额少280 000元。那么，减少的280 000元销售额中有多少是销售量减少造成的？有多少是价格下降引起的？

分析方法如下：

销售量减少影响金额=（40 000-50 000）×20= -200 000（元）

销售量减少影响金额占280 000元的71.43%。

价格下降影响金额=（18-20）×40 000=-80 000（元）

价格下降影响金额占280 000元的28.57%。

业务分析：销售额减少的主要原因是销售量减少，因此对企业来说，销售量控制比价格控制重要。

业务程序：仔细分析销售量为什么达不到预期目标，是营销人员努力程度不够，还是有较强的竞争对手进入同一市场，或是消费者需求发生转移等。

②微观销售分析法。这种方法用于对未能达到预期销售额的个别产品或地区进行考评。例如，假设某企业分别在甲、乙、丙三个不同地区出售某种产品，年度计划销售额分别为100万元、150万元、200万元，而实际完成销售额分别为120万元、145万元和150万元。这样，甲地区实际销售额较期望销售额高出20%，乙地区实际销售额较期望销售额少3.3%，丙地区实际销售额较期望销售额少25%。显然，丙地区的市场营销经理应检查该地区情况，查明原因，加强对该地区营销工作的管理。

（2）市场占有率分析法

企业的市场销售额并不能说明企业与竞争对手相比居于怎样的市场地位，只有进行市场占有率分析，才能揭示企业与其竞争者在市场竞争中的相互关系，因为市场占有率剔除了一般的环境影响来考核企业本身的经营状况。市场占有率上升，说明企业的营销绩效提高，在市场竞争中处于优势；反之，市场占有率下降，说明企业的营销绩效下降，企业在市场竞争中失利，损失了一部分市场占有额。

分析市场占有率时，首先要明确应使用何种市场占有率度量方法。一般而言，有三种不同的度量方法。

①总市场占有率。总市场占有率是指企业的销售量（额）占本行业全部销售量（额）的比重。使用这种度量方法必须做出两个决策：一是正确界定行业的范围，即明确本行业应包括的产品、市场等；二是确定应使用实物量还是价值量进行计算。前者反

映的问题比较单纯，而后者除了反映数量，还反映价格方面的变化。

②目标市场占有率。目标市场占有率是指销售额占企业所服务的市场的总销售额的比值。目标市场是企业意欲进入的市场。一般来说，企业对目标市场占有率非常重视，通常用增加新产品线和强化销售等手段来提高目标市场占有率。

③相对市场占有率（相对于市场领先竞争者）。相对市场占有率是指本企业的市场占有率与市场领先竞争者的市场占有率之比。例如，某企业的市场占有率为30%，其中最大的三个竞争者的市场占有率分别为25%、15%、10%，形成了30%对50%的局面，则该企业的相对市场占有率为60%（30%÷50%×100%）。一般而言，相对市场占有率高于33%的企业，被认为是实力较强的企业；相对市场占有率为100%的企业，与竞争对手在行业中平分秋色；相对市场占有率高于100%的企业，在行业中居领先地位。相对市场占有率上升，意味着企业的市场成长速度快于竞争对手的市场成长速度。

确定了企业的市场占有率之后，还需要进一步查明市场占有率变动的原因。企业决策者可以通过产品线、顾客类型、地区及其他方面来认真考察和分析市场占有率的变动情况。一种有效的分析方法是通过四个因素组成的模型来分析市场占有率的变化情况，即：

$$Tms=C_P\times C_L\times C_S\times P_S$$

式中：Tms——总市场占有率；C_P——顾客渗透率；C_L——顾客忠诚度；C_S——顾客选择性；P_S——价格选择性。

通过考核这些因素，企业可以查明市场占有率变化的潜在原因。

分析市场占有率，首先要确定采用哪种衡量方法；然后分析市场占有率变化的原因，找出导致市场占有率变化的主要因素；最后采取适当的措施。

（3）市场营销费用与销售额比值分析法

为了确保企业达到其销售额指标所支付的营销费用不会过多，市场营销管理者应对市场营销费用与销售额的比值进行计算分析，以发现是否有任何比例失调的情况存在。在我国，商贸企业的营销费用称为商品流通费用，营销费用率称为商品流通费用率。

营销费用又分为五个方面，即销售人员费用、广告促销活动费用、营业推广活动费用、市场调查费用和管理费用，它们各自又与销售额形成不同的比率。例如，在某个企业中，营销费用与销售额的比率为30%，它包括五种费用与销售额的比率：销售人员费用与销售额的比率（15%）；广告促销活动费用与销售额的比率（5%）；营业推广活动费用与销售额的比率（6%）；市场调查费用与销售额的比率（1%）；管理费用与销售额的比率（3%）。对于以上各项费用与销售额的比率，企业往往会限定一个控制幅度，一旦失去控制，企业必须认真查明原因，采取有效措施加以调整。

此外，企业还可以借助营销费用/销售额偏差图来评价不同地区或不同产品达到的销售额目标与达到的费用目标的对比，从而得到偏差较大的地区或产品，并进一步调查产生偏差的原因（如图9-3所示）。在图9-3中，横坐标表示达到销售目标的百分比，纵坐标表示达到费用目标的百分比，斜线是一条等比例线。图9-3显示：地区B超额完成销售指标，费用目标未达同等比例；地区C达到的销售额目标与费用目标几乎等比；最差的是F地区，销售目标仅完成80%，费用目标却不成比例地扩大到计划值的130%，必须查找原因。

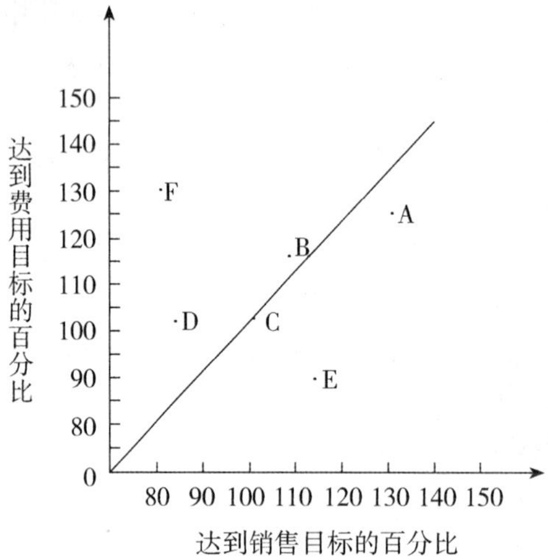

图 9-3　营销费用/销售额偏差图

（4）财务分析法

财务分析法是指对影响企业净资产收益的各主要因素进行全面分析，以确定企业如何或在何处开展业务活动才能谋取更大利润的方法。财务分析法寻求使企业盈利的策略，打破了企业惯用的促销的做法，越来越被营销管理人员所接受。图 9-4 显示了某企业对财务分析法的应用。

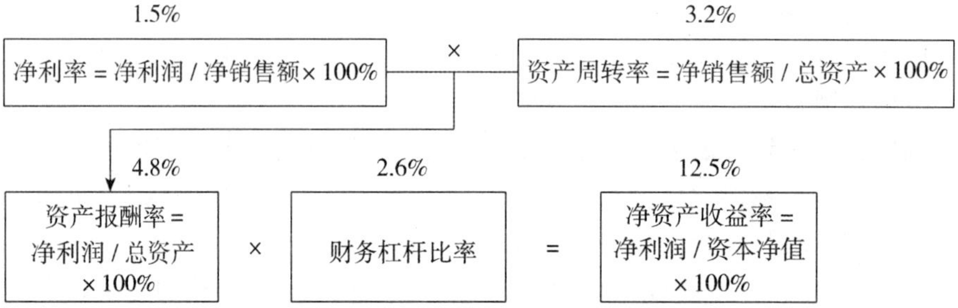

图 9-4　某企业财务分析法应用举例

图 9-4 表明，该企业的净资产收益率为 12.5%。净资产收益率主要是两种比率相乘的结果，即企业的资产报酬率和财务杠杆比率的乘积。为了提高净资产收益率，企业必须提高净利润与总资产之比，或者提高财务杠杆比率；同时，企业应分析资产结构（即现金、应收账款、存货和设备等），并且设法提高资产管理水平。

资产报酬率是净利率与资产周转率的乘积。对企业来说，图 9-4 中的净利率偏低，而资产周转率较正常。营销经理可以采取两种方式改进工作：一是通过增加净利润或减少费用来提高净利率；二是通过增加销售额或减少部分资产（如存货、应收账款等）来提高资产周转率。

（5）顾客态度分析法

前述四种方法主要以财务和数量分析为特征，即它们基本上属于定量分析的范畴。定量分析固然重要，但还不够充分，因为它们没有对市场营销活动的发展变化进行定性分析，只能为市场营销管理部门提供某一数值即将发生变化的早期预报。所以，策划人员需要建立一套系统来追踪顾客、经销商以及其他市场营销参与者的态度，在顾客满意和顾客偏好的变化影响企业产品销售之前，及时将有关信息传递给企业决策管理部门，以便采取措施，争取主动。企业一般利用以下系统来跟踪顾客态度：

①顾客意见和建议系统。通过此系统，企业可记录、分析和解答来自顾客的书面或口头抱怨、陈述，并进行归类、分析、存档。对于较为严重或经常发生的抱怨，企业应及早给予重视。同时，企业应积极采取激励措施来鼓励顾客提出宝贵意见和建议，以便搜集到更加全面的资料。

②固定顾客样本。那些同意定期通过电话、信函、网络等方式反映自己意见的顾客组成了企业的固定顾客样本。建立固定顾客样本的做法有时比顾客意见和建议系统更能反映顾客态度的变化及其分布范围。

③顾客调查系统。企业通过随机抽样方式，定期对顾客进行调研。通过分析，企业可以及时发现问题，并及时予以纠正。

通过上述分析，如果企业策划者发现实际营销工作绩效与年度计划指标存在较大偏差，则必须采取调整措施。例如，调整市场营销策划方案的指标，使之更符合实际；调整市场营销策略，以利于实现原方案指标。

2）盈利能力控制

盈利能力控制是指通过测算企业不同产品、不同销售地区、不同市场、不同销售渠道以及不同订货规模的实际盈利能力进行控制活动。这一分析结果能帮助企业管理部门确定哪些产品应提高产量，哪些市场应扩大规模，哪些产品或哪些市场应削减甚至放弃。盈利能力的大小，与营销组合决策具有直接关系。

（1）盈利能力分析

盈利能力分析是指将各种分析对象的实际指标值与预期指标值进行比较，对其中低于预期指标值的项目或行为进行改进的一种分析方法。盈利能力分析是企业测定市场营销活动各方面及各要素的盈利情况的重要手段。下面拟就某企业所经营的三种产品进行盈利能力分析（见表9-2）。

表9-2　**某企业产品盈利能力分析表**　金额单位：元

指　标	A产品	B产品	C产品	合　计
销售收入	15 000	5 000	10 000	30 000
销售成本	9 750	3 250	6 500	19 500
毛利	5 250	1 750	3 500	10 500
推销费用	2 000	650	100	2 750
广告费用	775	310	465	1 550
包装运输费用	1 500	630	270	2 400
提货开单费用	750	315	135	1 200
总费用	5 025	1 905	970	7 900
净利润（净亏损）	225	（155）	2 530	2 600
销售净利率	1.5%	（3.1%）	25.3%	8.67%

从表9-2可以看出，该企业销售B产品亏损155元，而销售C产品获得了绝大部分的利润，占企业净利润总额的97.31%（2 530÷2 600×100%）。如果企业确定销售净利率不得低于2%，则只有C产品完成任务。又假设销售净利率不得低于1.5%，那么A、C两种产品均完成任务。

（2）最佳调控措施的选择

分析企业各种产品的盈利能力，其目的是确定哪种产品盈利，哪种产品亏损，盈利的积极因素和亏损的妨碍因素有哪些，了解这些因素后，企业可以采取相应的措施克服这些不利因素的影响。企业在全面考评之后可以采取最佳调控措施，以适应市场营销活动的发展变化，确保企业的销售总利润稳步提高。

仍以表9-2中的例子加以说明：企业仅仅依据盈利分析而削减B产品的生产，未免太主观化、太简单化了。对于B产品出现亏损的原因，营销管理人员应进一步深入研究，从企业市场营销活动的实际出发，全面分析A、B、C产品各自的特点及三种产品与企业生产总成本的相关性，再制定出相应的调控措施，千万不可轻举妄动。有时，企业还可以指派专门的营销控制人员进行复杂的财务指标分析，制定科学的营销费用预算，协助市场营销经理评估和控制营销活动。

3）效率控制

盈利能力分析揭示了企业不同产品、不同地区、不同市场、不同销售渠道以及不同订货规模对企业盈利能力的影响，在此基础上，企业还必须寻找更有效率的方法来管理和控制企业的销售人员、广告促销活动、营业推广活动和分销活动。企业策划必须特别注意能反映这些人员和活动的效率的特定的主要指标。

（1）销售人员效率分析

企业各级营销经理应掌握自己所管辖区内有关销售人员效率的几项主要指标：

①销售人员平均每天访问客户的次数；②销售人员平均每次访问花费的时间；③销售人员平均每次访问带来的收益；④销售人员平均每次访问花费的成本；⑤每百次销售访问收到订单的百分比；⑥每次销售访问期间新增的顾客数；⑦每次销售访问期间丧失的顾客数；⑧销售成本与总销售额的百分比。

企业通过分析以上指标，常常会发现一系列可以改进的地方。例如，销售人员平均每天访问客户的次数是否太少，平均每次访问花费的时间是否太长，平均每次访问花费的成本是否过高，每百次销售访问收到的订单是否足够多，是否增加了足够的新顾客并且保留住了原有的顾客等。当企业开始重视销售人员效率的改进以后，销售人员的工作效率通常会得到实质性的提高。

（2）广告促销活动效率分析

许多企业市场营销经理认为，要准确衡量企业能够从广告支出中获得多少利益几乎是不可能的，但是企业应该至少整理好以下统计资料：

①企业通过每种媒体类型、每种媒体工具接触每千名消费者所花费的广告成本；②消费者对每种媒体工具的兴趣比率；③消费者对广告内容和效果的意见；④广告前后消费者对产品态度的测量；⑤消费者受广告刺激而引发的咨询次数；⑥消费者每次咨询所花费的成本。

企业管理部门可以采取一系列的方法和措施来提高广告促销活动的效率，如进行有效的产品定位、确定广告目标、预测广告信息、利用计算机制作广告、寻找最佳媒体和互联网、进行广告事后测验等。

（3）营业推广活动效率分析

为了提高营业推广活动的效率，企业市场营销管理人员应当坚持记录每次营业推广活动及其所耗成本对企业销售的影响，并整理好下述统计资料：

①优惠销售在全部销售中所占的比例；②每一单位销售额所占用的陈列成本；③发放的赠券收回的比例；④因示范表演而引发的访问次数。

企业市场营销经理应观察不同营业推广活动的效果，然后选择最有效的方法来提高经营效益。

（4）分销活动效率分析

分销活动效率分析是指对企业存货水平、仓库位置及运输方式等进行分析研究，以实现对企业资源的最佳组合并寻找到最佳的运输方式和途径。分销活动效率分析能够帮助企业寻找到更加经济的经营方式。

效率控制的目的在于提高人员推销、广告促销、营业推广和分销等市场营销活动的绩效，市场营销管理者必须注重对关键比率指标的研究，因为这些关键比率指标反映了企业市场营销组合要素功能执行的有效性以及应该如何引进某些资料来改善营销执行情况。

4）营销战略控制

企业的营销战略是指企业根据既定的市场营销目标，在特定的市场环境中，按照总体策划过程拟定的可能采用的系列行动方案。然而，复杂多变的市场营销环境往往会使企业原定的目标、方案失去作用，因此，企业在市场营销战略实施的过程中，必须定期进行战略控制，根据市场营销环境的新变化重新评价营销策划方案及其进展情况，从全局、总体的角度对营销战略进行必要的修正。由于市场营销战略的成功是全局性和总体性的成功，市场营销战略控制注重的是控制未来，因此市场营销战略既重要又难以准确控制。国际上很多企业运用市场营销审计这一重要工具进行营销战略控制。

（1）市场营销审计的特征

市场营销审计是指对企业的市场营销环境、目标、战略和活动所做的系统、公正、全面的考核和审查。市场营销审计的目的在于检查企业的营销活动是否与企业的战略目标保持一致、企业的营销活动及战略目标是否与市场营销环境相匹配等，从而揭示企业营销活动中存在的问题并发现营销活动的机会，提出行动计划，改进和提高整个营销系统的效率。

市场营销审计具有以下四个特征：

①全面性。“全面”并不是无所不包，而是就一个企业的主要营销活动进行全面审计，功能性审计只检查企业营销活动的某一方面，这是营销审计与功能审计的最大区别。只有通过全面性的营销审计，才能有效发现影响企业营销业绩的真实原因。

②系统性。营销不力的“病根”并非一望而知，企业必须进行一系列有序的检查，

即有一套完整的诊断步骤，包括诊断企业的营销环境、内部营销制度和各种具体营销活动等。在诊断的基础上，再调整行动方案，包括长期、短期方案，以提高企业的整体营销效果。

③独立性和客观性。营销审计有自我审计、内部交叉审计、上级审计、企业审计处审计、企业成立专门小组审计和聘请外来专家审计等多种途径，但最好的途径是聘请企业外的经验丰富的专家进行营销审计，因为专家们通常具有客观性和独立性，有丰富的经验，对本行业也颇为熟悉，还可以集中时间和精力从事审计活动。

④周期性和持久性。企业不能等到营销活动出现了困境才求助于专家和顾问来开展审计活动，因为这样为时已晚，况且企业的许多问题正是由于企业在营销活动处于顺境的情况下，缺乏周期的和持续的检查而造成的。因此，无论企业处于顺境还是逆境，周期的和持续的营销审计都是必不可少的活动，它是企业寻求最佳经济效益的一种有效方法和工具。

（2）市场营销审计的程序

任何一种审计活动，为了达到经济和高效率的要求，都必须有一套详细的方案。特别是对于市场营销受客观环境的影响很大，并且策划者往往带有主观片面性，事物的发展很少有周期现象出现的企业来说，市场营销审计工作更需要有一个科学的程序，有计划、有步骤地开展调研，掌握确切资料，以指导审计工作的正常开展。

市场营销审计的程序一般可以分为四个阶段：

①准备阶段。其主要工作是了解企业审计的目标，确定审计范围、深度、数据来源以及审计所需时间，把握主要方向，制订出审计工作方案。

②实施阶段。其主要工作是依据方案内容逐步搜集和检查指标数据，制定评估标准，查阅相关资料，进行实地访问，以掌握企业的实际情况。

③成果阶段。其主要工作是营销审计人员对审计过程中所发现的问题以及提出的纠正偏差措施做出书面的总结报告，并向企业主管领导汇报审计工作成果信息。

④追踪阶段。其主要工作是检查审计工作结论中提出的建议和意见的贯彻执行情况，并在营销环境发生变化时修正方案。

（3）市场营销审计的内容

市场营销审计的内容包括以下六个方面：

①营销环境审计。其主要工作是分析影响企业营销目标的各种环境因素，包括宏观环境和微观环境，重点加强对关键目标和因素的审计。

②营销战略审计。其主要工作是检查企业营销目标、战略是否与当前及预期的营销环境相适应。

③营销组织审计。其主要工作是检查营销组织在预期环境中完成企业战略任务的功能的发挥程度。

④营销系统审计。其主要工作是检查企业的营销信息系统、组织系统以及新产品开发系统的有效程度。

⑤营销效率审计。其主要工作是检查各营销小组的盈利能力和各项营销活动的效率。

⑥营销职能审计。其主要工作是对市场营销组合因素进行评价，如产品、定价、渠道、促销等策略的检查考评。

以上市场营销策划方案控制的方法都是营销策划人员必须详细了解与掌握的，只有以此为基础，才能设计出符合企业实际情况的营销控制系统。

最后要强调的是：市场营销策划方案控制仅仅是企业整个市场营销策划内容的一小部分，通常情况下，其篇幅不宜太长，市场营销策划者只要设计出市场营销策划方案控制的组织机构、控制时间分解表、控制的制度与方法就足够了。

同步案例9-1

雀巢咖啡营销策划的重点

背景与情境：20世纪80年代，两大速溶咖啡品牌——麦斯威尔和雀巢共同进入中国市场。如今，雀巢咖啡在中国市场的销量远高于麦氏咖啡。

在刚进入中国市场时，两家咖啡企业各委托不同的公司进行市场调查。

麦氏咖啡委托国际性大公司调查的结果是向往西方文化的知识分子。于是，它的广告语非常文雅，“滴滴香浓，意犹未尽”。

相反，雀巢咖啡对20世纪80年代初上海女大学生最喜欢嫁的人的职业进行了调查，结果出乎人们的意料，女大学生最希望嫁的人是出租车司机。那时候，出租车司机的工资是当时人们平均工资的十几倍甚至几十倍。所以，雀巢咖啡认为目标消费者绝对不是大学教授、知识分子，从而精准地锁定了受众群体。当时还发现一个特殊的现象，喝完雀巢咖啡的人都会把雀巢的罐子带到办公室当茶杯用，从而让其他人感到“我买得起雀巢咖啡”。此时，广告效应便产生了。

本来在国外一个非常普通的品牌，在中国却变成了一个值得炫耀的品牌。雀巢咖啡洞察到了消费者想炫耀自己买得起、享用得起咖啡这种高档次饮品的内心。

雀巢咖啡也炫耀其香浓诱人的味道，它的广告语也非常简单：“味道好极了！”

其实，咖啡的味道并不好，尤其是对于喝惯了以茶为主的饮品的中国人来说，但是雀巢咖啡的广告语天天暗示你“味道好极了”，人们自然会认为雀巢咖啡的味道就是好。

久而久之，雀巢咖啡就成了“味道好极了”的代名词，并抢占了目标消费者的心智资源。

问题：为什么雀巢咖啡最终能够赢得消费者的青睐呢？

分析提示：明确市场营销策划的重点，洞察客户的内心需求。

本章概要

内容提要

- 市场营销策划方案的实施是一项艰巨而复杂的工程，管理者在实施方案时，必须面对自身的实际状况，精心研究方案实施过程中的不足，把握市场营销活动的动态，力争使方案圆满成功。。
- 影响市场营销策划方案实施的因素很多，但主要有以下几个方面：①市场营销策划方案脱离实际；②长期目标任务与短期目标任务相矛盾；③思想观念的惰性；④实施方案不具体明确，缺乏系统性等。

● 企业市场营销策划方案实施的模式基本上有五种，即指令性模式、转化性模式、合作性模式、文化性模式和增长性模式。各种模式都有自身的优点和不足，并且受各方面因素的制约，企业应根据自己的营销策划方案和实际条件选择运用适合的实施模式。

● 企业市场营销策划方案实施的技能主要包括诊断技能、分配技能、监控技能、组织技能和相互配合技能等，各种技能各有特点，企业应综合掌握、重点应用。

● 企业市场营销策划方案实施的程序如下：①制订行动方案；②组建有效的组织机构；③设计决策和报酬制度；④开发人力资源；⑤塑造企业文化和管理风格等。总之，市场营销策划方案的实施是一个整体过程。

● 市场营销策划方案的控制，是市场营销管理过程中的重要步骤。控制市场营销策划方案的根本目的在于保证市场营销活动的过程和实际绩效与计划目标及方案内容相一致，最终保证市场营销策划目标的实现，因此，市场营销策划方案的控制意义重大。

● 企业市场营销策划方案有效控制的要求有：①营销控制系统应切合市场营销主管人员的具体情况；②营销控制应确立客观标准；③营销控制应具有灵活性；④营销控制应讲求经济效益；⑤营销控制应有纠正措施；⑥营销控制要具有全局观点；⑦营销控制应面向未来等。

● 市场营销策划方案控制的步骤主要包括：①确定市场营销控制对象；②设置营销控制目标；③建立营销衡量尺度；④确定营销控制标准；⑤对比营销实绩与营销控制标准；⑥分析偏差产生原因；⑦及时采取改进措施。

● 市场营销控制的方法主要有年度计划控制、盈利能力控制、效率控制和营销战略控制，它们各有侧重且相互补充。其中，盈利能力控制是企业普遍采用的重要工具，由此产生的信息资料是企业分析决策的基础。

● 市场营销审计是指对企业的市场营销环境、目标、战略和活动所做的系统、公正、全面的考核和审查。营销审计具有全面性、系统性、独立性和客观性、周期性和持久性。市场营销审计的程序包括准备阶段、实施阶段、成果阶段和追踪阶段。市场营销审计的内容包括营销环境审计、营销战略审计、营销组织审计、营销系统审计、营销效率审计和营销职能审计。

主要概念和观念

▲ 主要概念

市场营销策划方案的实施　市场营销策划方案的控制　财务分析法

▲ 主要观念

市场营销策划方案控制的意义

重点实务

市场营销策划方案实施的技能　市场营销策划方案控制的方法

基本训练

知识训练

▲ 简答题

1）简述市场营销策划方案实施的程序。

2）简述市场营销策划方案控制的步骤。

▲ 单项选择题

（　　）是指企业的销售量（额）占本行业全部销售量（额）的比重。

A.总市场占有率　　B.目标市场占有率

C.相对市场占有率　　D.绝对市场占有率

▲ 多项选择题

1）市场营销策划方案控制的基本方法有（　　）。

A.年度计划控制　　B.盈利能力控制

C.效率控制　　D.营销战略控制

2）有效实施市场营销策划方案的技能主要包括（　　）。

A.诊断技能　　B.分配技能　　C.监控技能

D.组织技能　　E.相互配合技能

▲ 讨论题

1）选择一家新建的电子商务网站，为其设计市场营销策划方案实施的程序。

2）选择一家新建的电子商务网站，为其设计市场营销策划方案控制的步骤。

能力训练

▲ 案例分析

MBA背景的营销经理

背景与情境：深圳D公司于2015年1月设计出了一种具有突破性意义的产品，由于该产品采用的技术非常先进，因此该产品很有可能成为该行业的换代产品。经过D公司技术人员5个多月的奋战，第一批成品终于下了生产线，眼看着就要推向市场了，问题出现了——D公司产品的市场化进度裹足不前。因为D公司是行业内的OEM商，一直只与大型生产企业进行商业往来，从来没有面向消费者市场的营销经验，也没有所谓的销售网络和经销商的概念，所以D公司招聘到一位有MBA背景的营销经理帮助公司将该产品推向市场。该营销经理则坚持一定要先制定出一份详细的营销战略大纲，然后用较大的广告投入运作品牌，再去招商和开拓市场……2015年8月，市场上已经都是另外一家公司的同种产品，D公司失去了宝贵的市场进入时机，耗费了大量的人力、财力、物力之后，却只获得微小的市场份额。

问题：深圳D公司营销策划方案实施过程中存在的主要问题是什么？

分析要求：同第1章本题型的“分析要求”。

▲自主学习

自主学习-V

【训练步骤】

1）将班级同学组成若干“自主学习”训练团队，每队确定1个负责人。

2）各团队根据训练项目的需要进行角色分工。

3）通过院资料室、校图书馆和互联网，查阅“文献综述格式、范文及书写规范要求”和近三年关于“市场营销策划方案的控制”的学术文献资料。

4）综合和整理“市场营销策划方案的控制”最新学术文献资料，依照“文献综述格式、范文及书写规范要求”，撰写《“市场营销策划方案的控制”最新文献综述》。

5）在班级交流各团队的《“市场营销策划方案的控制”最新文献综述》。

6）在校园网的本课程平台上展出经过修订并附有教师点评的各组《“市场营销策划方案的控制”最新文献综述》，供学生相互借鉴。

善恶研判

计划与控制

背景与情境： 孙××担任某厂厂长已经一年多了，他刚看了工厂今年目标实现情况的资料，结果令他大失所望。孙××担任厂长后的第一件事就是亲自制定了工厂的一系列工作目标，如为了减少浪费、降低成本，他规定在一年内要把原材料成本降低10%~15%，把运输费用降低3%，他把这些具体目标都告诉了有关方面的负责人。现在年终统计资料表明，原材料的浪费比去年更严重，竟占原材料总额的16%；运输费用则根本没有降低。

孙××找来了有关方面的负责人询问原因。负责生产的副厂长说：“我曾对下面的人强调过要注意减少浪费，我以为下面的人会按我的要求去做呢！”运输方面的负责人则说：“运输费用降不下来很正常，我已经想了很多办法，但汽油费等还在上涨，我想明年的运输费可能要上升3%~4%。”

孙××了解了原因，并进行了进一步的分析，又把这两个负责人召集起来布置下一年的目标：生产部门一定要把原材料成本降低10%；运输部门即使是汽油费等上涨，也绝对不能超过今年的标准。

问题：

1）本案例中存在哪些职业道德问题？

2）试对上述问题做出你的善恶研判。

3）通过网上或图书馆调研等途径收集你做善恶研判所依据的行业道德规范。

研判要求： 同第1章本题型的“研判要求”。

综合案例

案例一

定位“瘦身”，焕发市场生机

背景与情境：

一、创业

王老板是福建南部某县的贸易商，从业近10载，代理、经销过多种快速消费品。由于区域的社会、经济、流通、消费及企业自身等情况，其经营的多数产品自然称不上是大品牌，而经营别人的产品就像看管别人家的孩子，市场运作、推广终究得听厂家的，自己的想法也无法实施，心情自然不舒畅。看着那些名不见经传的小厂家、小品牌在当地生存得有滋有味，王老板也想真正拥有自己的产品。

王老板留意到一些厂家在开发、生产蛋黄派产品。蛋黄派产品是一个新的产品概念，其实质是一种夹心蛋糕，风味独特，且经过真空包装，便于携带存放，保存期可达4个月之久。该产品下有蛋黄夹心、巧克力夹心、草莓及香橙等果味夹心系列。凭借着商业敏感，王老板意识到这是一个好的市场契机。经过认真调研后，王老板开始投入生产，终于在当年8月开始拥有自己的产品。

二、经营困顿

然而这个决策并没有为王老板孵下“金鸡蛋”，反倒为他增添了更多的烦恼。

王老板做渠道多年，深知销售网络的重要性。限于自身实力，他没有贸然进入大城市，产品在邻近县销售尚可。然而，货铺下去却很少见回转。原来福建、广东其他厂家的蛋黄派产品也差不多同时上市，摆在了商铺的不同角落，大家都只分到一小杯羹。

在中国市场上，这样的情况屡见不鲜：少数大品牌在中央电视台打广告，这些小厂家就马上跟着卖仿制的产品。同样，在王老板周围的一些县级、乡镇蛋黄派市场，韩国好丽友、福建达利园等大品牌的销售仅限于少数商场、超市，剩下的通路就是这些小厂家的天下，这也是多数小企业得以生存的原因。这些小企业基本上采取跟随战略，在产品、包装甚至品牌上模仿大品牌，在价格上采取低价策略，所以留给市场运作的费用也较低。

我们（包括作者在内的咨询团队）与王老板的合作正是在这时候开始的，当时已是10月下旬。

三、市场巧遇

在向销售人员了解了一些情况后，我们决定到市场一线去走走看。县城的零售店基本上都销售蛋黄派，在与店主的交谈中我们了解到，这种蛋黄派儿童、青少年买得多，共有好几个地方性的小品牌，它们的销量都差不多。

一筹莫展的王老板带着我们转悠时经过一所县中学。随着他对蛋黄派渐感失望，王老板又关心起该校小卖部的C牌橙汁来，这是他新经销的某广东厂家的产品。

在校内小卖部旁，我们发现该校正在开校运动会，操场里同学们一边喝饮料，一边吃饼干、面包等，也有几位在吃蛋黄派。于是我们建议王老板从小卖部里拿出些自己的蛋黄派，免费给同学们试吃，看同学们的反应，了解同学们的购买习惯和想法。一位与我们交谈的同学挺风趣，对我们的“赞助”行为开玩笑道：“吃了D牌蛋黄派，就是跑得快。”看来同学们还是接受本品牌产品的，开运动会时，同学们都很豪爽，出手大方，消费力很强。

我们索性又到其他几个学校走了走，发现学校的铺货不是很理想。校内小卖部销得较好的是一家进入市场较早的品牌的产品，以及一家在该地区稍有名气的饼干品牌的产品。在另一所学校我们碰巧遇到某饮料公司的业务员，原来这是学校召开秋季运动会的时节。

市场走访下来，我们对整个策划方案有了一个大体的轮廓。

四、推广方案

（一）锁定目标顾客，明确产品定位

作为刚兴起的快速休闲消费品，蛋黄派市场处于成长期，中学生无疑是该产品以及许多流行消费的意见领袖，是企业要着重吸引的顾客。中学生为产品进行非正式传播，提供意见或建议，他们的影响力在很多时候是至关重要的，引导着其他家庭、社会群体的消费，如小学生就偏好模仿中学生的消费行为。D牌蛋黄派是新生的食品品牌，一定要抓住这个目标消费群体，让他们知道、看得到并买得到D牌蛋黄派。

确定产品卖点，就是要突出“营养点心”这一定位。在产品的推广与宣传中强调，D牌蛋黄派可以补充营养，充当学生的早餐或夜宵；还可作为休闲营养点心，为年轻人带来快乐的感受。

（二）借助校运动会大力促销

围绕周边县及一些典型的镇召开校运动会或大型文体活动的机会，开展有奖促销活动。此举旨在近距离集中接触目标消费者，迅速推广D牌蛋黄派，并提升产品形象。由于这种赞助活动较少，因此学校方面极为支持，通过校内宣传栏、横幅、广播等进行大力宣传。通过派发D牌蛋黄派，并与校内小卖部合作进行现场促销活动，整个运动会场充分展示了D牌蛋黄派。同时，运动会比赛项目的优胜者均可获得一定的产品奖励，从而扩大了本品牌产品的试吃范围。同学们相互请客吃D牌蛋黄派成为时髦，同学们都知道D牌蛋黄派，并且对D牌蛋黄派表示认可。整个活动期间，校内小卖部的销量不俗，并且校内市场第一的地位将会维持下去。

（三）通路分销政策

首先，重视学校点及学生常去的游戏、娱乐场所的销售点。随着目标消费群的明确，通路上重点围绕目标群，使他们无论是在校内，还是在校外，都能感受到D牌蛋黄派的存在。我们还建议充分利用王老板的网络优势，争取让这些重要的网点专卖D牌蛋黄派。

其次，针对其他竞争对手强势的零售终端，我们采取适当搭赠促销的措施，以增加本品的利润，在通路上战胜竞争对手。结合王老板的实际情况，通过分析，我们提出以下两个方案：一是将自己代理的其他有促销活动的产品与D牌蛋黄派捆绑推广，有效利用促销资源，争取效益最大化；二是在竞争激烈的终端，适当拿代理的其他较畅销产品作为赠品，进行搭赠促销。这些方案的成功执行依靠的都是王老板积累的渠道经验。

（四）沟通宣传策略

1.加强终端销售点的展示沟通效果。首先，终端是消费者最终做出购买决策及行动之地，在此进行沟通最直接有效；其次，消费者对终端广告接受的频次多、感知度强，经过长久积累沉淀会留下鲜明的品牌印象，形成习惯性购买。企业可运用常与终端打交道的机会，把握饮料下架的时机，争取最大的陈列面。此外，还应在重要的超市等终端进行陈列，包括货架陈列。

2.强调口碑宣传，重视业务人员的宣传作用。首先，将赞助学校运动会作为事件话题，向终端客户宣传、介绍，产品是获学校认可的营养食品；其次，对超市糕饼柜台的营业员进行公关，借助他们推销本品牌。在利润的诱惑下，镇上小店的老板都会帮助推销："现在这种蛋黄派最流行。"

3.印制精美海报进行张贴，尤其要在学校点、超市周围，在连接周边几县的马路旁都贴满海报，并使海报连成一片。利用企业业务员定期拜访和送货至乡镇及繁华乡村集市、码头商铺的机会，巩固客户，同时要使企业的POP及陈列保持完好。

4.我们还根据县城居民喜"跟风"消费的特点，建议王老板根据资金流转情况，在部分县的有线电视台投放适度的电视广告，造成产品流行的态势，让家庭主妇觉得产品上过电视，有档次，质量有保证。

五、执行要点

在活动执行过程中，我们发现制造D牌蛋黄派流行态势时还要注意以下几点：

（一）整个活动一定要围绕目标消费群展开

让目标消费群带动家庭、社会消费，最终树立起品牌形象，使D牌蛋黄派占据消费者头脑中的主导地位。

（二）充分利用好通路上的优势，与之进行良好合作

俗话说，做生意要讲究"天时、地利、人和"。在这样的区域环境下做市场，"人脉"的重要性就凸显出来了。因为在一般情况下，许多乡镇市场是企业难以把握的，产品要依靠批发通路来销售。我们还了解到，闽南一些地方的风俗较有特点，如谁家办喜事，朋友来祝贺后返回时主人要给"回礼"。"回礼"的礼物一般是饼干、饮料等，常由主人从批发市场大量采购。依靠好的"人脉"，请批发商多推荐D牌蛋黄派作为"回礼"的礼品，此举不仅有利于销售量的提升，而且有助于产品的大面积推广，扩大顾客群。

在随后的几个月里，整个活动方案得到有条不紊地推行，D牌蛋黄派的市场范围在

逐步扩大，王老板对经营D牌蛋黄派产品的兴趣也更加浓厚。

资料来源：陈震寰.定位“瘦身”，焕发市场生机［J］.销售与市场：管理版，2003（10）.

问题： D牌蛋黄派的营销策划带给你什么启示？分析D牌蛋黄派的营销策划。

案例二

金鹰部分购物中心情人节促销集锦

背景与情境： 情人节期间，金鹰旗下各城市购物中心展开了形式多样的促销活动，精彩纷呈。各种新奇的创意层出不穷，如布置樱花街、举办DJ主持人见面会等。西安高新店更是以一场情人节美陈大赛，把购物中心装扮得如天上人间。本辑情人节企划集锦，一方面展示了各购物中心如何把握住节日的文化内涵，突出情人节感情的真挚和甜蜜，以节日促销带动市场销售；另一方面集中检阅了金鹰人企划促销的强烈意识和勇于实践的精神，这种意识和精神具有明显的独特性，是对企业在长期发展过程中积累起来的金鹰优势的释放。

一、南京店——情人节献礼甜蜜蜜

南京金鹰国际购物中心举办了以“爱的style”为主题的情人节主题企划活动，在“爱意浓情，满400送100”的主线基调上，通过“双人丽江游”的抽奖和甜蜜礼包的派送，吸引了众多顾客的积极参与。

2月14日情人节当天，VIP顾客购物满520元即可获赠Hello Kitty甜蜜饼干或马修斯红酒。为了把普通的礼品装扮得特殊又温馨，服务员们煞费苦心，她们用印有金鹰Logo的粉红色丝带制作了多款礼花，提前一周就开始进行装饰，为1 000瓶红酒戴上了漂亮的领结。同时，在礼品发放点设计了粉色基调的展台，配上缤纷花朵点缀的水晶酒杯，愈发衬托出红酒的芬芳和瑰丽，Hello Kitty甜蜜饼干也为众多礼品增加了一丝俏皮。从早上9时30分商场营业开始，抽奖券领取处和礼包领取处始终有顾客排队等候，1 500份甜蜜礼包在下午就被顾客领取一空。活动期间，商场还为购买情人节礼品的顾客免费提供礼品包装服务，进一步增添了节日的气氛。

二、东方商城——天长地久情人节

东方商城从人文关怀的视角，深度挖掘情人节的内涵，筹办了一场别开生面的“江苏音乐台DJ见面会”。现场沉浸在花的海洋中，满场尽是玫瑰花，吸引了都市男女们的眼球，成为他们约会的首选之处。

2月14日下午2点，一楼门庭处已经挤满了粉丝，粉丝们急切盼望DJ尽早现身。FM89.7《CITY恋曲》《CITY空中情缘》节目的主持人欣悦首先登场问候大家，一时间，现场高潮迭起，欢呼声不断。紧接着传来了欢快的歌声，美美迈着轻松的步伐登台。随后，台柱子谢阳当场选出四对儿情侣，开展名为“心心相印”的互动式活动。游戏虽然简单，却体现出了一对儿情侣互相了解的程度。

富于动感的“英伦风格爵士舞”、慢摇滚风格的《Sex Bomb》等节目将活动现场的气氛燃至沸点，不少情侣紧紧相拥，目不转睛地观看这场温馨而又激情四射的表演，品味着东方商城的无穷魅力。

在“换装大比拼”环节，由主持人、商场工作人员陪同两对儿情侣进行换装比拼，整个换装过程从专业角度到情感角度都非常精彩。活动尾声再掀高潮，商城邀请数十对儿情侣至六楼厨具柜组参加“甜蜜厨房——糕点DIY”活动。短短2小时的现场活动取得了很好的成效，投入费用虽低，却创下了2月份单天289万元的销售纪录。互动式活动增强了商城与消费者之间的沟通，使得消费者进一步认可和青睐全新形象的东方商城。

三、徐州店——无与伦比，爱满彭城

情人节带来了浪漫的憧憬，也带来了消费潜力的爆发。金鹰徐州店在徐州市场引发了一波购物的热潮，3天实销2 201.83万元，同比增长64.21%。引人注目的四大促销亮点，使金鹰徐州店从诸多商家的情人节促销活动中脱颖而出，给消费者带来了全新的购物体验。

亮点一：烂漫樱花，艳冠群芳

情人节，金鹰徐州店曾用高贵优雅的郁金香证明了不是只有玫瑰才能够代表爱情。这次情人节，在众人期待和惊讶的目光中，金鹰徐州店樱花盛放。从1F南门进入，出现了一条5米长的樱花长廊，樱花树袅娜伫立在白色长廊两侧。六个楼层每一处通道的吊旗上，红白两色的樱花争妍斗艳。走进卖场，消费者宛如徜徉在粉色的梦幻之中，洋溢着热情与欢乐。

消费者纷纷在樱花树前合影留念。樱花象征着“生命，幸福，一生一世永不放弃，一生一世只爱你”，烂漫的樱花立刻成为情侣们的新宠，樱花长廊成为见证情侣们爱情的必经之路。

亮点二：神秘塔罗，解码爱情

徐州店把烦琐的塔罗测试简单化，既方便了顾客的参与，又保留了塔罗占卜的趣味性，一个个积极向上的测试结果，给人以启发与激励。巨幅的塔罗测试牌设在1F南门广场上，来来往往的行人不由得驻足停留，成为情人节一道神奇的风景。塔罗测试带来的喜悦和满足，令每位参与者记忆深刻、回味永远。

亮点三：无与“伦”比的VIP尊享

周杰伦于2月15日来徐州举办个人演唱会的消息一经传出，众多歌迷翘首以待。金鹰徐州店与主办单位密切沟通，预购周杰伦个人演唱会的一批门票，作为情人节活动的促销赠品，将周杰伦的明星效应转化为商场的促销资源，用最小的促销投入，换取最大的集客力。2月13日是星期五，VIP顾客接踵而来，当天赠送门票334张，实销550.7万元。情人节活动期间，中心VIP销售占比达74.15%。

亮点四：品牌释放促购力

珠宝、进口名表等情人节热销品类的多倍积分活动，促使成熟品牌业绩爆发，老凤祥实销额达122.7万元，盛时表行实销额达147万元。不仅是珠宝和名表，情人节的促销活动遍布每个品类和每个品牌。环艺美陈、趣味营销吸引人气，增加客流量；品牌点的促销，配合品类面的促销，强劲释放促购力。

情人节促销为徐州店在成长路上又留下了一个金色的脚印。通过节日促销，顾客提前感受到了春天的活力。

四、盐城店——“甜蜜两心知”金鹰购物中心浪漫情人节

为了营造出情人节浓浓的爱情氛围，盐城金鹰购物中心对店堂进行了精心装饰，一

楼象征爱情的樱花树灿烂炫放，顾客领取情人节许愿卡后，可以畅书爱情宣言，亲手悬挂到樱花枝头，并可当场获赠禅石餐厅20元抵用券。短短2天时间，樱花树上就挂满了心形许愿卡，甜蜜与温馨交相辉映，成为一道美丽的风景。情人节当天，凡手牵手进入盐城金鹰购物中心的情侣，都可获赠爱情魔法棒一支，让时光见证浪漫的爱情。

情人节作为时尚男女的狂欢盛典，精彩促销必不可少。盐城金鹰购物中心为消费者精心准备了丰盛的实惠大餐：黄金每克立减20元；珠宝、化妆品等重点品类开展买送活动；香水与小家电在一楼中庭大促销；银联刷卡送温馨礼等。化妆品柜台的一个品牌专门准备了几款适合年轻人的礼盒套装，价格在400元上下，1小时内卖出了好几套。黄金珠宝柜台，很多女性在试戴不同款式的耳环、项链、挂坠等。在现场购物的一位女士称，平时工作很忙，双休日也很少休息，难得情人节抽出半天时间，拉着男朋友到商场逛逛，虽然逛商场的人很多，但只要有收获就值得。

情人节期间，盐城金鹰购物中心组织的各项活动让情侣们品尝到了比玫瑰更浪漫、比蔗糖更甜蜜的滋味。

问题1：什么样的促销策划活动能够帮助企业巩固形象？

问题2：以上促销策划活动有哪些共同点？

问题3：如何进行全面的促销策划？

案例三

金鹰全生活中心新街口店开幕策划

背景与情境：2013年4月26日，在“金鹰·生活LIFESTYLE”商业发展高峰论坛上，商贸集团宣告将转型“全生活中心”。“全生活中心”是金鹰集团倡导的，在城市中心或者次级城市中心建立的大体量、多业态、智能化、全客层的，能够满足一站式购物、休闲、餐饮、亲子教育、健康医疗等多种消费需求的定制化商业模式。每一座金鹰全生活中心都具有地理位置优越、体量大、容纳业态众多、服务多元、档次高的特点。与其他商业综合体相区别的是，金鹰“全生活中心”具有创造性，能够合理嵌入城市经营板块。

2014年4月18日是新街口金鹰店18岁的生日，同时，第一座金鹰“全生活中心”旗舰店也将正式亮相。由原先的新街口店（A座）加上刚刚落成的B座共同组成的金鹰全生活中心，是金鹰集20年商业运营经验为新街口商圈奉献的一道盛宴。全新的规划设计、全新的业态组合，促进了企划思路的创新转型，通过事件营销、概念塑造，顾客可以了解到一个不一样的金鹰。

一、特色开业活动——A、B座品类互动，特色资源有力驱动客流

为了确保开业活动的热度，金鹰借助18周年店庆活动，以A座“致经典”、B座“享未来”作为思路，定制了统一形象的“金鹰成双”环保袋、便签本、马克杯、透明伞、防晒铅笔伞、LOQI春卷包等礼品，全方位为开业造势。

力争促进A、B座品类互动，引导A座客流关注B座，如百货类全场消费满额赠B座商家礼券，B座儿童区购物满额赠动物展亲子套票等；开展大力度吸引客流的促销活动，如餐饮Mr.Pizza开业期间全场8折及消费赠礼，小米餐厅开业首日5折、次日6

折、第三日7折。

通过举办多种多样的文艺类活动，提升商业环境的人文情感，为B座聚集人气，提高影响力。例如，4月26日至6月中下旬，中心将开展岳敏君画展、胡萝卜和兔子雕塑展、儿童画展、金鹰藏品展、金鹰名车展、神马环保装置展、稀奇艺术展、BOSE音响展、动物王国诺亚方舟特展等系列活动。

二、高端VIP维护——活动邀请+礼券赠送，双管齐下

VIP资源的拓展和维护是非常重要的一环。本次开业期间，中心针对高端VIP和相关大客户，主要采用活动邀请+礼券赠送的形式，这样一方面可以体现对高端VIP顾客的大力度回馈，另一方面可以传递开业信息，驱动目标顾客群到店消费。例如，借助4月26日开业当天明星到场契机，针对高端VIP赠送明星活动限量邀请函及活动公益T恤；同时，加赠426元全生活套券（326元百货通用礼券+100元超市购物券+免费酸奶券+VIP Lounge体验券）。

三、品牌资源合作——明星效应造势，人气集中爆发

除了借助媒体资源进行形象宣传和信息传递外，本次开业还借助品牌强势资源，通过携手台湾地区第一时尚品牌iROO，邀请其全球形象代言人小S及其黄金搭档蔡康永现身中心，借助明星效应为开业造势。

同时，中心将纯商业色彩的活动与公益活动相结合，打造了一个关爱自闭症儿童的启动仪式，通过和明星一起传递正能量，提升活动的意义，使中心获得更多的关注。

四、集团与门店联动——同心协力，双线配合紧密无间

金鹰全生活中心众多活动的开展离不开团队的通力协作。中心在总经理的领导下齐心协力，为完善每个细节尽心尽力。此次开业活动较为丰富，全新的业态和形态也需要更加有效的推广，因此在活动筹备之初，金鹰便成立了“中心+集团”组成的各专题项目组，形成了由两边部门负责人牵头、项目组长跟进、全员参与的工作流程，这样能够极大地提高工作效率。

五、“舌尖”当道，主打美食元素

在吃货当道的今天，商业流行元素怎么可以缺少美食呢？金鹰全生活中心除了提供时尚百货，还提供逛街购物时的更多“黄金搭配”——地下一层遍布数十家异国料理、特色小吃、咖啡馆、茶铺点心、滋补品店，还有南京最大城市精品超市Gmart。

此次亮相中心的餐饮品牌，首次入驻南京的就达六成，如檬舒舒、Mr.Pizza、伊藤家、许留山、克林顿御用西点师的私人品牌手工点心店等，资深吃货在此能够轻松获得满足。占地3 000平方米的南京最大城市精品超市Gmart亦是亮点，动线设计合理，货品陈列琳琅满目，最引人注目的是其聚集了海内外的各式商品和美食。对于喜欢红酒的消费者而言，Gmart特设红酒VIP品尝区。各种体验式消费可以让新街口附近的白领短时间内吃遍全球美食，充分体验美食制作各个环节的乐趣。

中心还开设有南京首家厨房教室，占地200平方米，这里将不定期举行VIP美食互动活动，开设中国菜烹饪、西式点心烘焙等课程，更有星级大厨应约前来为消费者定制私人Party。

问题1：本案例中，金鹰全生活中心选择了什么主题作为策划的诉求点？

问题2：金鹰全生活中心是如何找出并选定这个诉求点的？

问题3：大型零售促销活动应该包含哪些基本要点？

问题4：你认为本案例中的策划活动创意如何？有没有可以修改和补充的地方？

综合实训

项目名称：市场推广策划方案的制订。

项目资料：Y乳膏是以盐酸特比萘芬为主要成分的新一类广谱抗真菌药，通过选择性地抑制真菌合成和繁殖过程中所必需的氧化酶，达到杀灭和抑制真菌的双重作用。其适用症主要为脚气。

一、市场背景

我国属于脚气高发地区，全国平均发病率近30%，在一些高发地区如南方和东部沿海地区，发病率甚至高达60%。虽然脚气的发病率较高，但治疗率也较高，约90%的患者会主动治疗脚气，75%的患者会将西药作为首选治疗产品。

脚气的高发季节为每年4—10月，7月和8月为高峰期。在南方，受天气的影响，脚气发病季节会相应延长，为每年3—11月。

从市场竞争方面来看，脚气药市场上不仅存在着有近十年历史和极高信誉度的全国性领导品牌——西安杨森的达克宁，它占有60%以上的市场份额，而且潜在的市场容量也吸引着大量有相当影响力的地方品牌，如环利、孚琪、美克等，它们也在不同程度地瓜分着市场。

二、消费者状况

目前，脚气患者面临的最大问题是脚气复发率高，这不仅成为困扰脚气患者的痼疾，而且是所有脚气药都无法真正解决的难题。现有药品的用药周期长，从而影响了治疗效果。由于对脚气了解较多，大多数患者会选择自我诊断和治疗，药店是寻找治疗手段的首选地点；对于一些症状较严重的患者而言，医院也是寻求治疗方法的重要途径。

根据患者的用药态度、严重程度及人群比率等方面的指标，Y乳膏的生产者将整个人群划分为若干组，并结合产品特点将上市期的目标受众定为25～45岁的脚气患者，尤其是脚气的重度患者，他们有多年的患病史，且经常复发。脚气长时间困扰他们的生活，带来了相当大的精神负担，而且他们对目前的药品并不满意，一直在积极寻找更有效的药物治疗脚气。

三、营销目标

Y乳膏作为一个全新的产品，具有快速止痒、防止复发和疗程短三大特点，是全球抗真菌领域的重大突破。因此，在拥有一个好产品的前提下，Y乳膏面临的挑战是：如何迅速有效地在目标对象中建立品牌知名度，在竞争激烈的市场上成功上市，并占有一定的市场份额。

资料来源：作者参考兰美抒乳膏上市策划相关资料编写。

实训任务：为Y乳膏制订一个市场推广策划方案。

主要参考书目

[1] 凯特奥拉，吉利，格雷厄姆．国际市场营销学［M］．赵银德，沈辉，张华，译．15版．北京：机械工业出版社，2015．

[2] 马丁．营销大师［M］．杨丽艳，译．北京：企业管理出版社，2014．

[3] 科特勒，凯勒．营销管理［M］．王永贵，等，译．14版．北京：中国人民大学出版社，2012．

[4] 科特勒，阿姆斯特朗．市场营销原理［M］．李孪，等，译．13版．北京：机械工业出版社，2012．

[5] 张卫东．营销策划与管理［M］．北京：电子工业出版社，2012．

[6] 孙玮琳．销售管理［M］．杭州：浙江大学出版社，2004．

[7] 何修猛，曹嘉宁．商务促销策划［M］．2版．上海：复旦大学出版社，2001．

[8] 陈放，谢弓．营销策划学［M］．北京：时事出版社，2001．

[9] 傅浙铭，冯建民．营销八段：营销策划操典［M］．广州：广东经济出版社，2001．

[10] 杨岳全．市场营销策划［M］．北京：中国人民大学出版社，2000．

[11] 徐育斐．营业推广［M］．北京：中国商业出版社，1999．

[12] 陈信康．营销策划概论［M］．上海：东方出版中心，1999．

[13] 路华．现代营销策划［M］．北京：中央民族大学出版社，1998．

[14] 科特勒．市场营销管理：亚洲版［M］．郭国庆，等，译．北京：中国人民大学出版社，1997．

[15] 李道平．市场营销策划［M］．北京：中国商业出版社，1997．

[16] 黄翔，韩勇．现代促销策划［M］．成都：四川大学出版社，1996．

[17] 李蔚．营销策划［M］．北京：中国经济出版社，1995．

[18] 曲云波．营销企划实务［M］．北京：中国商业出版社，1994．